职业教育财经类专业新课改精品教材系列丛书

涉税基础与实务（第2版）

主　编　周海燕

副主编　姜文健　左占卫

電子工業出版社
Publishing House of Electronics Industry
北京·BEIJING

内 容 简 介

本教材是按照职业教育人才培养目标，紧密围绕职业教育示范性建设要求，依据我国企业会计准则和相关税法税制，为适应高等职业教育财经商贸类专业课程改革，结合纳税申报与会计处理课程标准编写的适合财经商贸类专业学习的基础教材。本教材采用项目任务教学设计，系统介绍了税收的基础知识和纳税申报实务操作技能，分为涉税基础认知、增值税涉税实务、营业税改征增值税涉税实务、消费税涉税实务、关税涉税实务、企业所得税涉税实务、个人所得税涉税实务和其他税涉税实务 8 个项目。

本教材可作为高等职业教育财经商贸类专业教材，也可作为企业办税人员的继续教育培训教材或自学用书。

本教材还配有电子教学参考资料包，包括电子教案、教学指南、习题答案，详见前言。

图书在版编目（CIP）数据

涉税基础与实务 / 周海燕主编. —2 版. —北京：电子工业出版社，2017.8
ISBN 978-7-121-31823-8

Ⅰ. ①涉…　Ⅱ. ①周…　Ⅲ. ①税收管理－职业教育－教材　Ⅳ. ①F810.423

中国版本图书馆 CIP 数据核字（2017）第 129530 号

策划编辑：徐　玲
责任编辑：李　蕊
印　　刷：涿州市京南印刷厂
装　　订：涿州市京南印刷厂
出版发行：电子工业出版社
　　　　　北京市海淀区万寿路 173 信箱　　邮编　100036
开　　本：787×1 092　1/16　印张：21.25　字数：544 千字
版　　次：2014 年 5 月第 1 版
　　　　　2017 年 8 月第 2 版
印　　次：2018 年 1 月第 2 次印刷
定　　价：45.00 元

凡所购买电子工业出版社图书有缺损问题，请向购买书店调换。若书店售缺，请与本社发行部联系，联系及邮购电话：（010）88254888，88258888。

质量投诉请发邮件至 zlts@phei.com.cn，盗版侵权举报请发邮件至 dbqq@phei.com.cn。

本书咨询联系方式：xuling@phei.com.cn。

前　言

加快发展现代职业教育是党中央、国务院做出的重大战略决策。本教材是贯彻《国务院关于加快发展现代职业教育的决定》的精神，按照职业教育人才培养目标，紧密围绕职业教育示范性建设要求，依据我国企业会计准则和相关税法税制，为适应高等职业教育财经商贸类专业课程改革，结合纳税申报与会计处理课程标准编写的适合财经商贸类专业学习的基础教材。

本教材采用项目任务教学设计，系统介绍了税收的基础知识和纳税申报实务操作技能，分为涉税基础认知、增值税涉税实务、营业税改征增值税涉税实务、消费税涉税实务、关税涉税实务、企业所得税涉税实务、个人所得税涉税实务和其他税涉税实务8个项目。

本教材以最新的税务理论和税法为基础，条理清晰，文字简洁，对税收相关法律法规进行了精简加工，将理论和实务有效结合，使教材内容和职业标准深度对接。本教材在编写上，通过大量案例完成知识学习，通过课后练习检测学习效果，训练学生对税法知识的应用能力，激发学生的学习潜能，体现“以就业为导向，以能力为本位”的职业教育理念，有利于培养学生的主动学习能力和从事税务工作的实践操作能力。

由于近年来税制改革加快，新的税法、法规和规章不断出台。2012年1月1日起对在上海市交通运输业和部分现代服务业开展营业税改征增值税（简称“营改增”）试点的相关政策进行了明确。自2012年8月1日起至年底，将交通运输业和部分现代服务业营业税改征增值税试点范围，由上海市分批扩大至北京、天津、江苏、浙江、安徽、福建、湖北、广东和厦门、深圳10个省（直辖市、计划单列市）。2013年继续扩大试点地区，并选择部分行业在全国范围试点。2014年1月1日起，在全国范围内开展铁路运输和邮政业“营改增”试点。2014年6月1日起电信业正式纳入“营改增”范围。自2016年5月1日起，中国全面实施“营改增”，营业税退出历史舞台，增值税制度将更加规范。

本教材由无锡技师学院财经系周海燕任主编，常州旅游商贸高等职业技术学校经贸系姜文健、无锡城市职业技术学院会计学院左占卫任副主编，参编人员及分工如下：周海燕编写项目一、项目二、项目三；姜文健编写项目八；左占卫编写项目六；戴瑛（无锡技师学院财经系）编写项目四；褚晓天（无锡技师学院财经系）编写项目七；汤玉忠（无锡技师学院）和倪丽艳（无锡技师学院财经系）编写项目五。周海燕负责全书的修改和定稿。

为方便教师教学，本教材配有电子教案、教学指南及习题答案（电子版）。请有此需要的读者登录华信教育资源网（www.hxedu.com.cn）下载或与电子工业出版社联系，我们将免费提供（E-mail：hxedu@phei.com.cn）。

此外，本教材在编写过程中得到学院领导和财经系领导的关心和重视，无锡市锡山地方税务局赵斌局长对本书提供了很多资料和帮助，在教材编写过程中也借鉴了国内同人的有关资料，并得到了电子工业出版社的大力支持，在此一并表示感谢。

由于编者水平有限，书中疏漏和错误之处在所难免，敬请读者批评指正。

编　者

2017 年 2 月

目 录

项目一

涉税基础认知

学习目标

知识目标：了解税收的历史、职能和作用，了解提高纳税意识的重要性和艰巨性，了解我国企业办税实务的有关规定；理解我国的税制结构，知道办理开业、变更和注销税务登记时需要准备的资料及相关工作流程，熟悉办税业务相关表格的填写及税款缴纳；掌握税收概念要点的阐述、税收的三性特征与作用、税收职能和税收原则，以及税收制度的构成要素。

技能目标：税收概念的把握；税收对满足国家公共需要的作用；税收三性特征的具体体现；区分税收的各项分类；税收制度的各项构成要素；办税业务相关表格的填写及申报工作。

素质目标：教育引导学生“税收取之于民、用之于民”的重要意义，在日常生活的方方面面注意宣传依法纳税的重要性和紧迫性，真正使学生成为税收知识的传播者、税收意识的倡导者和税收秩序的维护者，培养学生作为纳税人的税感和国家主人翁意识。

重难点：税收的三性与税收的分类及对税收职能的理解，我国企业办税实务的有关规定，纳税申报流程及税款缴纳。

案例导入

名人税事：无税王朝 短命皇帝。

明末农民大起义的著名领袖李自成带领千百万农民揭竿而起，推翻了明朝的统治。他在襄阳建都、西安建国、北京称帝，提出了“均田免粮”“三年不征”的起义纲领，“迎闯王，不纳粮”成为吸引千百万农民参加起义的巨大磁力。但由于非税思想的影响，导致了他最后的失败，为国家政权的建立和巩固提供了借鉴。李自成的非税思想虽然是明末苛税重赋逼出来的，但却是农民褊狭意识的反映。李自成不通过合理的赋税制度，而主要采用过火的“追赃助饷”取得财政收入。这就犯了打击过宽、树敌过多的致命错误，是导致他最后失败的重要原因之一。

【案例解析】 税收是维系国家运转的重要经济保障。李自成因为走极端的税收政策而死于免税劫掠，最终使大顺走向败亡之路。赋税和财政供给制度是一个政权健康发展的保障。税收是国家组织财政收入的主要形式和工具，是国家调控经济的重要杠杆之一，具有维护国家政权的作用。

任务一 税收概述

一、税收和生活

西方哲人说，税收的权力是事关生死的权力，此言绝对不虚。汉武帝实行食盐专卖，通过加价或者加税的方法获得了暴利。唐朝安史之乱后财政困窘，就在食盐上面打主意，捡起了汉武帝的老法宝，实行食盐专卖。主管税收的第五琦将原本一斗 10 文的食盐，增加 100 文，按 110 文出售。后来官府又多次提高盐价，原来每斗 10 文的盐价，涨到每斗 370 文。很多老百姓吃不起盐，便开始冒死走私食盐。而从唐朝开始的王朝对于走私食盐的处罚非常严厉，有法律甚至规定，只要贩卖私盐，不问多少，一律处死，比现在贩卖海洛因的惩处力度还要大。事实上，私盐贩子所走私的不过是人们生活必不可少的食盐，他们的做法本质上方便和造福了百姓。但是，他们偷逃了官府的税收，因而难逃必死的命运。那时税收的重要性，远远在人们的生命之上。

税收是国家财政收入的主要来源，也是国家宏观调控的重要经济杠杆，它在推动经济发展，促进社会和谐中发挥着重要作用。近年来，税收收入的快速增长，大大增强了政府的财政实力，它为国家公共产品和服务的供给、为社会科学和谐地发展提供了可靠的财力保证，也为改善民生、服务民众提供了有利条件。国家在税收政策方面十分关注民生问题，从“依法诚信纳税、共建小康社会”到“依法诚信纳税、共建和谐社会”，再到“税收·发展·民生”，始终体现了“取之于民，用之于民”的办税理念。税收的增加、国家的进步、民生的改善，有每个纳税人的贡献，也是每个纳税人的一份荣誉和自豪。

二、税收的概念

税收是国家为满足社会公共需要，凭借政治权力，按照法律所规定的标准和程序，参与国民收入分配，强制地、无偿地取得财政收入的一种方式。

提醒你：

这一概念可从以下方面理解	（1）课税的主体是国家
	（2）课税凭借的是国家的政治权力，而不是财产权利
	（3）课税的目的是为了满足社会公共需要
	（4）税收的课税是无偿的
	（5）税收是国家最重要的财政收入来源

税收作为一种分配形式，本质上是国家与纳税人之间的一种分配关系。由于在这种分配关系中国家居于主导地位，是通过国家制定的税法来实施分配的，因此税收又具体体现为一种以国家为主体的分配关系。

三、税收的产生与发展

税收是一个古老的经济范畴，从人类发展的历史看，税收政策是与国家有着本质联系的一个分配范畴，它随着国家的产生而产生。但税收更是一个发展的经济概念，随着经济的发展和国家职能的扩大，税收的内容不断丰富，其作用也日益增强。

（一）税收产生的条件

税收是人类社会发展到一定阶段的产物，是在一定的历史条件下产生的。具体地说，它是随着生产力的发展，当人类社会出现了剩余产品，并由此导致私有制、阶级和国家产生的同时而出现的一种财政收入形式。

1. *税收产生的社会条件*

税收产生的社会条件是国家公共权力的建立，即国家的产生和存在。国家为了行使其职能，必须建立军队、警察、法庭、监狱等专政机构；还需动用社会力量，征用自然资源，兴办公共建筑和公共事业，建立管理国家公共事务的行政管理机构。所有这一切公共需求，都要耗费一定的物质资料，而国家并不能直接从事社会生产。于是，为了满足这些需要，就要向社会成员征税。

2. 税收产生的经济条件

税收产生的经济条件是私有制的存在。国家参与社会产品分配有两种权力，即财产所有权和政治权力。税收是国家凭借政治权力而不是财产所有权进行的分配。当社会存在私有制，国家将一部分属于私人所有的社会产品转变为国家所有的时候，国家便动用了政治权力，而税收这种分配形式就产生了。因此，国家征税实际上是对私有财产行使支配权，是对私有财产的一种“占有”。这就是所谓的“超经济的强制”。

综上所述，税收是人类社会发展到一定阶段的产物。税收的产生取决于相互制约的两个前提条件：一是国家公共权力的建立；二是私有制的出现。税收是国家公共权力与私有制存在的必然产物。

（二）税收的发展

税收是国家得以履行其职能的物质基础。国家通过税收方式取得财政收入，是为了实现国家职能的需要。同其他事物一样，税收也是一个发展的概念。从税收的发展历史来看，国家职能的拓展是税收发展的根本因素，而经济发展本身在客观上也为税收的发展提供了可能。

1. 国家职能的拓展是税收发展的根本因素

随着经济的发展和社会的进步，国家的职能日益扩大，政府已从一个单纯的统治者发展成为一个社会的管理者和经济的干预者。一方面，国家职能的扩大意味着政府需要更多的财政收入，从而大大促进税收规模的扩大和税收征收内容的完善；另一方面，国家职能的拓展，特别是政府社会管理职能和经济调控职能的拓展，又促进了税收职能的拓展，即税收不仅为政府组织财政收入，而且已成为政府调节经济的重要手段。税收在资源优化配置、调节收入分配、稳定经济等方面起到的作用变得越来越重要。

2. 经济发展本身在客观上为税收发展提供了可能

经济发展和新经济形式的出现，促进了税种和税制的创新。税收在法制程度、税制结构、征税权力等多方面的发展，都充分反映了税收的发展。例如，商品经济的日益发达促进了流转税的发展；财产的积累为财产税的开征创造了条件；收入的提高成为所得税开征的物质基础；国际贸易的出现促使了关税的产生。如今，经济发展的全球化趋势日益加快，知识经济发展迅速，这些无疑都表明税收随经济的发展而面临新的创新和发展。

知识链接

中国古代税收官制

我国早在3000多年前的西周时代，就有了比较完整的税务机构，在当时周朝中央机构的“六官”——天、地、春、夏、秋、冬中，地官是管理赋税征收的总机构，最高税收长官为大司徒。

秦代管理国家财政税收的机构叫“治粟内史”，汉武帝时期改名为大司农，其下属机构有太仓（储藏）、均输（物资运输）、平准（市场价格调节）、都内（国库）、籍田（征用民力种田）等。

汉至三国时期将税务机构改称为度支尚书，下设度支郎，管理全国财税。隋朝时，隋文帝又在度支尚书下设民部、度支两个机构，各设侍郎两人，管理粮库、出入、田赋等。唐太宗时，为避李世民的“民”讳，将“民部”改称为“户部”，一直沿用至清末。户部尚书为最高财政长官，内设户部、度支、盐铁三司。户部主管赋役，度支统筹财政，盐铁主司盐铁税收。

南宋时，管理赋税的机构改称为“太仆寺”，主管财政法令、商税、出纳、平准等事情。元代户部设尚书、侍郎、郎中、员外郎，分管度支、贡赋、租税。明代大致相同。清代则在户部尚书下设左侍郎、右侍郎，将户部作为唯一的财税管理机构。

在中央设立税收管理部门的同时，某些朝代对皇室财政还另设一套机构进行管理，如秦、汉设立少府，专掌山海池泽之税，供皇室使用。明代设立光禄寺，专管各地送给朝廷的各类贡物，根本不经过户部。

四、税收的特征

（一）强制性

税收的强制性是指国家征税是凭借政治权力，通过颁布法律或法令实施的。任何单位和个人都不得违抗，否则就要受到法律的制裁。

税收的强制性表明国家征税与生产资料的占有无关，它可以超越所有权的限制，对不同的所有者均可行使其征税权。税收的强制性实质上是由社会公共需要的特征决定的，反映了政府作为征税人与社会成员作为纳税人的权利与义务关系的统一。然而，这种经济上的权利与义务关系受公共产品特征的制约，是不能用道德规范来维持的，必须依靠法律形式制约，并且要使全体公民在这种权利与义务关系上处于同等地位。

（二）无偿性

税收的无偿性是指国家征税后，税款即归国家所有，既不需要再归还纳税人，也不需要向纳税人支付任何报酬或代价。

政府向纳税人征税，不是以具体提供公共产品为依据；而纳税人向政府纳税，也不是以具体分享公共产品利益为前提的。因此，就政府和纳税人之间具体关系而言，纳税人消费公共产品并分享公共产品的利益是无偿的，政府向纳税人征税也是无偿的，即税收的无偿性是就具体的征税过程来说的，而不是针对税收的整体性来说的，具体表现为国家征税以后税款为国家所有，并不存在对纳税人的偿还问题。

（三）固定性

税收的固定性是指国家在征税前预定了征税对象、纳税人和征税标准等征纳行为规范。征纳双方都必须共同遵守，不能随意变动。

税收固定性首先表现为对什么征税、征多少税和由谁征税都必须事先明确，不能随意确定；其次，税收的课征标准也必须是统一的，并且要有一定的限度性；最后，税收征纳关系以法律为依据，是相对稳定的。税收的固定性既是税收补偿公共产品成本的内在要求，同时也为政府提供公共产品创造了条件。

税收的上述三个特征是密切联系、不可分割的统一体。无偿性是税收这种特殊分配手段的本质体现，国家财政支出采取无偿拨付的特点，要求税收必须采取无偿征收的原则。国家财政的固定需要决定了税收必须具有固定性。强制性是无偿性和固定性得以实现的保证。正是因为税收具有强制性、无偿性和固定性，才使得税收在不同的社会形态、不同的国家都成为国家财政的主要支柱。

五、税收的职能

税收职能是指税收所具有的满足国家需要的能力。

（一）筹集资金职能

税收的筹集资金职能是指税收所具有的从社会成员处强制性取得一部分收入，为政府提供公共产品，满足公共需要的功能，如表 1-1 所示。税收筹集资金既要足额稳定，又应适度合理，以利于社会经济的发展。

（二）资源配置职能

税收的资源配置职能是指税收所具有的通过一定的税收政策、制度影响个人和企业的经济活动，从而使社会经济资源得以重新组合、安排的功能。税收的资源配置职能主要体现在以下几方面，如表 1-2 所示。

表 1-1 税收的筹集资金职能

职能	内容	内 容 概 述
筹集资金职能	收入足额稳定	税收要为政府筹集足额资金，以满足社会公共需要，它是从短期来考虑保证财政的需要。税收足额是一个相对量的概念，是相对于政府支出而言的。同样额度的税收相对于支出比较小的政府是足额的，而相对于支出比较大的政府却是不足额的，因此政府支出要受财政收入的制约。税收收入稳定是指税收收入要相对稳定在与国民生产总值或国民收入的一定比例相符合的水平上，正常情况下，税收应保持持续稳定的增长
	收入适度合理	税收收入的适度合理，是从长期来考虑保证财政的。税收收入的适度是指对税收收入取之有度，税收征收率不能过高，要尽可能避免过度征收而伤害企业和个人的积极性，影响经济的持续、稳定发展，最终又影响税收收入的增长。税收收入的合理是指在税收收入总量适度的前提下，取之于不同经济主体的税收要相对合理。要照顾地区差异、行业差异、资源条件差异等因素，做到多得多征、少得少征、无得不征

表 1-2 税收的资源配置职能

职能	内容	内 容 概 述
资源配置职能	平衡供求关系	商品价格的高低变化会对商品的供求产生重要影响，税收作为决定商品价格的一个重要变量因素，其变动会影响价格的变动，从而影响商品供求的变化
	合理经济结构	经济结构是指不同产品、不同行业、不同产业、不同地区、不同所有制和不同组织形式企业的合理组合。虽然税收不决定经济结构，但能够通过区别对待的税收政策，影响产品或企业的成本、利润，从而影响经济结构
	有效配置资源	市场经济下的资源配置主要是指发挥市场的基础性作用，但是市场调节有一定的盲目性，需要国家从全社会的整体利益出发，通过宏观调控实现资源的合理配置。例如，就调整投资结构来看，通过征税或税收优惠可以引导投资方向

（三）收入分配职能

税收的收入分配职能是指税收所具有的影响社会成员收入分配格局的功能。税收的收入分配职能主要体现在调整要素分配格局和不同收入阶层的收入水平上，如表 1-3 所示。

表 1-3 税收的收入分配职能

职能	内容	内 容 概 述
收入分配职能	所得税影响	对个人收入征收所得税，减少个人可支配收入，既降低了个人收入水平，也调整了个人收入结构，影响了个人间收入分配差异。所得税对个人收入分配的影响主要是累进税率的变化。累进税率随个人收入增加而递增，累进税率幅度越大，个人所得税的再分配功能就越强
	流转税影响	流转税是对企业销售商品所取得的收入征收的一种税。在流转税由消费者负担的情况下，流转税的征收既降低了个人购买能力，也调整了个人消费结构。例如，选择对非生活必需品和奢侈品征消费税，可以对个人收入分配产生累进效果。这是因为随个人收入的增加，个人收入中用于购买非生活必需品和奢侈品的比重也会增加。因此，选择对非生活必需品和奢侈品征税，可使这部分税收占个人收入比重随个人收入增加而递增，使按比例征收的流转税产生累进效果，从而缩小高收入者和低收入者之间的收入差异

（四）宏观调控职能

税收的宏观调控职能是指通过一定的税收政策、制度，影响社会经济运行、促进社会经济稳定发展的功能，主要包括控制需求总量和调节供给结构两个方面，如表 1-4 所示。

表 1-4　税收的宏观调控职能

职能	内容	内容概述
宏观调控职能	控制需求总量	社会需求由消费需求和投资需求构成。对个人收入和支出征税，将影响个人的消费支出；对企业收入和支出征税，将影响企业投资支出。国家可以根据经济情况的变化，制定相机抉择和税收政策措施来实现经济稳定。在总需求过度而引起经济膨胀时，可以选择增税的紧缩性税收政策，以控制需求总量；在总需求不足而引起经济萎缩时，可以选择减税的扩张性税收政策，以扩大需求总量
	调节供给结构	因总供给不足引起的经济失衡，往往是由供给结构不合理引起的。当国民经济中的某些关键部门，如能源、交通等部门发展滞后，就会因经济结构失衡而拖累整个经济的发展，使供给不能满足。在这种情况下，可通过促进关键部门尤其是滞后经济发展的“瓶颈”部门的供给来促进经济平衡。例如，通过减税政策实现供给结构的调整；降低流转税有利于降低企业生产成本，扩大企业产出。当然，税收本身又是一把双刃剑，同时对需求和供给产生双重影响。控制需求的同时限制了供给，刺激供给的同时也会扩大需求，这主要取决于需求和供给关系中的主要矛盾

六、税收的原则

税收原则是指在一定的社会政治经济条件下，建立与之相适应的税收法制所遵循的具体化的指导思想。税收伴随着社会、经济的发展而调整变化，具有鲜明的时代特征。

（一）公平原则

公平原则又称公平税负原则，是指政府征税要使纳税人所承受的负担与其经济状况相适应，并在纳税人之间保持均衡。

税收公平原则是由税收自身的性质决定的。首先，国家征税带有强制性，从利益的角度看，征税是纳税人利益的直接减少，如果政府征税不公，则征税的阻力就会很大。因此，国家通过征税将一部分私人财产转化为社会所有的前提必须是公平税负。其次，税收属于分配范畴。收入分配的核心要求是公平、公正，所谓“不患寡而患不均”，社会公平问题历来都是影响社会稳定的重要因素之一。

税收公平包括横向公平和纵向公平，如图 1-1 所示。

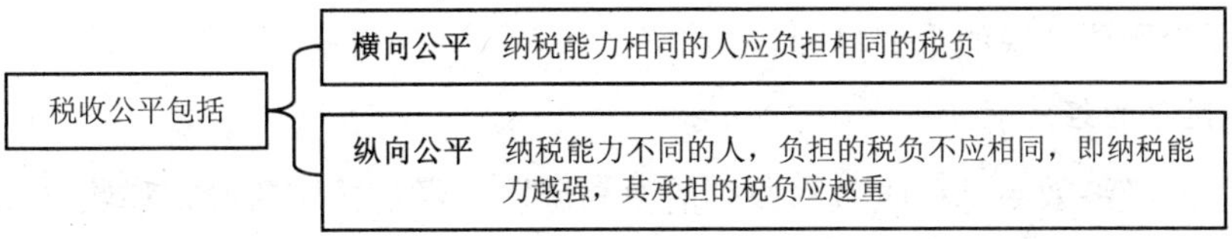

图 1-1　税收公平的构成

在现实中，政府征税要遵循公平的原则。首先，要求税收保持中性，即对所有从事经营的纳税人，要一视同仁、同等对待，以便为经营者创造一个良好的税收环境，促进经营者进行公平竞争。其次，对于客观上存在不公平的因素，如资源禀赋差异等，需要通过差别征税实施调节，以创造大体同等或大体公平的客观竞争环境。

强调税收公平，对我国在社会主义市场经济体制下的税制建设与完善具有重要的指导意义。由于我国市场发育还很不健全，存在不公平竞争的外部因素较多，如何完善税制，使税制更具公平性，为市场经济发展创造一个公平、合理的税收环境是一个重要的现实问题。

（二）效率原则

效率原则是指国家征税要有利于资源的有效配置和经济机制的运行，提高税务行政管理效率。具体包括以下几点。

1. 税收的行政效率

税收的行政效率，可以通过税收成本率即税收的行政成本占税收收入的比率来反映。有效率就是要求以尽可能少的税收行政成本征收尽可能多的税收收入，即税收成本率越低越好。

税收的行政成本主要包括以下两部分，如图 1-2 所示。

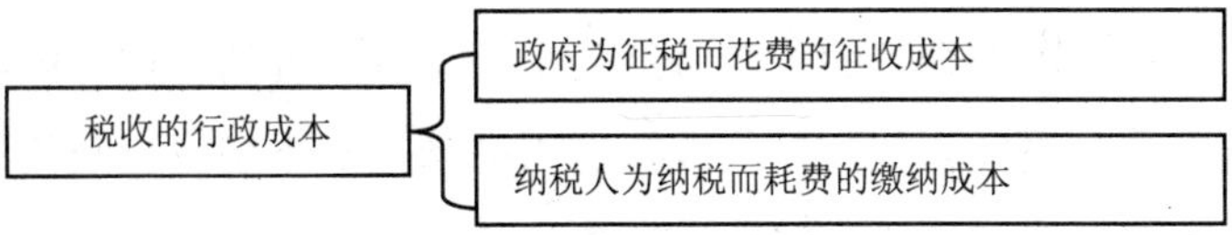

图 1-2　税收的行政成本的构成

需要指出的是，税收的征收成本和缴纳成本是密切相关的，有时甚至是可以相互转换的，一项税收政策的出台，可能有利于降低征收成本，但它可能是以纳税人的缴纳成本的增加为代价的，或者相反。这说明，税收的行政效率要对征收成本和缴纳成本进行综合考虑，这样才有真正意义。在现实中，如何提高税收的行政效率，是税收征管所要解决的重要目标。

2. 税收的经济效率

税收的经济效率是税收效率原则的更高层次。经济决定税收，税收又反作用于经济。税收分配必然对经济的运行和资源的配置产生影响，这是必然的客观规律。但税收对经济的影响，究竟是积极的，还是消极的，影响的程度如何、范围多大，则是有争议的，在认识上也存在一个不断发展的过程。反映到税收的经济效率方面，则有不同层次的理解。

税收的经济效率主要包括三个层次，如图 1-3 所示。

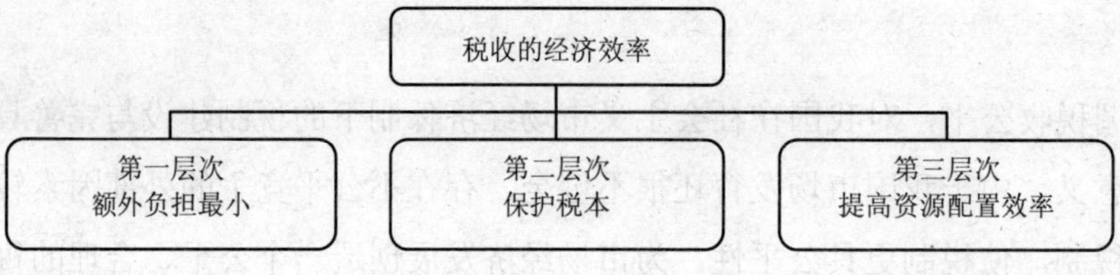

图 1-3　税收的经济效率的层次

所谓税收的额外负担，简单地说就是征税所引起的资源配置效率的下降，它是税收行政成本以外的一种经济损失。因此，相对于税收行政成本，通常又将其称为税收的经济成本。从逻辑上讲，在政府必然要征税的前提下，自然要求政府征税尽量减少对经济行为的扭曲。而且不同的征税方式，对经济的影响或扭曲程度是不同的，因此，政府应选择合理的征税方式，以使税收的额外负担最小。那么，怎样的征税方式对经济的扭曲更小呢？通常认为，要保持税收中性。

税本就是税收的本源。通常认为，国民生产是税本，国民收入是税源，原则上税收只能参与国民收入的分配，而不能伤及国民生产。这犹如树上摘果，果是源，树是本，只能摘果，而不能伤树。

从税收本身来说，不合理的税制必然会引起资源配置的扭曲，因而存在税收的经济成本。但若税制设计合理，税收政策运用得当，则不仅可以降低税收的经济成本，而且可以弥补市场的缺陷，提高经济的运行效率，使资源配置更加有效。这就是说，不适当的税收会产生额外负担，征税具有经济成本，具体表现为资源配置效率因征税而下降。而适当的、合理的税收，则会产生“额外收益”，征税具有经济效益，具体表现为资源配置效率因征税而提高。税收效率原则的高层次要求就是要积极发挥税收的调控作用，以有效地促进经济的发展。

总之，遵循行政效率是征税的最基本、最直接的要求。而追求经济效率，则是税收的高层次要求，它同时也反映了人们对税收调控作用认识的提高。

（三）适度原则

税收适度原则是指政府征税应兼顾需要与可能，做到取之有度。这里的“需要”是指财政的需要，“可能”则是指税收负担的可能，即经济的承受能力。遵循适度原则，要求税收负担适中，税收收入既能满足正常的财政支出需要，又能与经济发展保持协调和同步，并在此基础上，使宏观税收负担尽量从轻。

如果说公平原则和效率原则是从社会和经济角度考察税收所应遵循的原则，那么，适度原则则是从财政角度对税收的量的基本规定，是税收财政原则的根本体现。同时，适度原则并不排斥收入充裕的要求。

（四）法治原则

税收法治原则是指政府征税应以法律为依据，依法治税。税收法治原则主要包括两个原则，如图 1-4 所示。

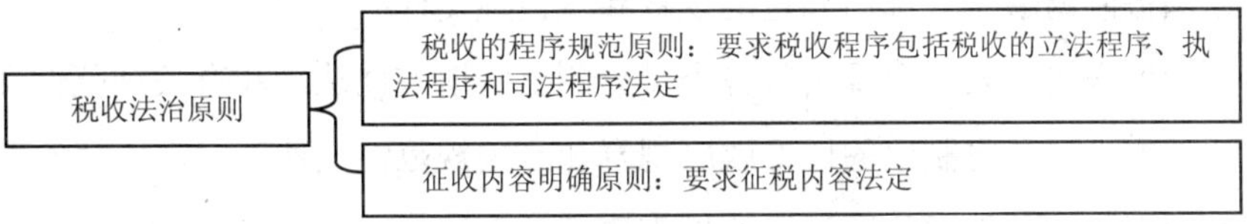

图 1-4　税收法治原则的内容

从税收实践看，税收与法律是密切相关的。只有税收法定，以法律形式明确纳税义务，才能真正体现税收的“强制性”，实现税收的“无偿”征收，税收分配才能做到规范、确定和具有可预测性。此外，法律的“公开、公正、公平”特性，也有助于税收的公平和效率。特别是在征纳关系中，相对于政府，纳税人客观上处于弱者地位，而政府本身又存在增收扩支的压力和冲动，因此有必要通过法律规范来提高纳税人的法律地位，确保纳税人的权利。所以，强调税收的“法治”原则很重要，很有意义。目前，我国法制建设还不够健全，市场经济是法治经济，我国要发展社会主义市场经济，需要依法治国，更需要依法治税。因此，在我国建立和完善符合社会主义市场经济发展要求的税制过程中，提倡和强调税收的法治原则就显得更为重要和迫切。

即学即思

上网查一查，中国历史上的治税原则有哪些？

课后练习

谈谈你对税收的新认识。

任务二　税收制度概述

一、税收制度及税法

（一）税收制度的概念

税收制度简称为税制，是指国家以法律形式规定的各种税收法律、法规的总称，或者说是国家以法律形式确定的各种课税制度的总和。

（二）税收制度的法律级次

（1）全国人民代表大会及其常务委员会制定的法律和有关规范性文件。

（2）国务院制定的行政法规和有关规范性文件。

（3）国务院财税主管部门制定的规章和规范性文件。

（4）地方人民代表大会及其常务委员会制定的地方性法规和有关规范性文件。

（5）地方人民政府制定的地方政府规章和有关规范性文件。

（6）中国政府与外国政府签订的税收协定。

（三）税法的概念

税法是国家制定的用以调整国家与纳税人之间在征纳税方面的权利与义务关系的法律规范的总称。

1. 税法的分类

税法按不同的标准可以进行不同的分类，如表 1-5 所示。

表 1-5　税法的分类

分类标准	内　容
按税法的基本内容和效力的不同	税收基本法和税收普通法
按税法功能作用的不同	税收实体法和税收程序法
按税法征收对象的不同	对流转额课税的税法；对所得额课税的税法；对财产、行为课税的税法和对自然资源课税的税法
按税收收入归属和征管管辖权限的不同	中央（收入）税法和地方（收入）税法
按主权国家行使税收管辖权的不同	国内税法、国际税法和外国税法

2. 税法的特点

（1）从立法过程来看，税法属于制定法而不是习惯法。

（2）从法律性质看，税法属于义务性法规而不是授权性法规。

（3）从内容看，税法具有综合性而不是单一性。

（四）税收法律关

税收法律关系，是指税法所确认和调整的，国家与纳税人之间在税收分配过程中形成的权利和义务关系，由权利主体、权利客体和税收法律关系的内容三方面构成。

1. 权利主体

权利主体即税收法律关系中享有权利和承担义务的当事人。在我国税收法律关系中，权利主体一方是代表国家行使征税职责的国家机关，包括国家各级税务机关、海关和财政机关；另一方是履行纳税义务的人，包括法人、自然人和其他组织，在华的外国企业、组织、外籍人、无国籍人，以及在华虽然没有机构、场所但有来源于中国境内所得的外国企业或组织。

2. 权利客体

权利客体即税收法律关系主体的权利、义务所共同指向的对象，也就是征税对象。一般认为，税收法律关系的客体包括物和行为两大类。例如，所得税法律关系客体就是生产经营所得和其他所得，财产税法律关系客体就是财产，流转税法律关系客体就是货物销售收入或劳务收入。

3. 税收法律关系的内容

税收法律关系的内容就是权利主体所享有的权利和应承担的义务。税收法律关系的内容包括征税主体（即税务机关）的权利、义务和纳税主体的权利、义务两大方面。

二、税收制度构成要素

税收制度构成要素指的是构成税收制度的基本因素，它说明谁征税、向谁征、征多少及如何征等问题。税收制度构成要素是税收内容的具体表现。

（一）纳税人

纳税人也称“纳税义务人”“课税主体”，是税法上规定的直接负有纳税义务的单位和个人。无论何种税法都要规定相应的纳税义务人，因此纳税义务人是税收制度构成的基本要素之一。从法律的角度划分，纳税人包括法人与自然人两种。

法人是指依法成立并能独立行使法定权利和承担法定义务的企业或社会组织。一般来说，法人纳税人大多是公司或企业。自然人是指具有权利主体资格，能够以自己的名义独立享有财产权利，承担义务，并能在法院和仲裁机关起诉、应诉的个人，一般是指公民或居民个人。

与纳税义务人相关的是扣缴义务人和负税人。扣缴义务人是指依法负有代扣代缴税款义务的单位。扣缴义务人必须严格履行其职责，并将所扣缴的税款按规定期限缴库，否则依照税法规定，视情节轻重给予一定的处罚。对税法规定的扣缴义务人，税务机关应向其颁发代扣代缴证书，并付给扣缴义务人代扣代缴手续费。一般在收入零星、税源分散的情况下，税法中明确规定了扣缴义务人，以加强对税收源泉的控制，从而达到防止偷税、简化纳税手续、确保国家财政收入的目的。

知识链接

代扣代缴与代收代缴

代扣代缴是指持有纳税人收入的单位和个人，根据法定义务在支付纳税人收入的同时，从所持有纳税人收入中扣缴其应纳税款，并代为汇总向税务机关缴纳税款的行为。即由支付人在向纳税人支付款项时，从所支付的款项中依法直接扣收税款并代为缴纳。其目的在于对零星分散、不易控管的税源实行源泉控制。如目前我国对纳税人课征的个人所得税、预提所得税就是采取代扣代缴的源泉扣缴形式。

代收代缴是指与纳税人有经济往来业务的单位和个人借助经济往来关系向纳税人收取其应纳税款并向税务机关解缴的行为。这种方式一般是指税收网络覆盖不到或者很难控管的领域，如消费税中的委托加工，由受托方代收加工产品的税款。

负税人是最终负担税款的单位和个人。如果纳税人是法律上的纳税主体，负税人则是经济上的纳税主体。由于税负转嫁的存在，纳税人在向国家缴纳税款之后，税款可能由纳税人直接负担，也可能通过税负转嫁由他人负担。就是说，纳税人与负税人有时是一致的，如个人所得税，纳税人也是税款的实际负担者；有时是不一致的，如对商品课征的税收，纳税人是生产或销售商品的企业，而负税人则是商品的最终消费者。负税人不是税制构成要素，国家在制定税收制度时，只规定税款由谁缴纳，不规定税款最终由谁负担。但是，税款由谁负担和由谁缴纳一样重要，因此，国家在制定税收制度时，必须考虑税款由谁负担的问题。

知识链接

税 负 转 嫁

税负转嫁是指税法上规定的纳税人将自己所缴纳的税款通过购入或售出商品价格的变动，或通过其他手段将全部或部分转移给他人负担的过程。例如，汽车制造商通过提高价格的办法将所缴纳的税款向前转嫁给消费者；棉布制造商通过压低棉花收购价格的方法将所缴纳的税款向后转嫁给生产者；雇主采用削减工资的办法将所缴纳的税款转嫁给雇员负担等。

（二）征税对象

1. 征税对象的概念

征税对象又称征税客体，是指对什么征税，是征税的标的物。征税对象反映了征税的广度，是一种税区别于另一种税的主要标志，是税制的基本要素。

2. 征税对象与税目、计税依据

税目是征税对象的具体化，反映了具体的征税范围。

设计税目有两种方法：一种是列举法，它按照每一种应税的商品或经营项目分别设置税目，必要时还可以在一个税目之下设置若干个子目；另一种是概括法，它按照商品大类或行业设计税目。

计税依据又称税基，是征税对象在数量上的具体化，是计算应纳税款的依据。

计税依据有两种形态：一种是价值形态，称为“从价计征”，就是以征税对象的价值为计税依据，如商品的销售收入额、劳务收入额、所得额等；另一种是实物形态，称为“从量计征”，是以征税对象的数量、容积、重量、面积等为计税依据。

知识链接

从量计征与从价计征

从量计征是以征税对象的数量、容积、重量、面积等为计税依据。

从价计征是以征税对象的价值为计税依据，如商品的销售收入额、劳务收入额、所得额等。

（三）税率

税率是应纳税额与征税对象数额之间的法定比例，是计算税额的尺度，体现征税的深度，是税制的基本要素。税收的固定性主要是通过税率来体现的。税率可分为比例税率、定额税率、累进税率三大类。

1. 比例税率

比例税率是指不论征税对象数额的大小，只规定一个百分比的税率。它是一种应用最广、最常见的税率，一般适用于流转税。比例税率主要包括统一比例税率、差别比例税率和幅度比例税率三种，如表 1-6 所示。

2. 定额税率

定额税率是税率的一种特殊形式，也称固定税额，按征税对象的一定计量单位直接规定一个固定的应纳税额，而不是规定征收比例。定额税率主要包括地区差别税额、幅度税额和分类分级税额三类，如表 1-7 所示。定额税率一般适用于从量计征的税种。

表 1-6 比例税率的内容

名称	内 容	概 念
比例税率	统一比例税率	一个税种只规定一个税率，所有纳税人都按照相同的比例缴纳税款
	差别比例税率	一个税种规定两个或两个以上的征税比例，不同的纳税人或不同的应税项目适用不同的比例征税
	幅度比例税率	国家规定了比例税率的上限和下限，各地区根据本地区的实际情况，在规定的幅度内确定一个具体适用的比例税率

表 1-7 定额税率的内容

名称	内 容	概 念
定额税率	地区差别税额	为了照顾不同地区的自然资源、生产力水平和营利水平的差别，对不同地区规定征收不同的税额
	幅度税额	国家只规定一个税额幅度，由各地根据本地区实际情况，在规定的幅度内确定一个执行税额
	分类分级税额	把征税对象划分为若干个类别和等级，对各类、各级分别规定不同的税额

3. 累进税率

累进税率是按同一征税对象的数额或相对量的大小，将其划分成若干等级，并规定不同等级的税率。征税对象数额越大，税率越高；数额越小，税率越低。累进税率一般适用于所得税。累进税率常用的是全额累进税率和超额累进税率，如表 1-8 所示。

表 1-8 累进税率的内容

名称	内 容	概 念
累进税率	全额累进税率	征税对象的全部数额都按照与之相应等级的税率计税，一定征税对象的数额只适用一个等级的税率
	超额累进税率	征税对象的不同级距部分，分别按照各级距的适用税率计税，各级税额之和为应纳税额

全额累进税率与超额累进税率相比较，具有不同的优、缺点。一是在名义税率相同的情况下，全额累进税率的累进程度高、税负重；超额累进税率的累进程度低、税负轻。二是在所得额级距的临界点附近，全额累进会出现税负增加超过所得额增加的不合理现象；超额累进则不存在这个问题。三是在计算上，全额累进计算简便，超额累进计算复杂。

知识链接

与税率有关的概念

（1）加成是按应纳税额再加征一定成数税额的规定。加征一成就是增加税额的10%，加征十成就是增加100%，即加征一倍的税额。

（2）附加是按税法规定税率计征税额时，附加征收一定比例税额的规定。税收附加是地方财政资金来源之一，由地方按规定管理和支配使用，因此，附加通常称为地方附加。

（四）纳税环节

纳税环节是商品在流转过程中缴纳税款的环节。任何税种都要确定纳税环节，有的比较明确、固定，有的则需要在许多流转环节中选择确定。确定纳税环节是流转课税的一个重要问题，它关系到税制结构和税种的布局，关系到税款能否及时足额入库，关系到地区间税收收入的分配，同时关系到企业的经济核算和是否便于纳税人缴纳税款等问题。

按照纳税环节的多少，可将税收课征制度划分为两类，即一次课征制度和多次课征制度。

一次课征制度是指在生产、批发、零售诸环节中，仅选择在某一个环节征税。一次课征制度税源集中，可以避免重复征税。

多次课征制度是指在多个流转环节都征税。

（五）纳税期限与纳税地点

1. 纳税期限

纳税期限是指纳税义务、扣缴义务发生后，纳税人、扣缴义务人向国家缴纳或者解缴税款的期限。规定纳税期限是为了促使纳税人及时依法纳税，以保证国家能及时地取得财政收入，均衡地满足经常性政府公共财政支出的需要。它是税收强制性、固定性在征收时间上的体现。

纳税期限是衡量征纳双方是否按时行使征税权力和履行纳税义务的尺度。它一般是根据各税种的不同特点，结合纳税人的生产经营情况、应纳税额的大小等确定的。一般分为以下两种：

（1）按次计算。是以纳税人从事生产经营活动的次数作为纳税计算期，如增值税中有此种规定。

（2）按期计算。是指以发生纳税义务、扣缴义务的一定期间作为纳税计算期，如1日、3日、5日、10日、15日、1个月、1个季度、1年等，增值税、消费税、资源税、企业所得税等都有相关规定。

2. 纳税地点

纳税地点是指缴纳税款的场所。我国现行税制规定的纳税地点大致可分为四类：一是固定业户的纳税地点；二是固定业户到外县（市）经营的纳税地点；三是非固定业户或临时经营户的纳税地点；四是进口货物的纳税地点。

（六）减税免税

减税免税是对某些纳税人或课税对象的鼓励或照顾的一种措施。

1. 免税

免税是指按照税法规定免除全部应纳税款，是对某些纳税人或征税对象给予鼓励、扶持或照顾的特殊规定，是世界各国及各个税种普遍采用的一种税收优惠方式。

免税一般可以分为法定免税、特定免税和临时免税三种。

2. 减税

减税又称税收减征，是按照税收法律、法规减除纳税义务人一部分应纳税款。它是对某些纳税人、征税对象进行扶持、鼓励或照顾，以减轻其税收负担的一种特殊规定。与免税一样，它也是税收的严肃性与灵活性结合制定的政策措施，是普遍采取的税收优惠方式。

减税一般分为法定减税、特定减税和临时减税。

知识链接

起征点和免征额

与减免税有直接关系的还有起征点和免征额两个要素。

起征点又称征税起点或起税点，是指税法规定对征税对象开始征税的起点数额。征税对象的数额达到起征点的就全部数额征税，未达到起征点的不征税。

免征额是指税法中规定的课税对象全部数额中免予征税的数额。无论课税对象的数额多大，未超过免征额的，不征税；超过的，就其超过部分征税。

起征点和免征额具有不同的作用。前者优惠的是个别纳税人，后者则惠及所有纳税人。

（七）违章处理

违章处理是对纳税人违反税收法规行为所采取的处罚措施。它是税收强制性特征在税制上的具体体现，是维护国家税法严肃性、完成税收任务、严肃财经纪律的保证。

税务违章行为包括：

（1）违反税收征收管理法，即纳税人未按规定办理税务登记、纳税申报、建立保存账户、提供纳税资料、拒绝接受税务机关监督检查等行为。

（2）欠税，即纳税人因故超过税务机关核定的纳税期限，未缴或少缴税款的行为。

（3）偷税，即纳税人有意违反税收法规，采取欺骗、隐瞒等手段逃避纳税的行为。

（4）抗税，即纳税人拒绝遵照税收法规履行纳税义务的行为。

（5）骗税，即纳税人利用假报出口等欺骗手段，骗取国家出口退税款的行为。

违章处理的措施包括加收滞纳金、处以罚款、送交人民法院依法处理等。

三、税收分类

税收分类是指根据税制构成的基本要素，将性质相同或相近的税种进行归类和综合。

（一）按征税对象的性质分类

按征税对象的性质分类最能反映现代税制结构，因此也是各国常用的主要税收分类方法。具体内容如表1-9所示。

表1-9　按征税对象的性质分类

分类项目	概　念
流转税	以商品或劳务的流转额为征税对象征收的一类税。如增值税、消费税、关税等
所得税	以纳税人一定时期的所得额为征税对象征收的一类税。如企业所得税、个人所得税等
财产税	以纳税人所拥有的或控制的财产为征税对象征收的一类税。如房产税、车船税等
资源税	对开发和利用自然资源征收的一类税。如资源税、土地使用税和耕地占用税等
行为税	以纳税人的特定行为作为征税对象的一类税。如印花税、车辆购置税等

（二）按计税标准分类

按照计税标准分类可将税收划分为从量税和从价税。具体内容如表1-10所示。

表1-10　按计税标准分类

分类项目	概　念
从量税	以征税对象的数量（重量、面积、件数）为依据，采用固定税额计征的一类税。从量税实行定额税率，具有计算简便等优点。如我国现行的车船税等
从价税	以征税对象的价值为依据，按一定比例计征的一类税。从价税实行比例税率和累进税率，税收负担比较合理。如我国现行的增值税、关税和各种所得税等

（三）按税收与价格的关系分类

按税收与价格的关系可将税收划分为价内税和价外税。具体内容如表 1-11 所示。

表 1-11　按税收与价格的关系分类

分类项目	概念
价内税	税款在应税商品价格内，作为商品价格一个组成部分的一类税。如我国现行的消费税、关税等
价外税	税款不在商品价格之内，不作为商品价格一个组成部分的一类税。如我国现行的增值税

（四）按税收的管理和使用权限分类

按税收的管理和使用权限可将税收划分为中央税、地方税、中央与地方共享税。具体内容如表 1-12 所示。

表 1-12　按税收的管理和使用权限分类

分类项目	概念
中央税	由中央政府征收和管理使用或由地方政府征收后全部划入中央政府所有并支配使用的一类税。如我国现行的关税和消费税等
地方税	由地方政府征收和管理使用的一类税。如我国现行的房产税等
中央与地方共享税	税收的管理权和使用权属中央政府和地方政府共同拥有的一类税。如我国现行的增值税和资源税等

（五）按税收负担能否转嫁分类

按税收负担能否转嫁可将税收划分为直接税和间接税。具体内容如表 1-13 所示。

表 1-13　按税收负担能否转嫁分类

分类项目	概念
直接税	纳税人本身承担税负，不发生税负转嫁关系的一类税。如所得税和财产税等
间接税	纳税人本身不是负税人，可将税负转嫁他人的一类税。如流转税和资源税等

四、我国现行税制结构

（一）税制结构

我国现行税制是一个由多种税组成的复税制体系，这个复税制体系可以使我国税收多环节、多层次地发挥作用。具体税种架构如下。

流转税制：包括增值税、消费税、关税。

所得税制：包括企业所得税、个人所得税。

资源税制：包括资源税、耕地占用税、城镇土地使用税、土地增值税等。

财产税制：包括房产税、契税、车船税等。

行为税制：包括印花税、城市维护建设税、车辆购置税等。

（二）主要税种

1. 增值税

增值税是指对从事销售货物或者服务、提供加工、修理修配劳务及进口货物的单位和个人取得的增值额为计税依据征收的一种流转税。

增值税纳税人是指在境内销售货物或者服务、提供加工、修理修配劳务及进口货物的单位和个人。要注意区分增值税一般纳税人和小规模纳税人。

增值税税率：基本税率为 17%，低税率为 11%，出口货物税率为 0，小规模纳税人的增值税征收率为 3%，营业税改征增值税后新增 11%和 6%两档低税率。

2. 消费税

消费税是对在我国境内从事生产、委托加工及进口应税消费品的单位和个人，就其消费品的销售额、销售数量或者销售额与销售数量相结合征收的一种税。

消费税的纳税人是指在中国境内生产、委托加工和进口应税消费品的单位和个人。

消费税的征收范围：烟、酒、鞭炮、焰火、高档化妆品、贵重首饰及珠宝玉石、高尔夫球及球具、高档手表、游艇、木制一次性筷子、实木地板、成品油、汽车轮胎、摩托车、小汽车、电池、涂料等商品。

3. 企业所得税

在中国境内，企业和其他取得收入的组织（以下统称企业）为企业所得税的纳税人，依照《企业所得税法》的规定缴纳企业所得税。

企业所得税税率采用比例税率。企业所得税税率为 25%；非居民企业取得符合税法规定情形的所得，适用税率为 20%。

另外，税法规定，对符合条件的小型微利企业，减按 20%的税率征收企业所得税；对国家需要重点扶持的高新技术企业，减按 15%的税率征收企业所得税。

4. 个人所得税

个人所得税是指对个人（即自然人）取得的各项应税所得征收的一种税。

对于居民纳税人，应就来源于中国境内和境外的全部所得征税；对于非居民纳税人，则只就来源于中国境内所得部分征税。居民纳税人是指在中国境内有住所，或者无住所而在境内居住满一年的个人。非居民纳税人是指在中国境内无住所又不居住，或者无住所而在境内居住不满一年的个人。

课后练习

无锡红梅药业有限责任公司为科、工、贸一体化的医药企业，拥有员工 680 人，从事各类药品的研制、生产、销售，主营小容量注射剂、片剂、硬胶囊剂、颗粒剂等的制造、销售；自营和代理各类商品及技术的进出口业务；日用化学品、日用百货销售；普货运输；房屋、机器设备及设施的租赁，年销售收入 5 000 万元以上。

要求：分析说明该药业有限责任公司应缴纳哪些相关的税种?

任务三　税收征收管理

案例导入

张宏毕业后想开一家快餐店，在筹集了资金、到银行开立账户后取得了营业执照和组织机构代码证。请问，张宏的快餐店要正常经营还要经过什么程序?

【案例解析】 张宏还需要到相应的税务部门办理税务登记，领取税务登记证。

知识链接

《关于加快推进“五证合一、一照一码”登记制度改革的通知》

国务院办公厅印发《关于加快推进“五证合一、一照一码”登记制度改革的通知》(以下简称《通知》)，对在全面实施工商营业执照、组织机构代码证、税务登记证“三证合一”登记制度改革的基础上整合社会保险登记证和统计登记证，实现“五证合一、一照一码”做出部署。

《通知》要求，从 2016 年 10 月 1 日起正式实施“五证合一、一照一码”，在更大范围、更深层次上实现信息共享和业务协同，巩固和扩大“三证合一”登记制度改革成果，进一步为企业开办和成长提供便利化服务，降低创业准入的制度性成本，优化营商环境，激发企业活力，推进大众创业、万众创新，促进就业和经济社会持续健康发展。

一、税务登记

税务登记是税务机关对纳税人的生产、经营活动进行登记并据此对纳税人实施税务管理的一种法定制度。税务登记又称纳税登记，它是税务机关对纳税人实施税收管理的首要环节和基础工作，是征纳双方法律关系成立的依据和证明，也是纳税人必须依法履行的义务。我国税务登记制度大体包括开业税务登记、变更税务登记和注销税务登记。

即学即思

税务机关分为国家税务机关和地方税务机关。在办理税务登记时，应在哪一个税务机关办理？

（一）开业税务登记

1. 开业税务登记的对象

开业税务登记的对象是领取营业执照从事生产、经营的纳税人。具体包括：

（1）企业，即从事生产经营的单位或组织。

（2）企业在外地设立的分支机构和从事生产、经营的场所。

（3）个体工商户。

（4）从事生产、经营的事业单位。

重要提示

其他纳税人根据有关法规规定，不从事生产、经营，但依照法律、法规的规定负有纳税义务的单位和个人，除临时取得应税收入或发生应税行为，以及只缴纳个人所得税、车船税以外，都应按规定向税务机关办理税务登记。

2. 开业税务登记的时间和地点

（1）从事生产、经营的纳税人，应当自领取营业执照之日起 30 日内，向生产、经营地或者纳税义务发生地的主管税务机关申报办理税务登记，如实填写税务登记表并按照税务机关的要求提供有关证件、资料。

（2）除上述以外的其他纳税人，除国家机关和个人外，应当自纳税义务发生之日起 30 日内，持有关证件向所在地主管税务机关申报办理税务登记。

3. 开业税务登记程序

（1）税务登记的申请。纳税人必须严格按照规定的期限，向当地主管税务机关及时申报办理税务登记手续，实事求是地填报登记项目，并如实回答税务机关提出的问题。在申报办理税务登记时，纳税人应认真填写税务登记表。

（2）纳税人办理税务登记时应提供以下证件、资料：①营业执照或其他核准执业证件及工商登记表，或其他核准执业登记表复印件；②有关机关、部门批准设立的文件；③有关合同、章程、协议书；④法定代表人和董事会成员名单；⑤法定代表人（负责人）或业主居民身份证、护照或者其他证明身份的合法证件；⑥组织机构统一代码证书；⑦住所或经营场所证明；⑧委托代理协议书复印件；⑨属于享受税收优惠政策的企业，还应包括需要提供的相应证明、资料，税务机关需要的其他资料、证件。

（3）税务登记表的受理、审核。税务机关对纳税人填报的税务登记表、提供的证件和资料，应当在收到之日起 30 日内审核完毕，符合规定的，予以登记；对不符合规定的不予登记，并应在 30 日内予以答复。

（4）税务登记证的核发。税务机关对纳税人填报的税务登记表及附送的资料、证件审核无误的，应在 30 日内发放税务登记证。

提醒你：

以下几种情况应比照开业登记办理	（1）扣缴义务人应当自扣缴义务发生之日起 30 日内，向所在地的主管税务机关申报办理扣缴税款登记，领取扣缴税款登记证件
	（2）跨地区的非独立核算分支机构应当自设立之日起 30 日内，向所在地税务机关办理注册税务登记
	（3）有独立的生产经营权、在财务上独立核算并定期向发包人或者出租人上缴承包费或租金的承包承租人，应当自承包承租合同签订之日起 30 日内，向其承包承租业务发生地税务机关申报办理税务登记，税务机关核发临时税务登记证及副本
	（4）从事生产、经营的纳税人外出经营，在同一地连续 12 个月内累计超过 180 天的，应当自期满之日起 30 日内，向生产、经营所在地税务机关申报办理税务登记，税务机关核发临时税务登记证及副本
	（5）境外企业在中国境内承包建筑、安装、装配、勘探工程和提供劳务的，应当自项目合同或协议签订之日起 30 日内，向项目所在地税务机关申报办理税务登记，税务机关核发临时税务登记证及副本

即学即思

请上网查一查个体经营纳税人的税务登记表与适用临时税务登记纳税人的税务登记表，了解不同之处。

（二）变更税务登记

变更税务登记是纳税人税务登记内容发生重要变化时向税务机关申报办理的税务登记手续。

1. 申请

纳税人改变名称及法定代表人改变姓名、经济类型、经济性质、住所或者经营地点、生产经营范围、经营方式、开户银行及账号等内容的，纳税人应当自工商行政管理机关办理变更登记之日起 30 日内，持下列有关证件向原主管税务机关提出变更登记书面申请报告：①营业执照；②变更登记的有关证明文件；③原税务登记证；④其他有关证件。

重要提示

纳税人按照规定不需要在工商行政管理机构办理变更登记的，应当自有关机关批准或者宣布变更之日起30日内，持有关证件向原主管国家税务机关提出变更登记书面申请。

2. 填写变更税务登记表

纳税人办理变更登记时，应当向主管国家税务机关领取变更税务登记表（一式三份），按照表中的内容逐项如实填写，加盖企业或业主印章后，于领取之日起10日内报送主管税务机关审核。

3. 领取变更后的税务登记证及有关资料

主管税务机关根据纳税人的书面申请和报送的有关证件经审核后将变更事项在税务登记证副本和税务登记表记录页上填列变更内容和时间。纳税人在规定期限内到主管国家税务机关领取税务登记证等有关证件，并缴付工本管理费。

（三）注销税务登记

注销税务登记是指纳税人税务登记内容发生了根本性变化，需终止履行纳税义务时向税务机关申报办理的税务登记手续。

1. 注销税务登记的对象和时间

（1）纳税人破产、解散、撤销及其他依法应当终止履行纳税义务的，应当在向工商行政管理机关办理注销登记前，持有关证件向原主管税务机关提出注销税务登记书面申请报告。未办理工商登记的，应自有关机关批准或者宣布终止之日起15日内，提出注销税务登记书面申请报告。

（2）纳税人因住所、经营地点变动而涉及改变税务登记机关的，应当在向工商行政管理机关或者其他机关申请办理变更或注销登记前，又或者在住所、经营地点变动前，向原税务登记机关申报办理注销税务登记，并在30日内向迁达地税务机关申报办理税务登记。

（3）纳税人被工商行政管理机关吊销营业执照或者被其他机关予以撤销登记的，应当自营业执照被吊销或者被撤销登记之日起15日内，向原税务登记机关申报办理注销税务登记。

2. 注销税务登记的要求

纳税人在办理注销税务登记之前应向税务机关结清应纳税款、滞纳金、罚款，缴销发票及发票专用章、税务登记证及副本和其他税务证件。

3. 注销税务登记的手续

纳税人办理注销税务登记时，应当向主管国家税务机关领取注销税务登记表(一式三份)，并根据表中的内容逐项如实填写，加盖企业印章后，于领取注销税务登记表之日起 10 日内报送主管国家税务机关，经主管国家税务机关核准后，报有关国家税务机关批准予以注销。

（四）税务登记证的使用、管理

（1）税务登记证或者注册税务登记证后应张挂，亮证经营。

（2）纳税人办理下列事项时必须持税务登记证副本或者注册税务登记证副本：

① 申请减税、免税、退税、先征税后返还。

② 申请领购发票。

③ 申请《外出经营活动税收管理证明》。

④ 其他有关税务事项。

（3）税务登记证只限纳税人自己使用，不得转借、涂改、损毁、买卖或者伪造。

（4）纳税人税务登记证要妥善保管，如有遗失，应当在登报声明作废的同时及时书面报告主管国家税务机关，经主管国家税务机关审查处理后，可申请补发新证，并按规定缴付工本管理费。

即学即思

请上网查一查停业、复业登记的相关要求有哪些？

二、账簿、凭证管理

账簿是纳税人、扣缴义务人连续记录其各种经济业务的账册或簿籍。凭证是纳税人用来记录经济业务，明确经济责任，并据以登记账簿的书面证明。账簿、凭证管理是继税务登记之后税收征管的又一重要环节，在税收征管中占有十分重要的地位。

（一）账簿、凭证管理

1. 对账簿、凭证设置的管理

（1）设置账簿的范围。

根据有关规定，所有的纳税人和扣缴义务人都必须按照有关法律、行政法规和国务院财政、税务主管部门的规定设置账簿。这里所称的账簿是指总账、明细账、日记账及其他辅助性账簿。总账、日记账应当采用订本式。

从事生产、经营的纳税人应当自领取营业执照或者发生纳税义务之日起 15 日内设置账簿。

扣缴义务人应当自税收法律、行政法规规定的扣缴义务发生之日起 10 日内，按照所代扣、代收的税种，分别设置代扣代缴、代收代缴税款账簿。

生产、经营规模小又确无建账能力的纳税人，可以聘请经批准从事会计代理记账业务的专业机构或者经税务机关认可的财会人员代为建账和办理账务。聘请上述机构或者人员有实际困难的，经县以上税务机关批准，可以按照税务机关的规定，建立收支凭证粘贴簿、进货销货登记簿或者使用税控装置。

（2）对会计核算的要求。

根据有关规定，所有纳税人和扣缴义务人都必须根据合法、有效的凭证进行账务处理。

纳税人建立的会计电算化系统应当符合国家有关规定，并能正确、完整核算其收入或者所得。纳税人使用计算机记账的，应当在使用前将会计电算化系统的会计核算软件、使用说明书及有关资料报送主管税务机关备案。

纳税人、扣缴义务人会计制度健全，能够通过计算机正确、完整计算其收入和所得或者代扣代缴、代收代缴税款情况的，其计算机输出的完整的书面会计记录可视同会计账簿。

重要提示

纳税人、扣缴义务人会计制度不健全，不能通过计算机正确、完整计算其收入和所得或者代扣代缴、代收代缴税款情况的，应当建立总账及与纳税或者代扣代缴、代收代缴税款有关的其他账簿。

2. 对财务会计制度的管理

（1）备案制度。根据有关规定，凡从事生产、经营的纳税人必须将所采用的财务、会计制度和具体的财务、会计处理办法，按税务机关的规定，自领取税务登记证之日起15日内，及时报送主管税务机关备案。

（2）财会制度、办法与税收规定相抵触的处理办法。根据有关规定，当从事生产、经营的纳税人、扣缴义务人所使用的财务会计制度和具体的财务、会计处理办法与国务院和财政部、国家税务总局有关税收方面的规定相抵触时，纳税人、扣缴义务人必须按照国务院制定的税收法规的规定或者财政部、国家税务总局制定的有关税收的规定计缴税款。

3. 对账簿、凭证的保管

根据有关规定："从事生产经营的纳税人、扣缴义务人必须按照国务院财政、税务主管部门规定的保管期限保管账簿、记账凭证、完税凭证及其他有关资料。账簿、记账凭证、报表、完税凭证、发票、出口凭证及其他有关涉税资料不得伪造、变造或擅自损毁。"

账簿、记账凭证、报表、完税凭证、发票、出口凭证及其他有关涉税资料的保管期限，除另有规定外，应当保存10年。

（二）发票管理

根据相关规定："税务机关是发票的主管机关，负责发票的印制、领购、开具、取得、保管、缴销的管理和监督。"

1. 发票的印制

增值税专用发票由国务院税务主管部门指定的企业印制；其他发票，按照国务院税务主管部门的规定，分别由省、自治区、直辖市国家税务局、地方税务局指定企业印制。未经规定的税务机关指定，不得印制发票。

2. 发票的领购

依法办理税务登记的单位和个人，在领取税务登记证后，向主管税务机关申请领购发票。对无固定经营场地或者财务制度不健全的纳税人申请领购发票，主管税务机关有权要求其提供担保人，不能提供担保人的，可以视其情况，要求其提供保证金，并限期缴销发票。纳税人可以根据自己的需要申请领购普通发票。

重要提示

增值税专用发票只限于增值税一般纳税人领购使用。

3. 发票的开具、使用、取得

普通发票开具、使用、取得的管理，应注意以下几点（增值税专用发票开具、使用、取得的管理，按增值税有关规定办理）：

（1）销货方按规定填开发票。

（2）购买方按规定索取发票。

（3）纳税人进行电子商务必须开具或取得发票。

（4）发票要全联一次填写。

（5）发票不得跨省、直辖市、自治区使用。

（6）开具发票要加盖财务印章或发票专用章。

（7）开具发票后，如发生销货退回需开红字发票的，必须收回原发票并注明“作废”字样或取得对方有效证明；发生销售折让的，在收回原发票并注明“作废”后，重新开具发票。

4. 发票的保管

根据发票管理的要求，发票保管分为税务机关保管和用票单位、个人保管两种，都必须建立严格的发票保管制度。包括专人保管制度、专库保管制度、专账登记制度、保管交接制度、定期盘点制度。

5. 发票的缴销

发票缴销包括发票收缴和发票销毁。发票收缴是指用票单位和个人按照规定向税务机关上缴已经使用或者未使用的发票；发票销毁是指由税务机关统一将自己或者他人已使用或者未使用的发票进行销毁。

三、纳税申报

纳税申报是纳税人按照税法规定的期限和内容，向税务机关提交有关纳税事项书面报告的法律行为，是纳税人履行纳税义务、界定纳税人法律责任的主要依据，是税务机关税收管理信息的主要来源和税务管理的重要制度。

1. 纳税申报对象

纳税申报对象为纳税人和扣缴义务人。

重要提示

①纳税人在纳税期内没有应纳税款的，也应当按照规定办理纳税申报。②纳税人享受减税、免税待遇的，在减税、免税期间应当按照规定办理纳税申报。

2. 纳税申报内容

纳税人和扣缴义务人的纳税申报和代扣代缴、代收代缴税款报告的主要内容包括税种、税目，应纳税项目或者应代扣代缴、代收代缴税款项目，计税依据，扣除项目及标准，适用税率或者单位税额，应退税项目及税额、应减免税项目及税额，应纳税额或者应代扣代缴、代收代缴税额，税款所属期限、延期缴纳税款、欠税、滞纳金等。

即学即思

请同学们到自己所在地方的国税服务大厅和地税服务大厅进行调研了解国税大厅和地税大厅分别对哪些税种的纳税申报工作服务？

3. 纳税申报期限

纳税申报期限有两种。

一种是法律、行政法规明确规定的：①以一个月为一期纳税的，于期满后 15 日内申报；②企业所得税的纳税人应当在月份或者季度终了后 15 日内办理预交所得税申报，年度终了后 5 个月内办理所得税汇算清缴申报等。

另一种是税务机关按照法律、行政法规的规定，结合纳税人生产经营的实际情况及其所应缴纳的税种等相关问题予以确定的。

重要提示

纳税人、扣缴义务人不能按照税法规定的期限办理纳税申报或扣缴税款报告时可以申请延期申报。延期申报是指纳税人因有特殊情况，不能按期进行纳税申报的，经县以上税务机关核准，可以延期申报。但应当在规定的期限内向税务机关提出书面延期申请，经税务机关核准，在核准的期限内办理。如纳税人、扣缴义务人因不可抗力，不能按期办理纳税申报或者报送代扣代缴、代收代缴税款报告表的，可以延期办理，但应当在不可抗力情形消除后立即向税务机关报告。

经核准延期办理纳税申报的，应当在纳税期内按照上期实际缴纳的税额或者税务机关核定的税额预缴税款，并在核准的延期内办理纳税结算。

四、税款缴纳

税款缴纳是指纳税人、扣缴义务人依照国家法律、行政法规的规定将应缴的税款依法通过不同方式缴纳入库的过程。纳税人、扣缴义务人应按税法规定的期限及时足额缴纳应纳税款，以完全彻底地履行应尽的纳税义务。

（一）税款缴纳方式

税款缴纳具体有以下几种方式。

1. 自核自缴

生产经营规模较大，财务制度健全，会计核算准确，一贯依法纳税的企业，经主管国家税务机关批准，企业依照税法规定，自行计算应纳税款，自行填写、审核纳税申报表，自行填写税收缴款书，到开户银行解缴应纳税款，并按规定向主管国家税务机关办理纳税申报并报送纳税资料和财务会计报表。

2. 申报核实缴纳

生产经营正常，财务制度基本健全，账册、凭证完整，会计核算较准确的企业依照税法规定计算应纳税款，自行填写纳税申报表，按照规定向主管国家税务机关办理纳税申报，并报送纳税资料和财务会计报表。经主管国家税务机关审核，并填开税收缴款书，纳税人按规定期限到开户银行缴纳税款。

3. 申报查定缴纳

财务制度不够健全，账簿凭证不完备的固定业户，应当如实向主管国家税务机关办理纳税申报并提供其生产能力、原材料、能源消耗情况及生产经营情况等，经主管国家税务机关审查测定或实地查验后，填开税收缴款书或者完税证，纳税人按规定期限到开户银行或者税务机关缴纳税款。

4. 定额申报缴纳

生产经营规模较小，无建账能力或者账证不健全，不能提供准确纳税资料的固定业户，按照国家税务机关核定的营业（销售）额和征收率，按规定期限向主管国家税务机关申报缴纳税款。

（二）税款缴纳的时间

缴纳时间是税法规定纳税人向国家缴纳税款的时间限期。缴纳时间是根据纳税人的生产经营规模和各个税种的不同特点确定的，包括纳税计算期和税款缴库期。

1. 纳税计算期有两种计算方法

（1）按次计算，是以纳税人从事生产经营活动的次数为纳税计算期，一般适用于行为目的税、财产税及对临时经营者课税。

（2）按期计算，是以纳税人发生纳税义务的一定时间期限作为纳税计算期，一般适用于流转税和所得税。

2. 税款缴库期

税款缴库期指纳税计算期满后，纳税人缴纳税款的法定期限。纳税人未按规定限期缴纳税款的，税务机关除责令限期缴纳外，从滞纳税款之日起，按日加收滞纳税款 0.5‰的滞纳金。

（三）税款缴纳原则

税款缴纳采取多退少补的原则，即多缴税款退还，少缴税款追征。

1. 多缴税款的退还

（1）纳税人超过应纳税额缴纳的税款，税务机关发现后应当立即退还。

（2）纳税人自结算缴纳税款之日起 3 年内发现的，可以向税务机关要求退还，税务机关查实后应当立即退还。

重要提示

纳税人要求退还多缴的税款，应向国税机关填报《退税（抵缴）申请审批确认书》，经国税机关核实、批准后，属于自收税款的小额退税，即予办理有关退税手续；属于要通过国库办理的退税，由县级以上（含县级）国税机关填发《税收收入退还书》，到指定的国库办理退税手续。

2. 少缴税款的追征

（1）因税务机关的责任，致使纳税人、扣缴义务人未缴或者少缴税款的，税务机关在 3 年内可以要求纳税人、扣缴义务人补缴税款，但是不得加收滞纳金。

（2）因纳税人、扣缴义务人计算错误等失误，未缴或者少缴税款的，税务机关在 3 年内可以追征；数额在 10 万元以上的，有特殊情况的，追征期可以延长到 5 年。在追征税款的同时，加收滞纳金。

重要提示

补缴和追征税款的期限，自纳税人、扣缴义务人应缴未缴或者少缴税款之日起计算；纳税人、扣缴义务人和其他当事人因偷税未缴或者少缴的税款或者骗取的退税款，税务机关可以无限期追征。

提醒你：

税务机关在办理税款退还时应注意以下几个问题	（1）税款退还的前提是纳税人已经缴纳了超过应纳税额的税款
	（2）税款退还的范围包括：①技术差错和结算性质的退税；②为加强对收入的管理，规定纳税人先按应纳税额如数缴纳入库，经核实后再从中退还应退的部分
	（3）退还的方式：①税务机关发现后立即退还；②纳税人发现后申请退还

即学即思

根据税收征收管理法律制度的规定，因纳税人计算错误少缴税款，累计数额不足 10 万元的，税务机关在一定期限内可追征税款和滞纳金，该一定期限是（　　）。

A. 1 年　　B. 3 年　　C. 7 年　　D. 10 年

答案：B

（四）税款延期申报

纳税人因有特殊困难，不能按期缴纳税款的，经省、自治区、直辖市国家税务局、地方税务局批准，可以延期缴纳税款，但是最长不得超过 3 个月。

具体特殊困难是指以下 4 种情况：

（1）水、火、风、雷、海潮、地震等人力不可抗拒的自然灾害，应提供灾情报告。

（2）可供纳税的现金、支票及其他财产等遭遇偷盗、抢劫等意外事故，应提供有关公安机关出具的事故证明。

（3）国家调整经济政策的直接影响，应提供有关政策调整的依据。

（4）短期货款拖欠，应提供货款拖欠情况证明和货款拖欠方不能按期付款的证明材料。

符合上述条件的纳税人将《延期缴纳税款审批表》（以下简称《审批表》）和证明其不能按期缴纳税款的说明材料于申报期终了前 15 天报送给主管税务机关。主管税务机关审批后，告知纳税人审批结果，纳税人在批准期限内将税款缴纳入库。

五、税务检查

（一）税务检查的形式

税务检查具体的形式如表 1-14 所示。

表 1-14　税务检查的形式

形　式	内　容
重点检查	对公民举报、上级机关交办或有关部门转来的有偷税行为或偷税嫌疑的，纳税申报与实际生产经营情况有明显不符的纳税人及有普遍逃税行为的行业的检查
分类计划检查	根据纳税人历来纳税情况、纳税人的纳税规模及税务检查间隔时间的长短等综合因素，按事先确定的纳税人分类、计划检查时间及检查频率而进行的检查
集中性检查	税务机关在一定时间、一定范围内，统一安排、统一组织的税务检查。这种检查一般规模比较大，如以前年度的全国范围内的税收、财务大检查就属于这类检查
临时性检查	由各级税务机关根据不同的经济形势、偷逃税趋势、税收任务完成情况等综合因素，在正常的检查计划之外安排的检查。如行业性解剖、典型调查性的检查
专项检查	税务机关根据税收工作实际，对某一税种或税收征收管理某一环节进行的检查。如增值税一般纳税专项检查、漏征漏管户专项检查等

（二）税务检查的方法

税务检查的具体方法主要有以下几种，如表 1-15 所示。

表 1-15　税务检查的方法

方　法	内　容
全查法	对被查纳税人一定时期内所有会计凭证、账簿、报表及各种存货进行全面、系统的检查
抽查法	对被查纳税人一定时期内的会计凭证、账簿、报表及各种存货，抽取一部分进行检查
顺查法	对被查纳税人按照其会计核算的顺序，依次检查会计凭证、账簿、报表，并将其相互核对
逆查法	逆会计核算的顺序，依次检查会计报表、账簿及凭证，并将其相互核对
现场检查	税务机关派人员到被查纳税人的机构办公地点对其账务资料进行的检查
调账检查法	将被查纳税人的账务资料调到税务机关进行检查
比较分析法	将被查纳税人检查期有关财务指标的实际完成数进行纵向或横向比较，分析其异常变化情况，从中发现纳税问题线索
控制计算法	根据被查纳税人财务数据的相互关系，用可靠或科学测定的数据，验证其检查期账面记录或申报的资料是否正确
审阅法	对被查纳税人的会计账簿、凭证等账务资料，通过直观地审查阅览，发现在纳税方面存在的问题
核对法	通过对被查纳税人的各种相关联的会计凭证、账簿、报表及实物进行相互核对，验证其在纳税方面存在的问题
观察法	通过被查纳税人的生产经营场所、仓库、工地等现场，实地观察看其生产经营及存货等情况，以发现纳税问题或验证账中可疑问题
外调法	对被查纳税人有怀疑或已掌握一定线索的经济事项，通过向与其有经济联系的单位或个人进行调查，予以查证核实
盘存法	通过对被查纳税人的货币资金、存货及固定资产等实物进行盘点清查，核实其账实是否相符，进而发现是否有纳税问题
交叉稽核法	国家为加强增值税专用发票管理，应用计算机将开出的增值税专用发票抵扣联与存根联进行交叉稽核，以查出虚开及假开发票行为，避免国家税款流失

（三）税务检查的职责

（1）税务机关有权进行下列税务检查。

① 检查纳税人的账簿、记账凭证、报表和有关资料，检查扣缴义务人代扣代缴、代收代缴税款账簿、记账凭证和有关资料。

重要提示

因检查需要时，经县以上税务局（分局）局长批准，可以将纳税人、扣缴义务人以前会计年度的账簿、记账凭证、报表和其他有关资料调回税务机关检查，但是税务机关必须向纳税人、扣缴义务人开付清单，并在3个月内完整退还；有特殊情况的，经设区的市、自治州以上税务局局长批准，税务机关可以将纳税人、扣缴义务人当年的账簿、记账凭证、报表和其他有关资料调回检查，但是税务机关必须在30日内退还。

② 到纳税人生产、经营场所和货物存放地检查纳税人应纳税的商品、货物或者其他财产，检查扣缴义务人与代扣代缴、代收代缴税款有关的经营情况。

③ 责成纳税人、扣缴义务人提供与纳税或者代扣代缴、代收代缴税款有关的文件、证明材料和有关资料。

④ 询问纳税人、扣缴义务人与纳税或者代收代缴税款有关的问题和情况。

⑤ 到车站、码头、机场、邮政企业及其分支机构检查纳税人托运、邮寄应税商品、货物或者其他财产的有关单据、凭证和资料。

重要提示

经县以上税务局（分局）局长批准，凭全国统一格式的检查存款账户许可证明，查询从事生产、经营的纳税人、扣缴义务人在银行或者其他金融机构的存款账户。税务机关在调查税收违法案件时，设区的市、自治州以上税务局（分局）局长批准，可以查询案件涉嫌人员的储蓄存款。税务机关查询所获得的资料不得用于税收以外的用途。

（2）税务机关对纳税人以前纳税期的纳税情况依法进行税务检查时，发现纳税人有逃避纳税义务的行为，并有明显的转移、隐匿其应纳税的商品、货物、其他财产或者应纳税收入迹象的，可以按照批准权限采取税收保全措施或者强制执行措施。

重要提示

税务机关采取税收保全措施的期限一般不得超过6个月；重大案件需要延长的，

应当报国家税务总局批准。

（3）纳税人、扣缴义务人必须接受税务机关依法进行的税务检查，如实反映情况，提供有关资料，不得拒绝、隐瞒。

（4）税务机关依法进行税务检查时，有权向有关单位和个人调查纳税人、扣缴义务人和其他当事人与纳税或者代扣代缴、代收代缴税款有关的情况，有关单位和个人有义务向税务机关如实提供有关资料及证明材料。

（5）税务机关调查税务违法案件时，对与案件有关的情况和资料，可以记录、录音、录像、照相和复制。

（6）税务人员进行税务检查时，应当出示税务检查证和税务检查通知书；无税务检查证和税务检查通知书的，纳税人、扣缴义务人及其他当事人有权拒绝检查。税务机关对集贸市场及集中经营业户进行检查时，可以使用统一的税务检查通知书。

即学即思

下列关于税务机关行使税务检查权的表述中，符合税法规定的有（　　）。

A. 到纳税人的住所检查应纳税的商品、货物和其他财产

B. 责成纳税人提供与纳税有关的文件、证明材料和有关资料

C. 到车站检查纳税人托运货物或者其他财产的有关单据、凭证和资料

D. 经县税务局长批准，凭统一格式的检查存款账户许可证，查询案件涉嫌人员的储蓄存款

答案：税法规定税务机关有权到纳税人生产、经营场所和货物存放地检查纳税人应纳税的商品、货物或者其他财产，故 A 不对；税务机关在调查税收违法案件时，经设区的市，自治州以上税务局（分局）局长批准，可以查询案件涉嫌人员的储蓄存款，故 D 也不对。正确答案为 B、C。

六、违法处罚

（一）违反税务管理的行为及处罚

（1）纳税人有下列行为之一的，由税务机关责令限期改正，可以处 2 000 元以下的罚款；情节严重的，处 2 000 元以上 1 万元以下的罚款。

① 未按照规定的期限申报办理税务登记、变更或者注销登记的。

② 未按照规定设置、保管账簿或者保管记账凭证和有关资料的。

③ 未按照规定将财务、会计制度或者财务、会计处理办法和会计核算软件报送

税务机关备查的。

④ 未按照规定将其全部银行账号向税务机关报告的。

⑤ 未按照规定安装、使用税控装置，或者损毁或擅自改动税控装置的。

⑥ 纳税人未按照规定办理税务登记证验证或者换证手续的。

（2）纳税人不办理税务登记的，由税务机关责令限期改正；逾期不改正的，由工商行政管理机关吊销其营业执照。

（3）纳税人未按照规定使用税务登记证，或者转借、涂改、损毁、买卖、伪造税务登记证的，处 2 000 元以上 1 万元以下的罚款；情节严重的，处 1 万元以上 5 万元以下的罚款。

（4）扣缴义务人未按照规定设置、保管代扣代缴、代收代缴税款账簿或者保管代扣代缴、代收代缴税款记账凭证及有关资料的，由税务机关责令限期改正，可以处 2 000 元以下的罚款；情节严重的，处 2 000 元以上 5 000 元以下的罚款。

（5）纳税人未按照规定的期限办理纳税申报和报送纳税资料的，或者扣缴义务人未按照规定的期限向税务机关报送代扣代缴、代收代缴税款报告表和有关资料的，由税务机关责令限期改正，可以处 2 000 元以下的罚款；情节严重的，可以处 2 000 元以上 1 万元以下的罚款。

（二）欠税行为及处罚

欠税是指纳税人、扣缴义务人逾期未缴纳税款的行为。纳税人欠缴应纳税款，采取转移或者隐匿财产的手段，妨碍税务机关追缴欠缴税款的，由税务机关追缴欠缴的税款、滞纳金，并处欠缴税款 50%以上 5 倍以下的罚款；构成犯罪的，依法追究刑事责任。扣缴义务人应扣未扣、应收而不收税款的，由税务机关向纳税人追缴税款，对扣缴义务人处应扣未扣、应收未收税款的 50%以上 3 倍以下罚款。

（三）逃避缴纳税款行为及处罚

纳税人采取欺骗、隐瞒手段进行虚假纳税申报或者不申报，逃避缴纳数额较大并且占应纳税额 10%以上的，处 3 年以下有期徒刑或者拘役，并处罚金；数额巨大并且占应纳税额 30%以上的，处 3 年以上 7 年以下有期徒刑，并处罚金。

扣缴义务人采取上述所列手段，不缴或者少缴已扣、已收税款，数额较大的，依照上述的规定处罚。

对多次实施上述两种行为，未经处理的，按照累计数额计算。

（四）抗税行为及处罚

抗税是指纳税人、扣缴义务人以暴力威胁方法拒绝缴纳税款的行为。

按照规定，情节轻微，未构成犯罪的，由税务机关追缴其拒缴的税款、滞纳金，并处拒缴税款1倍以上5倍以下的罚款。构成犯罪的，处3年以下有期徒刑或者拘役，并处拒缴税款1倍以上5倍以下罚金；情节严重的，处3年以上7年以下有期徒刑，并处拒缴税款1倍以上5倍以下罚金。以暴力方法抗税，致人重伤或者死亡的，按伤害罪、杀人罪从重处罚，并处罚金。

（五）骗税行为及处罚

以假报出口或者其他欺骗手段，骗取国家出口退税款，数额较大的，处5年以下有期徒刑或者拘役，并处骗取税款1倍以上5倍以下罚金；数额巨大或者有其他严重情节的，处5年以上10年以下有期徒刑，并处骗取税款1倍以上5倍以下罚金；数额特别巨大或者有其他特别严重情节的，处10年以上有期徒刑或者无期徒刑，并处骗取税款1倍以上5倍以下罚金或者没收财产。

对骗取国家出口退税款的，税务机关可以在规定期间内停止为其办理出口退税。

（六）行贿行为及处罚

纳税人向税务人员行贿，不缴或者少缴应纳税款的，依照行贿罪追究刑事责任，处5年以下有期徒刑或者拘役，并处不缴或者少缴的税款5倍以下的罚金；情节严重的，或者使国家利益遭受重大损失的，处5年以上10年以下有期徒刑；情节特别严重的，处10年以上有期徒刑或者无期徒刑，可以并处没收财产。

（七）其他违法行为及处罚

（1）银行和其他金融机构未依照《税收征管法》的规定在从事生产、经营的纳税人的账户中登录税务登记证号码，或者未按规定在税务登记证中登录从事生产、经营的纳税人的账户账号的，由税务机关责令其限期改正，处2 000元以上2万元以下的罚款；情节严重的，处2万元以上5万元以下的罚款。

（2）为纳税人、扣缴义务人非法提供银行账户、发票、证明或者其他方便，导致未缴、少缴税款或者骗取国家出口退税款的，税务机关除没收其违法所得外，可以处未缴、少缴或者骗取的税款1倍以下的罚款。

（3）非法印制、转借、倒卖、变造或者伪造完税凭证的，由税务机关责令改正，处 2 000 元以上 1 万元以下的罚款；情节严重的，处 1 万元以上 5 万元以下的罚款；构成犯罪的，依法追究刑事责任。

（4）纳税人、扣缴义务人逃避、拒绝或者以其他方式阻挠税务机关检查的，由税务机关责令改正，可以处 1 万元以下的罚款；情节严重的，处 1 万元以上 5 万元以下的罚款。

课后练习

1. 某基层税务所 2016 年 8 月 15 日在实施日常税务稽查工作中发现，辖区内某私营企业自 2016 年 5 月 10 日办理工商营业执照以来，一直没有办理税务登记，也没有申报纳税。根据检查情况，该企业应纳税 1 800 元。税务所于 8 月 30 日做出下列处理决定：责令纳税人在 9 月 10 日前申报办理税务登记，并处 1 000 元罚款，补缴税款、加收滞纳金，并处补缴税款 1 倍的罚款。请问：税务所的处理是否正确？为什么？

2. 某税务所在 2016 年 6 月 12 日实施检查中发现，金星商店 2016 年 5 月 20 日领取营业执照后未申请办理税务登记。据此，该税务所于 2016 年 6 月 13 日做出责令金星商店必须在 2016 年 6 月 20 日前办理税务登记，逾期不办理的，将按《税收征管法》有关规定处以罚款的决定。请问：本处理决定是否有效？为什么？

能 力 训 练

一、单项选择题

1．税收分配的主要目的是（　　）。

A．满足企业的发展　　B．满足社会的公共需要

C．调节经济结构　　D．满足人民生活的需要

2．下列选项中，决定不同税种在性质上的区别的是（　　）。

A．税率　　B．征税对象　　C．纳税人　　D．纳税环节

3．税收法律关系是指国家与纳税人之间在税收分配过程中形成的（　　）。

A．财产关系　　B．所有权关系

C．行政关系　　D．权利义务关系

4．纳税人能将税负转嫁给他人负担的税种称为（　　）。

A．直接税　　B．间接税　　C．从价税　　D．从量税

5. 随着征税对象数额的增大而提高的税率称为（　　）。

A. 比例税率　B. 定额税率　C. 累进税率　D. 累退税率

6. 根据税负是否可转嫁，我国现行税收可分为（　　）。

A. 从价税、从量税

B. 中央税、地方税、中央和地方共享税

C. 流转税、所得税、资源税、财产行为税

D. 直接税、间接税

7. 按税法的效力不同，税法分为（　　）。

A. 税收法律、税收法规、税收规章　B. 税收通则法和税收单行法

C. 国内税法与国际税法　D. 税收实体法和税收程序法

8. 国家征税要有利于资源的有效配置和经济机制的有效运行，这是税收（　　）原则的要求。

A. 公平　B. 效率　C. 适度　D. 法治

9. 对流转额征税，一般采用（　　）税率。

A. 比例　B. 累进　C. 累退　D. 定额

10. 反映征税深度的税制要素是（　　）。

A. 纳税人　B. 课税对象　C. 税率　D. 税目

11. 下列各项关于纳税申报管理的表述中，正确的是（　　）。

A. 扣缴人不得采取邮寄申报的方式

B. 纳税人在纳税期内没有应纳税款的，不必办理纳税申报

C. 实行定期定额缴纳税款的纳税人可以实行简易申报、简并征期等申报纳税方式

D. 主管税务机关据纳税人实际情况及其所纳税种确定的纳税申报期限不具有法律效力

12. 下列关于税收强制执行措施的表述中，正确的是（　　）。

A. 税收强制执行措施不适用于扣缴义务人

B. 作为家庭唯一代步工具的轿车不在税收强制执行的范围之内

C. 税务机关采取强制执行措施时，可对纳税人未缴纳的滞纳金同时强制执行

D. 税务机关可对未按期缴纳工薪收入个人所得税的个人实施税收强制执行措施

13．下列关于税款追征的表述中，正确的是（　　）。

A．因税务机关责任，致使纳税人少缴税款的，税务机关在 3 年内可要求纳税人补缴税款，但不加收滞纳金

B．因税务机关责任，致使纳税人少缴税款的，税务机关在 3 年内可要求纳税人补缴税款并按银行同期利率加收滞纳金

C．对于纳税人偷税、抗税和骗取税款的，税务机关在 20 年内可以追征税款、滞纳金；有特殊情况的，追征期可延长到 30 年

D．因纳税人计算等失误，未缴或者少缴税款的，税务机关在 3 年内可以追征税款、滞纳金；有特殊情况的，追征期可延长到 10 年

14．领取营业执照从事生产、经营的纳税人，自领取营业执照之日起（　　）日内向生产、经营地税务机关申报办理税务登记。

A．10　　B．15　　C．30　　D．20

15．纳税人被工商行政机关吊销营业执照的，应当自营业执照被吊销起（　　）日内，向原税务登记机关申报办理注销税务登记。

A．10　　B．15　　C．30　　D．20

16．税务机关对税务登记证实行定期验审制度，验证时间一般为（　　）。

A．一年一次　　B．一年两次

C．一季度一次　　D．一月一次

17．变更税务登记的适用范围及时间要求（　　）。

A．纳税人办理税务登记后，税务登记证中的内容发生变化，但税务登记表中的内容没有发生变化

B．税务登记证及税务登记表中的内容都发生相应变化的

C．税务登记证和税务登记表任意一个发生变化的

D．纳税人应当自工商行政管理机关办理登记、变更之日起 15 日内持有关证件向原税务登记机关申报办理变更税务登记

18．根据税收法律制度的规定，对于生产不固定、账册不健全的单位，但能控制进货销货的纳税人，适用的税款征收方式是（　　）。

A．查账征收　　B．查定征收

C．查验征收　　D．定期定额征收

二、多项选择题

1．下列选项中，对于比例税率表述正确的是（　　）。

A．不论征税对象大小，只规定一个比率的税率

B．采用比例税率，可以达到调节收入的目的

C．不同产品可以使用不同税率

D．不同地区可以使用不同税率

2．税制基本三要素是（　　）。

A．纳税环节　B．纳税人　C．征税对象　D．税率

3．我国税收原则包括（　　）。

A．适度原则　B．简便原则

C．效率原则　D．公平原则

4．税法作为法律规范，除了具有法律的共同特征之外，还具有的特点是（　　）。

A．税法是调整税收分配关系的法

B．税法是以确认征税权利和纳税义务为主要内容的法

C．税法是权利义务不对等的法

D．税收分配关系是建立在协商自愿、等价有偿原则基础上的

5．下列选项中，属于财产税的是（　　）。

A．增值税　B．房产税　C．车船税　D．印花税

6．我国现行流转税包括的税种有（　　）。

A．增值税　B．契税　C．消费税　D．关税

7．下列各项中，表述正确的是（　　）。

A．税目是区分不同税种的主要标志

B．税率是衡量税负轻重的重要标志

C．纳税人就是履行纳税义务的法人

D．免征额是指在课税对象全部数额中免予征税的数额

8．税收三性包括（　　）。

A．强制性　B．固定性　C．无偿性　D．归还性

9．税收法律关系的特点有（　　）。

A．主体的一方只能是法人　B．体现当事人双方的意志

C．权利义务具有不对等性　　D．主体的一方只能是国家

10．税率的形式有（　　）。

A．定额税率　　B．比例税率

C．累进税率　　D．累退税率

11．税务登记的内容包括（　　）。

A．开业登记　　B．变更登记

C．注销登记　　D．复业处理

12．下列有关注销税务登记的使用范围及时间要求说法正确的是（　　）。

A．企业因经营期届满而解散

B．企业由于改组、分立、合并等原因而被撤销

C．企业因资不抵债而破产或终止经营

D．纳税人被工商行政管理机关吊销营业执照的，应当自营业执照被吊销之日起 15 日内，向原税务登记机关申报办理注销税务登记

13．新办税务登记的对象有（　　）。

A．领取工商营业执照的从事生产、经营的纳税人

B．依法不需要领取营业执照的从事生产、经营的纳税人

C．纳税人因住所、生产经营地点跨县（市）区变动但不涉及税务登记机关的

D．非从事生产经营活动，但依照法律、行政法规规定负有纳税义务的行政、事业单位、社会团体、民办非企业单位和个人

14．我国目前的纳税申报方式有（　　）。

A．计算申报　　B．数据电文申报

C．邮寄申报　　D．直接申报

15．纳税人办理纳税申报时，在填写纳税申报表的同时，应根据不同情况报送下列有关证件和资料中的（　　）。

A．财务会计报表及其说明资料

B．与纳税有关的合同、协议书

C．外出经营活动税收管理证明

D．税务机关规定应当报送的其他有关证件、资料

16．下列属于税款征收应遵循原则的有（　　）。

A．征收唯一主体　　B．依法征税

C．按法定权限和程序执法　　D．按规定入库

三、判断题（正确的打“√”，错误的打“×”）

（　　）1．税收是政府为满足社会公共需要，凭借财产权利向社会成员强制、无偿征收，以取得财政收入的一种收入形式。

（　　）2．一种财政收入形式是否为税收取决于它的名称。

（　　）3．税务机关是税收法律关系的主体，纳税人是税收法律关系的客体。

（　　）4．我国的流转税是属于多环节课征的税。

（　　）5．我国个人所得税的课税对象和计税依据是不一致的。

（　　）6．为满足社会公共需要，税收征收率越高越好。

（　　）7．企业所得税的纳税人是指有所得的企业，其负税人也是缴纳该税的企业。

（　　）8．判断一种财政收入形式是否为税收，主要看该收入形式是否同时具有强制性、无偿性、固定性。

（　　）9．纳税人是一种税区别于另一种税的主要标志，也是税收制度的基本要素之一。

（　　）10．税收法律关系中权利主体双方的权利义务关系是不对等的。

四、简答题

1．试述税收、税收制度、税法、税收法律关系的概念。

2．按不同的标准分类，税收可分为哪几类？

3．试述税收制度的构成要素。

4．简述我国税收四原则。

5．什么是纳税人、负税人和扣缴义务人？

五、综合实务题

资料：无锡东方经贸有限公司主营生产加工、批发、零售休闲食品，注册号为320202××××，发证机关为无锡市工商行政管理局，成立日期是 2013 年 12 月 20 日，住所为无锡新区东山路 88 号，法定代表人是张富贵，注册资金为人民币 200 万元，经营期限是长期，开户银行是中国银行无锡新区支行，账号为 6223465812××

××，从业人数为 15 人，财务负责人是张燕，办税人员是王平，电话为 83425768，投资者及投资金额分别为张富贵（身份证号 3202831966082×××××）120 万元，李欣（身份证号 3202831975090×××××）60 万元，刘平阳（身份证号 3202831982100×××××）20 万元。要求：根据以上资料填写如表 1-16 所示的税务登记表。

表 1-16　税务登记表

（适用单位纳税人）

填表日期：

纳税人名称				纳税人识别号			
登记注册类型				批准设立机关			
组织机构代码				批准设立证明或文件号			
开业（设立）日期		生产经营期限		证照名称		证照号码	
注册地址				邮政编码		联系电话	
生产经营地址				邮政编码		联系电话	
核算方式	请选择对应项目打“√”□独立核算 □非独立核算				从业人数	____，其中外籍人____	
单位性质	请选择对应项目打“√”□企业 □事业单位 □社会团体 □民办非企业单位 □其他						
网站网址				国标行业	□□ □□ □□ □□		
适用会计制度	请选择对应项目打“√”□ 企业会计制度 □ 小企业会计制度 □ 金融企业会计制度 □ 行政事业单位会计制度						
经营范围		请将法定代表人（负责人）身份证件复印件粘贴在此处。					
项目内容 联系人	姓名	身份证件		固定电话	移动电话	电子邮箱	
		种类	号码				
法定代表人（负责人）							
财务负责人							
办税人							
税务代理人名称		纳税人识别号		联系电话		电子邮箱	
注册资本或投资总额	币种	金额	币种		金额	币种	金额
投资方名称	投资方经济性质	投资比例	证件种类	证件号码		国籍或地址	
自然人投资比例		外资投资比例		国有投资比例			
分支机构名称		注册地址		纳税人识别号			

续表

总机构名称			纳税人识别号		
注册地址			经营范围		
法定代表人姓名		联系电话		注册地址邮政编码	
代扣代缴、代收代缴税款业务情况	代扣代缴、代收代缴税款业务内容			代扣代缴、代收代缴税种	
附报资料：					
经办人签章： __年___月___日	法定代表人（负责人）签章： __年___月___日			纳税人公章： __年___月__日	

以下由税务机关填写：

纳税人所处街乡				隶属关系	
国税主管税务局		国税主管税务所（科）		是否属于国税、地税共管户	
地税主管税务局		地税主管税务所（科）			
经办人（签章）： 国税经办人：______ 地税经办人：______ 受理日期： ____年____月____日		国家税务登记机关 （税务登记专用章）： 核准日期： ____年____月____日 国税主管税务机关：		地方税务登记机关 （税务登记专用章）： 核准日期： ____年____月____日 地税主管税务机关：	
国税核发《税务登记证副本》数量：　　本　发证日期：______年____月____日					
地税核发《税务登记证副本》数量：　　本　发证日期：______年____月____日					

项目二

增值税涉税实务

学习目标

知识目标：了解增值税的概念和特点；熟悉增值税的征税范围、一般纳税人和小规模纳税人的认定及税率，纳税义务发生时间、纳税地点和纳税期限等问题；掌握增值税应纳税额的计算方法、增值税的会计处理；熟悉纳税申报表的填列。

技能目标：增值税的有关会计处理，增值税纳税申报工作。

素质目标：培养学生管好增值税专用发票的意识，重视对会计账册、存货、资金等各方面的监督管理，树立会计处理必须与增值税规定密切统一的观念。

重难点：我国增值税征管的一些基本规定，增值税应纳税额的计算方法及纳税申报流程。

案例导入

按现行增值税制度规定，下列行为应按“提供加工和修理修配劳务”征收增值税的是（　　）。

A. 空调制造厂为客户安装中央空调

B. 企业受委托为另一企业加工机器大修件

C. 企业为另一企业修理锅炉

D. 汽车修配厂为本厂修理汽车

【案例解析】 A 按销售服务征收增值税；D 不需要缴纳增值税。所以选 B 和 C。

增值税是我国最主要的税种之一，增值税的税收收入占我国全部税收收入的 60%以上，税收收入中 75%为中央财政收入，是最大的一个税种。现行的增值税制度是以 1993 年 12 月 13 日国务院颁布的《中华人民共和国增值税暂行条例》为基础，2008 年进行修订自 2009 年 1 月 1 日起施行的《增值税暂行条例》。

重要提示

本项目所指的增值税主要是销售货物、提供劳务及进口货物三个部分的相关规定。

任务一　增值税概述

一、增值税的概念

增值税是对在我国境内销售货物或者提供加工、修理修配劳务及进口货物的单位和个人，就其货物销售或提供劳务的增值额和货物进口金额为征税对象所课征的一种流转税。

增值额是指企业或者其他经营者从事生产经营或者提供劳务，在购入的商品或者取得劳务的价值基础上新增加的价值额。

知识链接

流转税

流转税（commodity turnover tax; goods turnover tax）又称流转课税、流通税，指以纳税人商品生产、流通环节的流转额或者数量，以及非商品交易的营业额为征税对象的一类税收。流转税是商品生产和商品交换的产物，各种流转税（如增值税、消费税、营业税、关税等）是政府财政收入的重要来源。

二、增值税的特点

（1）保持税收中性。根据增值税的计税原理，流转额中的非增值因素在计税时被扣除。因此，对同一商品而言，无论流转环节的多与少，只要增值额相同，税负就相等，不会影响商品的生产结构、组织结构和产品结构。

（2）普遍征收。从增值税的征税范围看，对从事商品生产经营和劳务提供的所有单位和个人，在商品增值的各个生产流通环节向纳税人普遍征收。

（3）税收负担由商品最终消费者承担。虽然增值税是向企业征收，但企业在销售商品时又通过价格将税收负担转嫁给下一生产流通环节，最后由最终消费者承担。

（4）实行税款抵扣制度。在计算企业应纳税款时，要扣除商品在以前生产环节已负担的税款，以避免重复征税。从世界各国来看，一般都实行凭购货发票进行抵扣。

（5）实行比例税率。增值税普遍实行比例税制，以贯彻征收简便易行的原则。

（6）实行价外税制度。在计税时，作为计税依据的销售额中不包含增值税税额，这样有利于形成均衡的生产价格，并有利于税负转嫁的实现。这是增值税与传统的以全部流转额为计税依据的一个重要区别。

重要提示

价外税只是商业对商业关于标价的规定。当交易是商业对顾客时，标价必须含税；当交易是商业对商业时，标价不必含税。

三、增值税的纳税人

（一）纳税义务人的基本规定

增值税的纳税人是指在中华人民共和国境内销售货物或提供加工、修理修配劳务及进口货物的单位和个人。

（1）单位指的是企业、行政单位、事业单位、军事单位、社会团体及其他单位。

（2）个人包括个体工商户及其他个人。

（二）纳税义务人的具体规定

（1）承租人和承包人。企业租赁或承包给其他单位或个人经营的，以承租人或承包人为纳税人。

（2）扣缴义务人。境外的单位或个人在境内提供应税劳务而在境内未设有经营机构的，其应纳税款以代理人为义务人；没有代理人的，以购买者为扣缴义务人。

（3）进口货物的收货人或办理报关手续的单位和个人，为进口货物增值税的纳税义务人。

（4）代理进口货物，以海关开具的完税凭证上的纳税人为增值税纳税人。

知识链接

负税人与纳税人

负税人与纳税人是两个既相互联系又相互区别的概念。

（1）纳税人是指直接负有纳税义务的单位和个人，而负税人是最终负担税款的单位和个人。

（2）纳税人不一定是税款的实际承担者，即纳税人不一定就是负税人。当纳税人所缴的税款由自己负担时，纳税人与负税人是一致的。当纳税人通过一定的途径将税款转嫁给他人负担时，纳税人就不是负税人。

（三）增值税纳税人的划分

根据纳税人的经营规模及会计核算的健全程度不同，增值税的纳税人可以分为小规模纳税人和一般纳税人。

1. 小规模纳税人的认定与管理

小规模纳税人是年应纳增值税销售额（以下简称年应税销售额）在规定的标准以下，并且会计核算不健全，不能按规定报送有关税务资料的增值税纳税人。

（1）小规模纳税人的认定标准。

根据规定，凡符合下列条件的视为小规模纳税人：

① 从事货物生产或者提供应税劳务的纳税人，以及以从事货物生产或者提供应税劳务为主，并兼营货物批发或者零售的纳税人，年应征增值税销售额（以下简称应税销售额）在 50 万元以下（含本数，下同）的；

② 除第①项规定以外的纳税人，年应税销售额在 80 万元以下的。

重要提示

上述第①项所称以从事货物生产或者提供应税劳务为主，是指纳税人的年货物生产或者提供应税劳务的销售额占年应税销售额的比重在 50%以上。

（2）特殊规定。

① 小规模生产企业会计核算健全，能提供准确的税务资料的，可以向主管税务机关申请认定为增值税一般纳税人。

② 年应税销售额超过小规模纳税人标准的其他个人、非企业性单位、不经常发生应税行为的企业可选择按小规模纳税人纳税。

重要提示

小规模纳税人实行简易办法征收增值税，其进项税不允许抵扣，一般不使用增值税专用发票。

2. 一般纳税人的认定与管理

一般纳税人是年应税销售额超过财政部规定的小规模纳税人标准的企业和企业性单位。

（1）下列纳税人可认定为一般纳税人：

① 凡年应税销售额超过小规模纳税人标准的企业和企业性单位，均为一般纳税人。

② 非企业性单位如果经常发生增值税应税行为，并且符合一般纳税人条件的，也可以认定为一般纳税人。

③ 年应税销售额未超过标准的（从事货物批发或零售的纳税人除外）从事货物生产或提供应税劳务的小规模企业和企业性单位，账簿健全，能准确核算并提供销项税额、进项税额，能按规定报送有关税务资料，并且年应税销售额在30万元以上的，经企业申请，税务机关可认定其为一般纳税人。

（2）一般纳税人的认定办法。

增值税一般纳税人须向税务机关办理认定手续，以取得法定资格。

符合增值税一般纳税人条件的企业，应在向税务机关办理开业税务登记的同时，申请办理一般纳税人认定手续。

企业总、分支机构不在同一县市的，应分别向其机构所在地主管税务机关申请办理一般纳税人认定登记手续。

提醒你：

一般纳税企业年应税销售额未达到标准，又发生下列行为，通常可以取消其一般纳税人的资格	（1）虚开增值税专用发票或者有偷、骗、抗税行为
	（2）连续3个月未申报或者连续6个月纳税申报异常且无正当理由
	（3）不按规定保管、使用增值税专用发票、税控装置，造成严重后果

重要提示

小规模纳税人可以在符合现行条件后申请一般纳税人资格。

2009 年应税销售额超过新标准的小规模纳税人，未申请办理一般纳税人认定手续的，应按销售额依照增值税税率计算应纳税额，不得抵扣进项税额，也不得使用增值税专用发票。纳税人一经认定为增值税一般纳税人，不得再转为小规模纳税人。

四、增值税的征收范围

（一）征税范围的一般规定

1. 销售货物

销售货物是指在通常情况下，在中国境内有偿转让货物的所有权。

（1）境内有偿转让货物的所有权。境内是指销售货物的起运地或者所在地在境内；有偿是指从购买方取得货币、货物或者其他经济利益。

（2）货物是指除土地、房屋和其他建筑物等不动产之外的有形动产，包括电力、热力、气体在内。

2. 提供应税劳务

（1）加工是指受托加工货物，即委托方提供原料及主要材料，受托方按照委托方的要求，制造货物并收取加工费的业务。

（2）修理修配是指受托方对损伤和丧失功能的货物进行修复，使其恢复原状和功能的业务。单位或者个体工商户聘用的员工为本单位或者雇主提供加工、修理修配劳务，不包括在内。

3. 进口货物

进口货物是指进入中国境内的货物。对于进口货物，除依法征收关税外，还应在进口环节征收增值税。

（二）增值税的免税项目

（1）农业生产者销售的自产农产品。

（2）避孕药品和用具。

（3）古旧图书。

（4）直接用于科学研究、科学试验和教学的进口仪器、设备。

（5）外国政府、国际组织无偿援助的进口物资和设备。

（6）由残疾人组织直接进口供残疾人专用的物品。

（7）其他个人销售的自己使用过的物品。

（三）增值税特殊行为

1. 视同销售货物行为

视同销售货物是指某些行为虽然不同于有偿转让货物所有权的一般销售，但基于保障财政收入、防止避税，以及保持经济链条的连续性和课税的连续性等考虑，税法仍将其视同销售货物的行为，征收增值税。

（1）将货物交付其他单位或者个人代销。

（2）销售代销货物。

（3）设有两个以上机构并实行统一核算的纳税人，将货物从一个机构移送其他机构用于销售，但相关机构设在同一县（市）的除外。

（4）将自产或者委托加工的货物用于非增值税应税项目。非增值税应税项目是指提供非增值税应税劳务、转让无形资产、销售不动产和不动产在建工程。纳税人新建、改建、扩建、修缮、装饰不动产，均属于不动产在建工程。

（5）将自产、委托加工的货物用于集体福利或者个人消费。

（6）将自产、委托加工或者购进的货物作为投资，提供给其他单位或者个体工商户。

（7）将自产、委托加工或者购进的货物分配给股东或者投资者。

（8）将自产、委托加工或者购进的货物无偿赠送其他单位或者个人。

重要提示

以上视同销售货物行为，可以归纳为下列三种情形：

（1）转让货物但未发生产权转移。

（2）虽然货物产权发生了变动，但货物的转移不一定采取直接销售的方式。

（3）货物产权没有发生变动，货物的转移也未采取销售的形式，而是用于类似销售的其他用途。

即学即思

下列各项中属于视同销售行为应当计算销项税额的有（　　）。

A. 将购买的货物用于非应税项目　　B. 将购买的货物投入生产

C. 将自产的货物无偿赠送他人　　D. 将购买的货物用于投资

答案：将购买的货物用于非应税项目作为进项税额转出处理；将购买的货物投

入生产属于正常的生产领用，计入生产成本。故本题应该选 C、D。

2. 混合销售行为

一项销售行为如果既涉及货物又涉及服务，则为混合销售。从事货物的生产、批发或者零售的单位和个体工商户的混合销售行为，按照销售货物缴纳增值税；其他单位和个体工商户的混合销售行为，按照销售服务缴纳增值税。

上述从事货物的生产、批发或者零售的单位和个体工商户，包括以从事货物的生产、批发或者零售为主，并兼营销售服务的单位和个体工商户在内。

例题 2-1

根据税法制度的规定，下列混合销售行为中，应当按照销售货物缴纳增值税的是（　　）。

A. 贸易公司销售货物的同时负责安装

B. 百货商店销售商品的同时负责安装

C. 建筑公司提供建筑业劳务的同时销售自产货物并实行分别核算

D. 餐饮公司提供餐饮服务的同时销售酒水

答案：A、B。选项 C 提供建筑业劳务的同时销售自产货物的行为，应当分别核算应税劳务的销售额和货物的销售额，其应税劳务的销售额按建筑业税率缴纳增值税，货物销售额按销售货物缴纳增值税；选项 D 属于销售服务的应税行为，应当一并按服务业征收增值税。

3. 兼营

纳税人销售货物、加工修理修配劳务、服务、无形资产或者不动产适用不同税率或者征收率的，应当分别核算适用不同税率或者征收率的销售额，未分别核算销售额的，从高适用税率。

纳税人兼营免税、减税项目的，应当分别核算免税、减税项目的销售额；未分别核算销售额的，不得免税、减税。

例题 2-2

某酒店既提供客房服务，又开设小卖部销售啤酒。如果酒店分别核算啤酒的销售额和客房的营业额，应如何征税？如果不能分别核算或者不能准确核算营业额的，又应如何征税？

答案：提供客房服务按提供服务缴纳增值税，销售啤酒按销售货物缴纳增值税。如果酒店分别核算啤酒的销售额和客房的营业额，则分别征收增值税；如果不分别核算或者不能准确核算的，一并征收增值税。

重要提示

混合销售与兼营的区别如下。

（1）混合销售。对于纳税人从事业务，如果一项业务取得的收入从属于另一项业务，则属于混合销售行为。混合销售行为应注意三个“一”：①同一项销售行为中既包括销售货物又包括销售服务，强调同一项销售行为；②销售货物和销售服务的价款是同时从一个购买方取得的；③混合销售只按一个项目征收增值税。

（2）兼营行为。纳税人从事不同业务取得的收入之间没有从属关系，属于兼营行为。兼营服务应注意两个“两”：①纳税人的经营范围包含两种业务，既包括销售货物或应税劳务，又包括销售服务；②销售货物或应税劳务和销售服务不是同时发生在同一购买者身上的，即不是发生在同一销售行为中，货款向两个及以上消费者收取。

五、增值税的税率

增值税税率是指增值税税额占货物或应税劳务销售额的比率，是计算货物或应税劳务增值税税额的尺度。

（一）基本税率

纳税人销售货物、提供加工、修理修配劳务及进口货物，基本税率为17%。

（二）低税率

财政部税务总局2017年4月28日发布财税[2017]37号文件《关于简并增值税税率有关政策的通知》，规定自2017年7月1日起，简并增值税税率结构，取消13%的增值税税率。纳税人销售或进口下列货物的，税率为11%：

农产品（含粮食）、自来水、暖气、石油液化气、天然气、食用植物油、冷气、热水、煤气、居民用煤炭制品、食用盐、农机、饲料、农药、农膜、化肥、沼气、二甲醚、图书、报纸、杂志、音像制品、电子出版物。

（三）零税率

纳税人出口货物，税率为零。但是，国务院另有规定的除外。

（四）征收率

小规模纳税人销售货物或应税劳务的增值税税率为3%。

（五）其他规定

（1）纳税人兼营不同税率的货物或者应税劳务的，应当分别核算不同税率货物或者应税劳务的销售额。未分别核算销售额的，从高适用税率。

（2）纳税人销售不同税率货物或应税劳务，并兼营应属一并征收增值税的非应税劳务的，其非应税劳务应从高适用税率。

（六）下列按简易办法征收增值税的优惠政策继续执行，不得抵扣进项税额

（1）自 2014 年 7 月 1 日起，一般纳税人销售自产的下列货物，可选择按照简易办法依照 3%征收率计算缴纳增值税。

① 县级及县级以下小型水力发电单位生产的电力。小型水力发电单位，是指各类投资主体建设的装机容量为 5 万千瓦以下（含 5 万千瓦）的小型水力发电单位。

② 建筑用和生产建筑材料所用的砂、土、石料。

③ 以自己采掘的砂、土、石料或其他矿物连续生产的砖、瓦、石灰（不含黏土实心砖、瓦）。

④ 用微生物、微生物代谢产物、动物毒素、人或动物的血液或组织制成的生物制品。

⑤ 自来水。

重要提示

一般纳税人的自来水公司销售自来水按简易办法依照 3%征收率征收增值税。但桶装饮用水不属于自来水，应按照 17%的适用税率征收增值税。

⑥ 商品混凝土（仅限于以水泥为原料生产的水泥混凝土）。

重要提示

混合销售与兼营的一般纳税人选择简易办法计算缴纳增值税后，36 个月内不得变更。

（2）自 2014 年 7 月 1 日起，一般纳税人销售货物属于下列情形之一的，按简易办法依照 3%征收率计算缴纳增值税。

① 寄售商店代销寄售物品（包括居民个人寄售的物品在内）。

② 典当业销售死当物品。

③ 经国务院或国务院授权机关批准的免税商店零售的免税品。

课后练习

1. 增值税为什么要规定“视同销售行为”？具体有哪几种情况？

2. 新办小型商贸企业在认定为一般纳税人之前，一律按小规模纳税人计税，因年内销售额达到或超过（　　）后，可申报一般纳税人，经税务机关审核评估无误后，可以认定为一般纳税人。（单选题）

A. 30万元　　B. 50万元　　C. 80万元　　D. 200万元

任务二　增值税应纳税额的计算

案例导入

A公司（一般纳税人）出售一套设备，同时出售部分配件。其中，设备价款（不含税）1 000万元，生产该设备所用原材料、零部件的购入价（不含税）500万元，配件售价351（含税价）万元。计算A公司当月应缴纳的增值税税额。

【案例解析】 当月应缴纳的增值税税额应当等于当月不含税销售额乘以适用税率扣除可以抵扣的进项税额。

A公司当月应缴纳的增值税税额=[1 000+351÷(1+17%)]×17%−500×17%

=136（万元）

根据纳税人的不同，增值税的计算分为一般纳税人应纳税额的计算和小规模纳税人应纳税额的计算。

一、一般纳税人应纳税额的计算

一般纳税人销售货物或者提供应税劳务，应纳税额为当期销项税额抵扣当期进项税额后的余额，即：

应纳增值税税额=当期销项税额−当期准予抵扣的进项税额

因当期销项税额小于当期进项税额不足抵扣时，其不足部分可以结转下期继续抵扣，即留抵税额。

一般纳税人当期应纳税额的多少，取决于当期销项税额和当期进项税额这两个因素。

（一）当期销项税额的计算

1. 一般销售方式下的销售额

销售额是指纳税人销售货物或者提供应税劳务向购买方（承受应税劳务也视为购买方）收取的全部价款和价外费用。

价外费用包括价外向购买方收取的手续费、补贴、基金、集资费、返还利润、奖励费、违约金、滞纳金、延期付款利息、赔偿金、代收款项、代垫款项、包装费、包装物租金、储备费、优质费、运输装卸费及其他各种性质的价外收费。

提醒你：

<table>
<tr><td rowspan="3">下列项目不属于价外费用</td><td>（1）受托加工应征消费税的消费品所代收代缴的消费税</td></tr>
<tr><td>（2）销售货物的同时代办保险而向购买方收取的保险费，以及向购买方收取的代购买方缴纳的车辆购置税、车辆牌照费</td></tr>
<tr><td>（3）同时符合以下条件代为收取的政府性基金或者行政事业性收费：
① 由国务院或者财政部批准设立的政府性基金，由国务院或者省级人民政府及其财政、价格主管部门批准设立的行政事业性收费；
② 收取时开具省级以上财政部门印制的财政票据；
③ 所收款项全额上缴财政</td></tr>
</table>

即学即思

增值税的计税依据销售额中，价外费用不包含的项目有（　　）。

A. 包装物租金　　B. 委托加工应税消费品代收代缴的消费税

C. 增值税税款　　D. 包装费、装卸费

答案：价外费用包括价外向购买方收取的手续费、包装费、包装物租金、优质费、运输装卸费及其他各种性质的价外收费，但不包括增值税税款。委托加工应税消费品代收代缴的消费税应上缴税务部门。故应选B、C。

重要提示

财政部、国家税务总局发布关于继续执行光伏发电增值税政策的通知：

自2016年1月1日至2018年12月31日，对纳税人销售自产的利用太阳能生产的电力产品，实行增值税即征即退50%的政策。已征的按通知规定应予退还的增值税，可抵减纳税人以后月份应缴纳的增值税或予以退还。

2. 对视同销售货物行为的销售额的确定

按下列顺序确定销售额：

（1）按纳税人当期同类货物的平均销售价格确定。

（2）按其他纳税人当期同类货物的平均销售价格确定。

（3）按组成计税价格确定。组成计税价格的公式为：

$$组成计税价格=成本\times(1+成本利润率)$$

征收增值税的货物，同时又征收消费税的，其组成计税价格中应加上消费税税

额。其组成计税价格公式为：

组成计税价格=成本×(1+成本利润率)+消费税税额

或　组成计税价格=成本×(1+成本利润率)÷(1−消费税税率)

公式中的成本是指：销售自产货物的为实际生产成本，销售外购货物的为实际采购成本。公式中的成本利润率由国家税务总局确定。

例题 2-3

无锡市某化妆品有限公司将一批自产的高档化妆品用于职工福利，化妆品的成本为 20 000 元，该化妆品无同类产品市场价格，成本利润率为 5%，消费税税率为 15%。计算该批化妆品的组成计税价格。

答案：组成计税价格 =20 000×(1+5%)÷(1−15%)=24 705.88（元）

3. 含税销售额的换算

为了符合增值税作为价外税的要求，纳税人在填写进销货及纳税凭证、进行账务处理时，应分项记录不含税销售额、销项税额和进项税额，以正确计算应纳增值税税额。一般纳税人销售货物或者应税劳务取得的含税销售额在计算销项税额时，必须将其换算为不含税的销售额。其计算公式为：

（不含税）销售额=含税销售额÷(1+适用税率)

即学即思

无锡市某中外合资经营企业（一般纳税人）7 月份产品销售收入 58.50 万元（含税）。问不含税销售额是多少？

答案：不含税销售额=58.50÷(1+17%)=50（万元）

4. 特殊销售方式下的销售额

在销售活动中，为了达到促销的目的，有多种销售方式。不同销售方式下，销售者取得的销售额会有所不同。对不同销售方式如何确定其计征增值税的销售额，税法对以下几种销售方式分别做了规定。

（1）采取折扣方式销售。

折扣销售是指销货方在销售货物或应税劳务时，因购货方购货数量较大等原因而给予购货方的价格优惠（如购买 5 件，销售价格折扣 10%，购买 10 件，折扣 20% 等）。由于折扣是在实现销售时同时发生的，因此，税法规定，如果销售额和折扣额在同一张发票上是分别注明的，可将折扣后的余额作为销售额计算增值税；如果将折扣额另开发票，不论其在财务上如何处理，均不得从销售额中减除折扣额。

例题 2-4

甲企业是增值税一般纳税人，向乙商场销售服装 1 000 件，每件不含税价格为 80 元。由于乙商场购买量大，甲企业按原价 7 折优惠销售，乙商场付款后，甲企业为乙商场开具的发票上“金额”栏分别注明了销售额和折扣额，则甲企业此项业务的增值税销售额是多少元？

答案：甲企业此项业务的增值税销售额=1 000×80×70%=56 000（元）。

（2）采取以旧换新方式销售。

以旧换新是指纳税人在销售自己的货物时，有偿收回旧货物的行为。根据税法规定，采取以旧换新方式销售货物的，应按新货物的同期销售价格确定销售额，不得扣减旧货物的收购价格。金银首饰以旧换新的，应按照销售方“实际收取”的不含增值税的全部价款征收增值税。

例题 2-5

无锡市某电冰箱厂（一般纳税人）从消费者个人手中收购旧型号电冰箱，销售新型号电冰箱 200 台，每台 4 000 元，每台旧型号电冰箱折价为 400 元。该电冰箱厂销售电冰箱的销售额是多少？

答案：不含税销售额=200×4 000÷(1+17%)=683 761（元）

（3）采取还本销售方式销售。

还本销售是指纳税人在销售货物后，到一定期限由销售方一次或分次退还给购货方全部或部分价款。

税法规定，采取还本销售方式销售货物，其销售额就是货物的销售价格，不得从销售额中减除还本支出。

（4）采取以物易物方式销售。

以物易物是一种较为特殊的购销活动，是指购销双方不是以货币结算，而是以同等价款的货物相互结算，实现货物购销的一种方式。

在实际工作中，以物易物双方都应做购销处理，即以自己发出的货物计算销项税额，以收到的货物计算进项税额。

重要提示

以物易物活动中，应分别开具合法的票据，如未取得增值税专用发票或其他合法票据，不能抵扣进项税额。

（5）包装物押金是否计入销售额。

包装物是指纳税人包装本单位货物的各种物品。根据税法规定，纳税人为销售货物而出租出借包装物收取的押金，单独记账核算的，时间在 1 年以内，又未过期的，不并入销售额征税；但对因逾期未收回包装物不再退还的押金，应按所包装货物的适用税率计算销项税额。其中，“逾期”是指按合同约定实际逾期或以 1 年为期限，对收取 1 年以上的押金，无论是否退还均并入销售额征税。当然，在将包装物押金并入销售额征税时，需要先将该押金换算为不含税价，再并入销售额征税。对销售除“啤酒、黄酒”外的其他酒类产品而收取的包装物押金，无论是否返还及会计上如何核算，均应并入当期销售额中征税。

例题 2-6

无锡市某电冰箱厂（一般纳税人）收取的出借包装物押金 117 万元，已逾期 1 年半，该包装物销项税额是多少？

答案：应计算的增值税销项税额=117÷(1+17%)×17%=17（万元）

（6）销售自己使用过的物品或者销售旧货。

根据税法规定，自 2009 年 1 月 1 日起，一般纳税人销售自己使用过的固定资产，应区分不同情形征收增值税。

销售自己使用过的 2009 年 1 月 1 日以后购进或者自制的固定资产，按照适用税率征收增值税：

应纳税额=含税销售额÷(1+17%)×17%

销售自己使用过的 2008 年 12 月 31 日以前购进或者自制的固定资产，按 3%征收率减按 2%征收增值税：

应纳税额=含税销售额÷(1+3%)×2%

销售旧货，按照简易办法依照 3%的征收率减半征收增值税：

应纳税额=含税销售额÷(1+3%)×3%×50%

重要提示

国家税务总局发布关于营业税改征增值税试点期间有关增值税问题的公告：从 2016 年 2 月 1 日起纳税人销售自己使用过的固定资产，适用简易办法依照 3%征收率减按 2%征收增值税政策的，可以放弃减税，按照简易办法依照 3%征收率缴纳增值税，并可以开具增值税专用发票。

例题 2-7

无锡市甲公司为增值税一般纳税人，2008 年 7 月 1 日购进一台机器设备（其进项税额不得抵扣），自己使用 6 年后，2014 年 7 月 11 日将其出售，售价 103 万元（含税）。要求：计算甲公司应纳增值税税额。

答案：甲公司应纳增值税=103÷(1+3%)×2%=2（万元）。

例题 2-8

无锡市甲公司为增值税一般纳税人，2009 年 7 月 1 日购进一台机器设备，自己使用 5 年后，2014 年 7 月 11 日将其出售，售价 117 万元（含税）。要求：计算甲公司应纳增值税税额。

答案：甲公司应纳增值税=117÷(1+17%)×17%=17（万元）。

例题 2-9

无锡市乙公司为专门经营旧货的增值税一般纳税人，2014 年 7 月 1 日购进一批旧货，2014 年 7 月 10 日将其出售，售价 103 万元（含税）。要求：计算乙公司应纳增值税税额。

答案：乙公司应纳增值税=103÷(1+3%)×3%×50%=1.5（万元）

（二）当期进项税额的计算

1. 准予抵扣的进项税额

（1）增值税专用发票。

一般纳税人购进货物、接受应税劳务（加工、修理修配劳务）或者应税服务（包括但不限于交通运输业服务）的进项税额，为从销售方（或者提供方）取得的“增值税专用发票”（含货物运输业增值税专用发票、税控机动车销售统一发票）上注明的增值税税额。

重要提示

自 2009 年 1 月 1 日起，增值税一般纳税人外购的用于生产经营的固定资产，其进项税额可以抵扣。自 2013 年 8 月 1 日起，纳税人购进应征消费税的汽车、摩托车、游艇自用，可以抵扣购进时的增值税进项税额。

一般纳税人从小规模纳税人处取得的普通发票，不得作为抵扣依据；但一般纳税人取得由税务机关为小规模纳税人代开的增值税专用发票，可以将专用发票上填写的税额作为进项税额抵扣。

（2）海关进口增值税专用缴款书。

一般纳税人进口货物的进项税额，为从海关取得的海关进口增值税专用缴款书上注明的增值税税额。

（3）税收缴款凭证。

增值税一般纳税人接受境外单位或者个人提供的应税服务，按照规定应当扣缴增值税的，准予从销项税额中抵扣的进项税额为从税务机关或者代理人处取得的解缴税款的税收缴款凭证上注明的增值税税额。

（4）购进农产品，取得增值税专用发票或者海关进口增值税专用缴款书的，凭票抵扣。

（5）自 2017 年 7 月 1 日起，从按照简易计税方法依照 3%征收率计算缴纳增值税的小规模纳税人取得增值税专用发票的，以增值税专用发票上注明的金额和 11%的扣除率计算进项税额；取得（开具）农产品销售发票或收购发票的，以农产品销售发票或收购发票上注明的农产品买价和 11%的扣除率计算进项税额。

重要提示

营业税改征增值税试点期间，纳税人购进用于生产销售或委托受托加工 17%税率货物的农产品维持原扣除力度不变。

（6）自 2017 年 7 月 1 日起，纳税人购进农产品既用于生产销售或委托受托加工 17%税率货物又用于生产销售其他货物服务的，应当分别核算用于生产销售或委托受托加工 17%税率货物和其他货物服务的农产品进项税额。未分别核算的，统一以增值税专用发票或海关进口增值税专用缴款书上注明的增值税税额为进项税额，或以农产品收购发票或销售发票上注明的农产品买价和 11%的扣除率计算进项税额。

2. 不准抵扣的进项税额

（1）用于“非增值税应税项目、免征增值税项目、集体福利或者个人消费”的购进货物、应税劳务（加工、修理修配劳务）或者应税服务（包括但不限于交通运输业服务），其进项税额不得抵扣。

重要提示

用于劳动保护方面的购进货物，其进项税额可以抵扣；纳税人外购的固定资产，既用于增值税应税项目（不含免征增值税项目），也用于非增值税应税项目、免征增值税项目、集体福利或者个人消费的，其进项税额可以抵扣。

（2）接受的旅客运输服务，不得抵扣进项税额；用于“非增值税应税项目、免征增值税项目、集体福利或者个人消费”的购进货物的运输费用和销售免税货物的运输费用，不能抵扣进项税额。

例题 2-10

2016 年 7 月，无锡市某超市购入食用油 100 桶，取得增值税专用发票一张，注明价款为 10 000 元，增值税税额为 1 700 元，其中有 10%的食用油用于职工福利。要求：计算该超市可以抵扣的进项税额。

答案：该超市可以抵扣的进项税额=1 700×90%=1 530（元）

即学即思

根据增值税法律制度的规定，增值税一般纳税人支付的下列运费中（均取得了运输企业开具的“货物运输业增值税专用发票”），不允许抵扣进项税额的有（　　）。

A. 销售免税货物所支付的运输费用

B. 外购生产应税产品的设备所支付的运输费用

C. 外购水泥用于不动产在建工程所支付的运输费用

D. 外购草莓用于生产草莓酱所支付的运输费用

答案：A、C。① 选项 A、C，用于非增值税应税项目（选项 C）、免征增值税项目、集体福利或者个人消费的购进货物的运输费用和销售免税货物（选项 A）的运输费用，不能抵扣进项税额；② 选项 B、D，货物本身的进项税额可以抵扣，其运输费用也可以抵扣。

3. 非正常损失

（1）非正常损失的购进货物及相关的应税劳务、应税服务，其进项税额不得抵扣。

（2）非正常损失的在产品、产成品所耗用的购进货物、应税劳务或者应税服务，其进项税额不得抵扣。

重要提示

因“管理不善”造成的非正常损失，其进项税额不得抵扣；因“不可抗力”造成的损失，其进项税额可以抵扣。

例题 2-11

2016 年 7 月，无锡市某服装厂（增值税一般纳税人）因管理不善丢失了服装 10 件，每件成本 1 000 元，其中每件服装中外购货物的成本比例为 60%，外购货物的增值税税率为 17%。要求：计算该服装厂不得抵扣的进项税额。

答案：该服装厂不得抵扣的进项税额=10×1 000×60%×17%=1 020（元）

4. 特殊问题的处理

（1）进项税额转出。

已抵扣进项税额的购进货物、应税劳务或者应税服务，事后改变用途（用于不得抵扣进项税额的情形），应将该项购进货物、应税劳务或者应税服务的进项税额转出，从当期发生的进项税额中扣减。因进货退出或者折让而收回的进项税额，应从发生进货退出或者折让当期的进项税额中扣减。

（2）兼营。

一般纳税人兼营免税项目或者非增值税应税劳务而无法划分不得抵扣的进项税额的，按下列公式计算不得抵扣的进项税额：

不得抵扣的进项税额=当月无法划分的全部进项税额×当月免税项目销售额、非增值税应税劳务营业额合计÷当月全部销售额、营业额

例题 2-12

甲公司为增值税一般纳税人，既销售涂料，也从事装修劳务。2016 年 7 月，甲公司购进一批涂料，取得的增值税专用发票上注明的价款为 100 万元。当月甲公司将外购的涂料部分用于销售，取得销售额（不含增值税）为 117 万元；部分用于对外提供装修劳务，取得营业额为 234 万元。要求：计算当期可以抵扣的进项税额。

答案：当期可以抵扣的进项税额=100×17%×117÷(117+234)=5.67（万元）。

即学即思

无锡市某食品生产企业为增值税一般纳税人，2014 年 7 月从农民手中收购一批粮食用于生产，农产品收购发票上注明价款 20 000 元，企业委托某运输公司将该批粮食运回企业，支付运费 1 110 元，取得运输专用发票。企业上述业务可以抵扣的

进项税额是多少？

答案：可以抵扣的进项税额=20 000×13%+1 110÷(1+11%)×11%=2 710（元）

（三）应纳税额的计算

按照税法规定，一般纳税人销售货物或者提供应税劳务，其应纳税额为当期销项税额抵扣当期进项税额后的余额。

应纳税额计算公式：应纳税额=当期销项税额–当期准予抵扣的进项税额

例题 2-13

某电子企业为增值税一般纳税人，2016 年 7 月发生下列经济业务：

（1）采取直接收款方式销售自产 A 产品 50 台，不含税单价 8 000 元。货款收到后，向购买方开具了增值税专用发票，并将提货单交给了购买方。截止到月底，购买方尚未提货。

（2）将 20 台新试制的 B 产品分配给投资者，单位成本为 6 000 元。该产品尚未投放市场，无同类产品的销售价格。

（3）装饰本企业办公楼，领用甲材料 1 000 公斤，每公斤成本为 50 元。

（4）改、扩建单位幼儿园，领用甲材料 200 公斤，每公斤成本为 50 元，同时领用自产的 A 产品 5 台。

（5）当月因管理不善丢失库存乙材料 800 公斤，每公斤成本为 20 元，按待处理财产损溢处理。

（6）当月购进货物取得的增值税专用发票上注明的增值税税额共计 70 000 元。

其他相关资料：甲材料、乙材料均是上月外购取得并已抵扣进项税额；购销货物适用的增值税税率均为 17%；税务局核定的 B 产品成本利润率为 10%；本月取得的相关票据符合税法规定，在本月认证通过并抵扣。上述题干中给出的成本均不含增值税。

要求：（1）计算当月销项税额；

（2）计算当月可抵扣的进项税额；

（3）计算当月应缴纳的增值税税额。

答案：（1）当月销项税额=[50×8 000+5×8 000+20×6 000×(1+10%)] ×17%

=97 240（元）

（2）当月可抵扣的进项税额=70 000–(50×1 000+50×200+20×800)×17%

=57 080（元）

（3）当月应纳增值税税额=97 240–57 080=40 160（元）

二、小规模纳税人应纳税额的计算

（一）应纳税额的计算

小规模纳税人销售货物或者应税劳务，实行按照销售额和征收率计算应纳税额的简易办法，并且不得抵扣进项税额。其应纳税额计算公式为：

应纳税额=销售额×征收率

（二）含税销售额的换算

由于小规模纳税人在销售货物或应税劳务时，一般只能开具普通发票，取得的销售收入均为含税销售额。小规模纳税人在计算应纳税额时，必须将含税销售额换算为不含税的销售额后才能计算应纳税额。

销售额=含税销售额÷(1+征收率)

即学即思

无锡市某商场为小规模纳税人，2016 年 7 月，该商场取得零售收入总额 13.39 万元（含增值税）。购进原材料一批，支付价款 4.12 万元（含增值税）。计算该企业当月的应纳增值税税额。

答案：当月的应纳增值税=13.39÷(1+3%)×3%=0.39（万元）

（三）小规模纳税人销售自己使用过的物品或者销售旧货

根据税法规定，小规模纳税人销售自己使用过的固定资产或者销售旧货，一律按 2%征收率征收增值税。

销售额=含税销售额÷(1+3%)

应纳税额=销售额×2%

小规模纳税人销售自己使用过的非固定资产，按 3%的征收率征收增值税。

销售额=含税销售额÷(1+3%)

应纳税额=销售额×3%

例题 2-14

丙公司为增值税小规模纳税人，2009 年 7 月 1 日购进一台机器设备，自己使用 7 年后于 2016 年 7 月 1 日将其出售，售价 103 万元（含税）。要求：计算丙公司应纳增值税税额。

答案：丙公司应纳增值税=103÷(1+3%)×2%=2（万元）

例题 2-15

甲公司为增值税小规模纳税人，2009 年 7 月 1 日购进一批包装物，自己使用 7 年后于 2016 年 7 月 1 日将其出售，售价 103 万元（含税）。要求：计算甲公司应纳增值税税额。

答案：甲公司应纳增值税=103÷(1+3%)×3%=3（万元）

例题 2-16

丁公司为专门经营旧货的增值税小规模纳税人，2016 年 7 月 1 日购进一批旧货，2016 年 7 月 10 日将其出售，售价 103 万元（含税）。要求：计算丁公司应纳增值税税额。

答案：丁公司应纳增值税=103÷(1+3%)×2%=2（万元）

三、进口货物应纳增值税的计算

纳税人进口货物，按照组成计税价格和《增值税暂行条例》规定的税率计算应纳税额。组成计税价格是指在没有实际销售价格时，按照税法规定计算出作为计税依据的价格。

1. 不征消费税的

进口货物计算增值税组成计税价格和应纳税额计算公式为：

组成计税价格=关税完税价格+关税

应纳税额=组成计税价格×税率

2. 征收消费税的

进口增值税=(关税完税价格+关税+消费税)×增值税税率

课后练习

1. 某企业为增值税一般纳税人，增值税税率为 17%。2016 年 11 月有关生产经营业务如下：

（1）销售甲产品给某大型商场，开具增值税专用发票，取得不含税销售额 80 万元，另外还开具了普通发票，取得销售甲产品的送货运输费收入 5.85 万元。

（2）销售乙产品，开具普通发票，取得含税销售额 29.25 万元。

（3）将试制的一批应税新产品用于本企业基建工程，成本价为 20 万元，成本利润率为 10%，该新产品无同类产品市场销售价格。

（4）销售使用过的 2011 年进口的摩托车 5 辆，开具普通发票，每辆取得含税销售额 1.17 万元，该摩托车原值每辆 1.9 万元。

（5）购进货物取得增值税专用发票，注明支付的货款为 60 万元、进项税额为 10.2 万元。

（6）向农业生产者购进免税农产品一批，支付收购价 30 万元，支付给运输单位的运费 5 万元，取得增值税专用发票。本月下旬将购进的农产品的 20%用于本企业职工福利（以上相关票据均符合税法的规定）。

要求：计算该企业 2016 年 11 月应缴纳的增值税税额。

2. 查阅相关资料回答增值税进项税额的抵扣时间有什么特别规定。

任务三　增值税的会计处理

一、增值税核算科目的设置

在进行增值税会计处理时，为了核算增值税的应交、抵扣、已交、退税、转出等情况，在“应交税费”科目下设置“应交增值税”和“未交增值税”两个明细科目。

为了详细核算企业应交增值税的计算和解缴、抵扣等情况，增值税一般纳税人在“应交增值税”明细科目下应设置“进项税额”“已交税金”“转出未交增值税”“销项税额”“出口退税”“进项税额转出”和“转出多交增值税”等专栏。

二、增值税会计处理

（一）一般购进业务增值税的会计处理

一般纳税人企业在购入货物时，会计处理实行价与税的分离，分离的依据为增值税专用发票上注明的增值税和价款，属于价款部分，计入购入货物的成本；属于增值税部分，计入进项税额。

例题 2-17

无锡市某公司（一般纳税人）2016 年 7 月应付水费 33 900 元，取得防伪税控系统开具的增值税专用发票上注明价款 30 000 元，增值税税额为 3 900 元。支付电费 23 400 元，防伪税控系统开具的增值税专用发票上注明价款 20 000 元，增值税税额为 3 400 元。增值税发票均已取得认证。水电费 70%用于生产车间，30%由厂部使用。该公司如何进行账务处理？

答案：借：制造费用　35 000
　　　　管理费用　15 000
　　　　应交税费——应交增值税（进项税额）　7 300
　　　　贷：应付账款　57 300

（二）购入免税农产品的涉税会计处理

按税法规定，对于一般纳税人购入的免税农业产品、收购废旧物资等可以按买价（或收购金额）的一定比率计算进项税额，并准予从销项税额中抵扣。在会计核算时，按有关凭证上确定的金额扣除规定比率的进项税额，作为购进成本，借记“原材料”等科目；按买价（收购金额）和规定的扣除率计算的进项税额，借记“应交税费——应交增值税（进项税额）”科目；按应付或实际支付的价款，贷记“应付账款”和“银行存款”等科目。

例题 2-18

无锡市中天公司 2016 年 7 月从农场购进免税农产品，收购凭证上注明支付价款 200 000 元，农产品未入库，款项已用转账支票支付。该公司如何进行账务处理？

答案：借：在途物资　174 000
　　　　应交税费——应交增值税（进项税额）　26 000
　　　　贷：银行存款　200 000

（三）接受投资转入货物进项税额的核算

一般纳税人接受投资转入的货物，按照增值税专用发票上注明的增值税税额，借记“应交税费——应交增值税（进项税额）”科目，按照双方确认的货物价值借记“原材料”等科目，按其在注册资本中所占的份额，贷记“实收资本”科目，按其差额，贷记“资本公积”科目。

例题 2-19

无锡市悦来公司（一般纳税人）接受大发公司投资转入原材料一批，取得防伪税控系统开具的增值税专用发票，注明双方确认的价值为 180 000 元，增值税为 30 600 元。增值税专用发票已通过认证。该项投资占悦来公司 30%的股份，悦来公司注册资本为 400 000 元。该公司如何进行账务处理？

答案：借：原材料 180 000
　　应交税费——应交增值税（进项税额） 30 600
　　贷：实收资本——大发公司 120 000
　　　　资本公积 90 600

（四）进口货物进项税额的核算

一般纳税人进口货物，按照海关提供的完税凭证上注明的增值税税额，借记“应交税费——应交增值税（进项税额）”科目；按进口货物应计入采购成本的金额，借记“原材料”和“材料采购”等科目；按应付或实际支付的金额，贷记“应付账款”和“银行存款”等科目。

（五）购进货物不得抵扣进项税额的核算

1. 购入货物时即能认定其进项税额不能抵扣的

提醒你：

下列项目不得抵扣进项税额	（1）未按照规定取得并保存增值税扣税凭证，购入货物直接用于免税项目、非应税项目、集体福利和个人消费，其增值税专用发票上注明的增值税税额，记入购入货物及接受劳务的成本
	（2）外购货物在购进货物中发生非正常损失的，其进项税额不得抵扣，应将损失货物的价值连同相应的进项税额一并转入“待处理财产损溢——待处理流动资产损溢”科目

例题 2-20

无锡市明发公司（一般纳税人）外购原材料一批，数量为10吨，取得专用发票上注明价款为200 000元，增值税34 000元，款项已付，因管理不善入库前造成非正常损失1吨。该公司如何进行账务处理？

答案：借：原材料 180 000
　　应交税费——应交增值税（进项税额） 30 600
　　待处理财产损溢——待处理流动资产损溢 23 400
　　贷：银行存款 234 000

2. 购入货物时不能直接认定其进项税额能否抵扣的

（1）购进货物改变用途转出进项税额的会计处理。

为生产、销售而购进的货物，购进后被用于非应税项目、集体福利或个人消费时，应将其负担的增值税转入有关成本、费用科目，借记“在建工程”和“应付职工薪酬”等科目，贷记“应交税费——应交增值税（进项税额转出）”科目。

例题 2-21

无锡市新华食品公司（一般纳税人）2016 年 7 月购进 20 吨白糖，取得防伪税控系统开具的增值税专用发票上注明材料价款为 90 000 元，增值税税额为 15 300 元。增值税专用发票已通过认证，7 月份将其中的 3 吨作为福利发给职工时，公司应如何进行账务处理？

答案：借：应付职工薪酬　　15 795

　　　　贷：原材料　　13 500

　　　　　　应交税费——应交增值税（进项税额转出）　　2 295

（2）非正常损失货物转出进项税额的会计处理。

例题 2-22

无锡市大明公司（一般纳税人）2016 年 7 月由于管理不善丢失产品一批，账面价值为 90 000 元。当期生产成本总额为 400 000 元。其中，耗用外购材料、低值易耗品等价值为 200 000 元，外购货物均适用 17%增值税税率。可以抵扣的进项税额是多少？公司应如何进行账务处理？

答案：损失产品成本中所耗外购货物的金额=90 000×(200 000÷400 000)

=45 000（元）

应转出进项税额=45 000×17%=7 650（元）

借：待处理财产损溢——待处理流动资产损溢　　97 650

　　贷：库存商品　　90 000

　　　　应交税费——应交增值税（进项税额转出）　　7 650

（六）一般销售业务的核算

1. 直接收款方式销售货物的核算

纳税人采取直接收款方式销售货物的，企业应根据销售结算凭证和银行存款进账单，借记“应收账款”“应收票据”和“银行存款”等科目；按照实现的销售收入，贷记“主营业务收入”和“其他业务收入”等科目；按照规定收取的增值税税额，贷记“应交税费——应交增值税（销项税额）”科目。

2. 托收承付和委托收款方式销售货物的核算

纳税人采取托收承付和委托收款方式销售货物，纳税义务发生时间为发出货物并办妥托收手续的当天。按照实现的销售收入和按规定收取的增值税税额，借记“应收账款”科目；按照实现的销售收入，贷记“主营业务收入”科目；按照规定收取的增值税税额，贷记“应交税费——应交增值税（销项税额）”科目。

例题 2-23

无锡市明发公司（一般纳税人）2016 年 7 月采用托收承付结算方式向异地某公司销售货物一批，货款 50 000 元，增值税税额 8 500 元。另支付运费 3 000 元，取得运输专用发票。托收手续已办理完毕。该公司应如何进行账务处理？

答案：（1）销售货物确认收入时。

借：应收账款	58 500	
贷：主营业务收入		50 000
应交税费——应交增值税（销项税额）		8 500

（2）支付运费时。

借：销售费用	2 702.7	
应交税费——应交增值税（进项税额）	297.3	
贷：银行存款		3 000

即学即思

支付运费与垫付运费涉税账务处理有何区别？

3. 预收货款方式销售货物的核算

纳税人采取预收货款方式销售货物，纳税义务发生的时间为货物发出的当天。纳税人在收到预收款项时，借记“银行存款”科目，贷记“预收账款”科目。在发出产品时，按实现的收入和应收取的增值税税额，借记“预收账款”和“银行存款”等科目；按实现的收入，贷记“主营业务收入”科目；按应收取的增值税税额，贷记“应交税费——应交增值税（销项税额）”科目，同时结转成本。

（七）增值税缴纳的核算

月份终了，纳税人应根据“应交税费——应交增值税”明细科目各专栏本期发生额，计算企业当期应缴纳的增值税税额，并在规定期限内申报缴纳。

当期应纳税额=(当期销项税额+当期进项税额转出+当期出口退税发生额)
−(上期留抵+当期发生的允许抵扣的进项税额)

企业计算出当月应交而未交的增值税，借记“应交税费——应交增值税（转出未交增值税）”科目，贷记“应交税费——未交增值税”科目。当月多交的增值税，借记“应交税费——未交增值税”科目，贷记“应交税费——应交增值税（转出多交增值税）”科目。

企业缴纳当月的增值税，通过“应交税费——应交增值税（已交税金）”科目反映；缴纳以前各期未交的增值税，通过“应交税费——未交增值税”科目反映。

例题 2-24

无锡市新华公司（一般纳税人）2016 年 7 月外购货物，发生允许抵扣的进项税额合计 600 000 元，本月初“应交税费——应交增值税”明细账借方余额为 10 000 元，本月对外销售货物，取得销项税额合计为 750 000 元。请计算新华公司本月应纳增值税，并进行账务处理。

答案：新华公司本月应纳增值税=750 000–(600 000+10 000)=140 000（元）

借：应交税费——应交增值税（转出未交增值税）　　140 000

　　贷：应交税费——未交增值税　　140 000

2016 年 7 月，新华公司依法申报缴纳上月应缴未缴的增值税 50 000 元，本月的增值税 110 000 元。

借：应交税费——未交增值税　　50 000

　　应交税费——应交增值税（已交税金）　　110 000

　　贷：银行存款　　160 000

（八）小规模纳税人增值税的核算

1. 小规模纳税人购进货物的核算

小规模纳税人购进货物或接受应税劳务，均按应付或实际支付的价款借记“在途物资”“原材料”和“管理费用”等科目，贷记“应付账款”和“银行存款”等科目。

2. 小规模纳税人销售货物的核算

小规模纳税人销售货物或提供应税劳务，按实现的销售收入和按规定收取的增值税税额，借记“应收账款”和“银行存款”等科目；按实现的销售收入，贷记“主营业务收入”和“其他业务收入”等科目，按销售收入与征收率的乘积贷记“应交税费——应交增值税”科目。

3. 小规模纳税人上缴税款的核算

小规模纳税人按规定的纳税期限缴纳税款时，借记“应交税费——应交增值税”科目，贷记“银行存款”等科目。收到退回多交的增值税时，做相反的会计处理。

课后练习

南方工厂委托中原木器加工厂加工产品包装用木箱，发出材料价值15 000元，支付加工费3 500元和增值税595元。南方工厂支付加工费和增值税时，正确的会计分录为（　　）。

A. 借：委托加工物资　3 500
　　应交税费——应交增值税（进项税额）　595
　　贷：银行存款　4 095

B. 借：在途物资　3 500
　　应交税费——应交增值税（进项税额）　595
　　贷：银行存款　4 095

C. 借：周转材料　3 500
　　应交税费——应交增值税（进项税额）　595
　　贷：银行存款　4 095

D. 借：委托加工物资　4 095
　　贷：银行存款　3 500
　　　　应交税费——应交增值税（进项税额）　595

任务四　增值税出口退税

增值税出口退税是指纳税人出口适用税率为零的货物，向海关办理出口手续后，凭出口报关单等有关凭证，按月向税务机关申报办理该项出口货物的退税。

一、免、抵、退税的计算方法及会计处理

生产企业自营或委托外贸企业代理出口自产货物，除另有规定外，增值税一律实行免、抵、退税管理办法和制度。其中，免税是指对生产企业出口的自产货物免征本企业生产销售环节增值税；抵税是指生产企业出口自产货物所耗用的原材料、零部件、燃料、动力等所含应予退还的进项税额，抵顶内销货物的应纳税额；退税是指生产企业出口的自产货物在当月内应抵顶的进项税额大于应纳税额时，对未抵顶完的部分予以退税。

具体计算方法与计算公式如下。

1. 当期应纳税额的计算

当期应纳税额=当期内销货物的销项税额−(当期进项税额−当期免、抵、退税不得免征和抵扣税额)

其中：

免、抵、退税不得免征和抵扣税额=出口货物离岸价格×外汇人民币牌价×(出口货物征税率−出口货物退税率)−免、抵、退税不得免征和抵扣税额抵减额

免、抵、退税不得免征和抵扣税额抵减额=免税购进原材料价格×(出口货物征税率−出口货物退税率)

2. 免、抵、退税的计算

免、抵、退税额=出口货物离岸价×外汇人民币牌价×出口货物退税率−免、抵、退税额抵减额

其中：(1) 出口货物离岸价以出口发票计算的离岸价为准；

(2) 免、抵、退税额抵减额=免税购进原材料价格×出口货物退税率

免税购进原材料包括从国内购进免税原材料和进料加工免税进口料件。

3. 当期应退税额和免抵税额的计算

(1) 如当期期末留抵税额≤当期免、抵、退税额，则

当期应退税额=当期期末留抵税额

当期免抵税额=当期免抵退税额−当期应退税额

(2) 如当期期末留抵税额>当期免、抵、退税额，则

当期应退税额=当期免、抵、退税额

当期免抵税额=0

例题 2-25

某自营出口生产企业是增值税一般纳税人，出口货物的征税税率为 17%，退税率为 15%。2016 年 8 月有关经营业务为：购原材料一批，取得的增值税专用发票注明的价款为 200 万元，外购货物准予抵扣进项税额为 34 万元，货已验收入库。当月进料加工免税进口料件的组成计税价格为 100 万元。上期末留抵税额为 6 万元。本月内销货物不含税销售额 100 万元，收款 117 万元存入银行，本月出口货物销售额折合人民币 200 万元。试计算该企业当期的免、抵、退税额。

答案：

（1）免、抵、退税不得免征和抵扣税额抵减额=免税购进原材料价格×（出口货物征税率–出口货物退税率）

=100×(17%–15%)=2（万元）

（2）免、抵、退税不得免征和抵扣税额=出口货物离岸价格×(出口货物征税率–出口货物退税率)–免、抵、退税不得免征和抵扣税额抵减额

=200×(17%–15%)–2=2（万元）

（3）当期应纳税额=100×17%–(34–2)–6=–21（万元）

（4）免、抵、退税额抵减额=免税购进原材料价格×出口货物退税率

=100×15%=15（万元）

（5）出口货物免、抵、退税额=200×15%–15=15（万元）

（6）按规定，如当期期末留抵税额>当期免、抵、退税额，则当期应退税额=当期免、抵、退税额，即该企业应退税额=15 万元。

（7）当期免抵税额=当期免、抵、退税额–当期应退税额=15–15=0（万元）

（8）8 月期末留抵结转下期继续抵扣税额为 6 万元（即 21–15）。

相关会计处理如下。

（1）企业按出口货物适用的征税率和退税率，计算出口产品本期应分摊计入产品成本的进项税额，从本期应抵扣的进项税额中剔除，其会计处理如下。

借：主营业务成本　　20 000

　　贷：应交税费——应交增值税（进项税额转出）　　20 000

（2）企业在收到出口货物退回的税款时，其会计处理如下。

借：银行存款　　150 000

　　贷：应交税费——应交增值税（出口退税）　　150 000

（3）月份终了，企业将已交的待扣增值税自“应交税费——应交增值税”科目转入“未交增值税”明细科目，其会计处理如下。

借：应交税费——未交增值税　　60 000

　　贷：应交税费——应交增值税（转出多交增值税）　　60 000

二、“先征后退”的计算方法及会计处理

（1）外贸企业及实行外贸企业财务制度的工贸企业收购货物出口，其出口销售环节的增值税免征；其收购货物的成本部分，因外贸企业在支付收购货款的同时也

支付了生产经营该类商品的企业已纳的增值税税款，因此，在货物出口后按收购成本与退税率计算退税退还给外贸企业，征、退税之差计入企业成本。

外贸企业出口货物增值税的计算应依据购进出口货物增值税专用发票上所注明的进项税额和退税率计算。其计算公式为：

应退税额=外贸收购不含增值税购进金额×退税率

（2）外贸企业收购小规模纳税人出口货物增值税的退税规定。

① 凡从小规模纳税人购进持普通发票特准退税的抽纱、工艺品等12类出口货物，同样实行销售出口货物的收入免税并退还出口货物进项税额的办法。其计算公式为：

应退税额=普通发票所列含增值税的销售金额÷(1+征收率)×退税率

② 凡从小规模纳税人购进税务机关代开的增值税专用发票的出口货物，按以下公式计算退税：

应退税额=增值税专用发票注明的金额×退税率

例题 2-26

某进出口公司2016年4月购进某小规模纳税人抽纱工艺品2 000打全部出口，普通发票注明金额6 000元；购进另一小规模纳税人西服500套全部出口，取得税务机关代开的增值税专用发票，发票注明金额5 000元。要求：计算其应退税额。

答案：应退税额=6 000÷(1+3%)×3%+5 000×3%=324.75（元）

（3）外贸企业委托生产企业加工出口货物的退税规定。

外贸企业委托生产企业加工收回后报关出口的货物，按购进国内原、辅材料的增值税专用发票上注明的进项税额，依原、辅材料的退税率计算原、辅材料应退税额。支付的加工费凭受托方开具货物的退税率，计算加工费的应退税额。

三、优惠政策具体规定

（1）凡有出口经营权的企业出口和代理出口的货物，除另有规定外，均可准予退还或免征增值税和消费税税额。出口退税货物应当具备以下三个条件：

① 必须是属于增值税、消费税征税范围内的货物。

② 必须是报关离境并结汇的货物。

③ 在财务上必须是已做出口处理的货物。

一般情况下，只有同时具备以上三个条件的出口货物才准予退税，否则不予办理退税。

提醒你：

出口退税货物范围的特殊规定	（1）明确规定少数货物即使具备以上条件也不准给予退税。它们是：原油、援外出口货物、国家禁止出口的货物（天然牛黄、麝香、铜、铜合金、白金等）
	（2）一些企业的货物不具备上述三个条件，但国家特准退还或免征增值税和消费税。具体指： ① 对外承包工程公司运出境外用于对外承包项目的货物； ② 对外承接修理修配业务的企业，用于对外修理修配的货物； ③ 外轮供应公司、远洋运输供应公司销售给外轮、远洋国轮而收取外汇的货物； ④ 利用国际金融组织或外国政府贷款，通过国际招标由国内企业中标的机电产品、建筑材料； ⑤ 企业在国内采购并运往境外作为在国外投资的货物

（2）明确规定一些出口货物只能采取免征增值税、消费税方式给予鼓励和支持。它们是：

① 来料加工复出口的货物。

② 避孕药品和用具、古旧图书。

③ 卷烟（只限于有出口卷烟经营权的企业出口国家计划内卷烟）。

④ 军品及军队系统企业出口军需工厂生产或军需部门调拨的物资。

⑤ 国家在税收法规中规定的其他免税货物因已经享受免税照顾，所以出口时不能再办理退税。

（3）出口企业从小规模纳税人购进并持普通发票的货物，不论是内销或出口均不得做扣除或退税。但对下列出口货物考虑其出口量较大及生产、采购上的特殊因素，特准予扣除或退税。这些货物是：抽纱、工艺品、香料油、山货、草柳竹藤制品、渔网渔具、松香、五倍子、生添、鬃尾、山羊板皮、纸制品。

（4）出口货物退税税种。

出口退税指的是退还或免征出口货物在国内已缴或应缴的流转税款，具体是指增值税和消费税。

（5）出口退税适用税率。

出口货物应退增值税的适用税率，依《增值税暂行条例》规定的17%和13%（或11%）执行。外贸企业2017年8月31日前出口货物，购进时已按13%税率征收增值税的，执行13%出口退税率；购进时已按11%税率征收增值税的，执行11%出口退税率。生产企业2017年8月31日前出口货物，执行13%出口退税率。出口货物的时间按照出口货物报关单上注明的出口日期执行。对小规模纳税人购进特准退税的货物依3%的退税率执行，从农业生产者直接购进的免税农产品不办理退税。出口应退消费税的适用税率依《消费税税目税率表》执行。

重要提示

企业出口不同税率的货物应分开核算和申报，凡划分不清适用税率的，一律就低不就高计算退税。

（6）出口退税的计算。

出口货物应退增值税税额，依进项税额计算。

①对出口货物单独设立库存账和销售账记载的，应依据购进出口货物增值税专用发票所列明的进项金额和税额计算。对库存和销售均采用加权平均价进行核算的企业，也可按适用不同税率的货物分别依下列公式计算：

应退税额=出口货物数量×加权平均价×税率

②出口企业兼营内销和出口货物且其出口货物不能单独设账核算的，应先对内销货物计算销项税额并扣除当期进项税额后，再依下列公式计算出口货物的应退税额：

销项税额×税率≥未抵扣完的进项税额时，应退税款=未抵扣完的进项税额

销项税额×税率<未抵扣完的进项税额时，应退税款=销售金额×税率

结转下期抵扣进项税额=当期未抵扣完的进项税额–应退税额

公式中的销售金额是指依出口货物离岸价和外汇牌价计算的人民币金额。

凡从小规模纳税人购进特准退税的出口货物的进项税额，应按下列公式计算确定：

进项税额=普通发票所列（含增值税）销售金额÷(1+征收率)×退税率

其他出口货物的进项税额依增值税发票所列的增值税税额计算确定。

重要提示

如果出口货物的销售金额、进项金额及税额明显偏低且又无正当理由的，税务机关有权拒绝办理退税或免税。

（7）出口退税程序。

出口退税的主要程序是：出口退税登记，出口退税鉴定，出口退税申报，出口退税审核，出口退税检查和出口退税清算。

① 出口退税登记——这是对出口企业进行登记管理的一项制度。具体做法是：经营出口货物的企业经有关部门批准具有出口经营权后，持有关批件及工商营业执照于批准之日起 30 日内向所在地主管退税业务的税务机关申请办理退税登记。主管机关对其申请审核无误后，发给企业“出口退税登记表”，企业按照登记表的内容和

要求填写后交税务机关审核，经确认无误后发给企业“出口退税登记证”。通过办理出口退税登记，可以沟通税企之间的有关情况，确定出口企业的法人资格，以及出口企业是否符合企业退税条件。

② 出口货物退税鉴定——是税务机关根据企业经营出口货物的实际情况和国家关于出口退税的政策法规，对企业出口退税的有关事项所做的一种书面鉴定。凡经营出口货物的企业，均应填写“出口货物退税鉴定表”。鉴定表一般包括三方面内容：一是出口退税的法规鉴定；二是管理制度方面的鉴定；三是税企双方责任制度的鉴定。

③ 出口货物退（免）税申报——是指出口企业在货物报关离境并在财务上做出口销售后，按照办理出口退税的有关规定和要求，以《出口货物退（免）税申报表》为核心，向税务机关提出退（免）税申请的一种法定手续，也是税务机关据以审核确定退（免）税的前提条件和重要依据。凡经营出口货物的企业，均应在货物报关出口并在财务上做销售处理后按月申报《出口货物退（免）税申报表》。申报表主要内容有：出口货物的名称、销售数量、货物进价总额、费用扣除率、扣除费用总额、出口退税计税价格总额、适用税目税率、应退税金额及应收外汇等。与此同时，还要提供办理出口退税的有关凭证，包括出口货物销售明细账、购进出口货物的增值税专用发票或普通发票、出口货物消费税专用发票、盖有海关验讫章的《出口货物报关单》和出口收汇单证。

④ 出口货物退税的审核——是指主管出口退税业务的税务机关接到出口企业退税申请后，对出口企业的出口货物按规定程序逐项进行审核的管理制度。负责审核出口退税的税务机关在接到企业退税申报表后，必须严格按照出口货物退税规定认真审核。

经审核无误后，逐级报请负责出口退税审批的税务机关审查批准，并按规定填写《收入退还书》，交当地银行（国库）办理退库手续。主管出口退税的税务机关必须自接到申请之日起一个月内办完有关退（免）税手续。出口退税的审核、审批权限及工作程序，由省级国税局和国税总局进出口公司确定。其出口退税的审批一般由省级或直辖市一级国税局负责。

⑤ 出口货物退税的检查和清算——出口货物退税的检查是指主管出口退税的税务机关在审核退税过程中，应经常深入企业调查核对有关退税凭证和账物，并根据当地实际情况决定对企业办理出口退税的业务组织全面检查或抽查的一项制度。

出口退税的清算是指在年度终了后 3 个月内，出口企业必须对上年度出口货物的种类、数量、金额、税率、费用扣除率和已退税额等情况进行全面清算，并将清算结果报送主管出口退税的税务机关。主管出口退税的税务机关应对企业的清算报告进行审核，多退的收回，少退的补足。企业清算后，主管出口退税的税务机关不再受理企业提出的上年度出口退税申请。

课后练习

某进出口公司 2016 年 3 月出口美国平纹布 2 000 米，进货增值税专用发票列明单价 20 元/平方米，计税金额为 40 000 元，退税率为 15%。要求：计算其应退税额。

任务五　增值税的纳税申报

一、增值税纳税义务发生时间

（一）基本规定

增值税纳税义务发生时间：销售货物或者应税劳务的，为收讫销售款或者取得索取销售款凭据的当天；先开具发票的，为开具发票的当天；进口货物的，为报关进口的当天。增值税扣缴义务发生时间为纳税人增值税纳税义务发生的当天。

（二）具体规定

（1）采取直接收款方式销售货物，不论货物是否发出，均为收到销售额或取得索取销售额的凭据，并将提货单交给买方的当天。

（2）采取托收承付和委托银行收款方式销售货物的，为发出货物并办妥托收手续的当天。

（3）采取赊销和分期收款方式销售货物的，为按合同约定的收款日期的当天。

（4）采取预收货款方式销售货物的，为货物发出的当天。但生产销售、生产工期超过 12 个月的大型机械设备、船舶、飞机等货物，为收到预收款或书面合同约定的收款日期的当天。

（5）委托其他纳税人代销货物的，为收到代销单位销售的代销清单的当天；未收到代销清单及货款的，其纳税义务发生时间为发出代销货物满 180 天的当天。

（6）销售应税劳务的，为提供劳务同时收讫销售额或取得索取销售额的凭据的当天。

（7）纳税人发生视同销售货物行为的，为货物移送的当天。

二、增值税的纳税期限

根据《中华人民共和国增值税暂行条例》的规定：

（1）增值税的纳税期限分别为 1 日、3 日、5 日、10 日、15 日、1 个月或者 1 个季度。纳税人以 1 个月或者 1 个季度为 1 个纳税期的，自期满之日起 15 日内申报纳税；以 1 日、3 日、5 日、10 日或者 15 日为 1 个纳税期的，自期满之日起 5 日内预缴税款，于次月 1 日起 15 日内申报纳税并结清上月应纳税款。

（2）扣缴义务人解缴税款的期限，依照上述规定执行。

（3）纳税人进口货物，应当自海关填发海关进口增值税专用缴款书之日起 15 日内缴纳税款。

重要提示

纳税人的具体纳税期限，由主管税务机关根据纳税人应纳税额的大小分别核定，不能按固定期限纳税的，可以按次纳税。

三、增值税的纳税地点

（1）固定业户应当向其机构所有地主管税务机关申报纳税。

（2）固定业户到外县市销售货物的，应当向其机构所在地主管税务机关申请开具外出经营活动税收管理证明，向其机构所在地主管税务机关申报纳税。未开具证明的，应当向销售地或者劳务发生地主管税务机关申报纳税。未向销售地或者劳务发生地主管税务机关申报纳税的，由其机构所在地主管税务机关补征税款。

（3）非固定业户销售货物或者应税劳务，应当向销售地主管税务机关申报纳税。

（4）进口货物，应当由进口人或其代理人向报关地海关申报纳税。

扣缴义务人应当向其机构所在地或者居住地的主管税务机关申报缴纳其扣缴的税款。

知识链接

为进一步加大对小微企业的税收支持力度，经国务院批准，自 2014 年 10 月 1 日起至 2015 年 12 月 31 日，对月销售额 2 万元（含本数，下同）至 3 万元的增值税小规模纳税人，免征增值税；对月营业额 2 万元至 3 万元的营业税纳税人，免征营业税。

四、增值税的纳税申报方式

目前我国纳税申报方式主要有：直接申报、网上申报、委托申报、邮寄申报、银行网点申报等。

（1）直接申报。即纳税人或代理人直接到主管国税机关申报征收岗位办理纳税申报。

（2）网上申报。是纳税人或代理人用网络传输的方式将电子数据文档发送到税务机关指定的网页或电子信箱，并将有关款项及时存入税款预储户的一种电子申报方式。

（3）委托申报。是指纳税人委托中介机构代为纳税申报。

（4）邮寄申报。是指纳税人使用统一规定的纳税申报特快专递专用信封，通过邮政部门邮寄纳税申报表的方式。

（5）银行网点申报。是指纳税人就近到银行网点进行纳税申报。

五、纳税申报方法

（一）纳税申报资料

一般纳税人按月申报，申报期为次月 1 日起至 10 日。

（1）一般纳税人纳税申报必报资料：“增值税纳税申报表”及“增值税纳税申报表附列资料”；使用防伪税控系统的纳税人，必须报送记录当期纳税信息的 IC 卡；明细数据备份在软盘上的纳税人，还须报送备份数据软盘；“资产负债表”和“损益表”；“成品油购销存情况明细表”（发生成品油零售业务的纳税人填报）；主管税务机关规定的其他必报资料。

（2）一般纳税人申报备查资料：

① 已开具的增值税专用发票和普通发票存根联。

② 符合抵扣条件并且在本期申报抵扣的增值税专用发票抵扣联。

③ 海关进口货物完税凭证、运输发票、购进农产品普通发票、购进废旧物资普通发票复印件。

④ 收购凭证的存根联或报查联。

⑤ 代扣代缴税款凭证存根联。

⑥ 税务机关要求报送的其他备查资料。

备查资料是否要在当期报送，由各省级税务局确定。

（3）小规模纳税人纳税申报资料：

① 适用于小规模纳税人的增值税纳税申报表。

② 发票领用存月报表。

③ 废旧物资回收经营单位，应报送“废旧物资发票开具清单”纸质资料和电子信息。

④ 财务会计报表。

（二）增值税一般纳税人纳税申报实务操作

（1）企业基本资料：无锡市华南公司为增值税一般纳税人，适用的增值税税率为 17%。法人代表张之中，纳税人识别号 32030095700××××，开户银行为中国银行无锡滨湖支行，银行账号 232781310230970137××××。该企业为制造业，营业地址无锡市湖滨路 30 号，电话号码 0510-8272××××，企业从业人数 200 人。

（2）上期留抵税额：2300.46 元。

（3）2016 年 11 月发生下列购销业务。

① 2 日，外购材料一批，取得的增值税专用发票（发票联、抵扣联各 2 张）注明价款 300 000 元，增值税款 51 000 元，货物运输业增值税专用发票（发票联、抵扣联各 1 张）注明运输费 5 000 元，增值税款 495 元。材料已经验收入库，款项用银行存款支付。

② 8 日，外购材料一批，取得的海关开具的完税凭证（海关缴款书 1 张）注明完税价格 50 000 元，关税 5 000 元，海关代征增值税税额 9 350 元。材料已经验收入库，货款尚未支付。

③ 13 日，销售给小规模纳税人商品 10 台，向购货单位开具普通发票（记账联 10 张），价税合计金额为 468 000 元，款项存入银行。

④ 17 日，销售给一般纳税人商品 20 台，专用发票（记账联 10 张）注明价款 800 000 元，增值税税额 136 000 元。同时提供有偿运输劳务 1 170 元（开具普通发票 1 张），所有款项尚未收到。

⑤ 20 日，销售给一般纳税人商品 30 台，专用发票（记账联 10 张）每台不含税销售额 500 元。由于数量比较大，给予 5%的商业折扣，折扣额开在同一张发票上。款项尚未收到。

⑥ 25 日，收购免税农产品一批，价款 10 000 元，取得收购专用发票（收购凭证 1 张），款项通过银行存款付讫。

⑦ 26 日，销售给一般纳税人商品 50 件，专用发票（记账联 10 张）每件不含税销售额 100 元。由于数量比较大，给予 5%的商业折扣，单独开具红字发票入账。款项存入银行。

⑧ 30 日，销售商品支付运输费用，取得货物运输业增值税专用发票（发票联、抵扣联各 1 张）注明运输费 1 000 元，增值税款 99 元。

⑨ 30 日，采取以旧换新方式，从消费者手中收购旧电视机、销售新型号电视机 10 台，开出专用发票 10 张，收到货款 31 100 元，并注明已扣除旧电视机折价 4 000 元。

⑩ 30 日，由于管理不善造成霉烂变质损失的原材料成本 160 000 元，原因尚未查明。

⑪ 30 日，“其他应付款——包装物押金”贷方余额 68 000 元，其中 2012 年 10 月 20 日收取某单位押金 35 000 元，期限 18 个月；2013 年 4 月 3 日收取某单位押金 15 000 元，期限 6 个月；2014 年 7 月 19 日收取某公司押金 18 000 元，期限 6 个月。

要求进行相关会计处理，并填报无锡市华南公司 2014 年 11 月增值税纳税申报表。

实务操作解答：

① 借：原材料　　304 505
　　应交税费——应交增值税（进项税额）　　51 495
　　贷：银行存款　　356 000

② 借：原材料　　55 000
　　应交税费——应交增值税（进项税额）　　9 350
　　贷：应付账款　　64 350

③ 借：银行存款　　468 000
　　贷：主营业务收入　　400 000
　　　　应交税费——应交增值税（销项税额）　　68 000

④ 借：应收账款　　937 170
　　贷：主营业务收入　　800 000
　　　　其他业务收入　　1 000
　　　　应交税费——应交增值税（销项税额）　　136 170

⑤ 借：应收账款　　16 672.5
　　贷：主营业务收入　　14 250.0
　　　　应交税费——应交增值税（销项税额）　　2 422.5

⑥ 借：原材料　　8 700
　　应交税费——应交增值税（进项税额）　　1 300
　　贷：银行存款　　10 000

⑦ 借：银行存款　5 850
　　贷：主营业务收入　5 000
　　　　应交税费——应交增值税（销项税额）　850
　借：银行存款　250[1]
　　贷：主营业务收入　250

⑧ 借：销售费用　901
　　应交税费——应交增值税（进项税额）　99
　　贷：银行存款　1 000

⑨ 借：库存现金　35 100
　　贷：主营业务收入　30 000
　　　　应交税费——应交增值税（销项税额）　5 100
　借：库存商品　4 000
　　贷：库存现金　4 000

⑩ 借：待处理财产损溢——待处理流动资产损溢　187 200
　　贷：原材料　160 000
　　　　应交税费——应交增值税（进项税额转出）　27 200

⑪ 借：其他应付款　50 000
　　贷：其他业务收入　42 735.04
　　　　应交税费——应交增值税（销项税额）　7 264.96

操作步骤如下：

第一，建立工作底稿（见表 2-1，表 2-2）。

表 2-1　进项税额明细表

序号	计税依据	17%		13%		11%		海关完税凭证	
		税额	张数	税额	张数	税额	张数	税额	张数
1	300 000	51 000	2						
2	5 000					495	1		
3	55 000							9 350	1
4	1 000					99	1		
5	10 000			1 300	1				
合计	371 000	51 000	2	1 300	1	594	2	9 350	1

① 用“□”表示红字。

表 2-2　销项税额明细表

序号	计税依据	17%		13%		普通发票（17%）		应税劳务		包装物押金	
		税额	张数	税额	张数	税额	张数	税额	张数	税额	张数
1	400 000.00					68 000.00	10				
2	800 000.00	136 000.00	10								
3	1 000.00							170.00	1		
4	14 250.00	2 422.50	10								
5	5 000.00	850.00	10								
6	30 000.00	5 100.00	10								
7	42 735.04									7 264.96	
合计	1 292 985.04	144 372.50	40			68 000.00	10	170.00	1	7 264.96	

第二，根据工作底稿，填制附表（见表 2-3，表 2-4）。

表 2-3　增值税纳税申报表附列资料（本期销售情况明细）

纳税人名称：（公章）无锡市华南公司　税款所属时间：2016 年 11 月　填表日期：2016 年 12 月 9 日

金额单位：元至角分

一、按适用税率征收增值税货物及劳务的销售额和销项税额明细

项　目	栏　次	应税货物						应税劳务			小　计		
		17%税率			13%税率								
		份数	销售额	销项税额	份数	销售额	销项税额	份数	销售额	销项税额	份数	销售额	销项税额
防伪税控系统开具的增值税专用发票	1	*40*	*849 250.00*	*144 372.50*							*40*	*849 250.00*	*144 372.50*
非防伪税控系统开具的增值税专用发票	2												
开具普通发票	3	*10*	*400 000.00*	*68 000.00*				*1*	*1 000.00*	*170.00*	*11*	*401 000.00*	*68 170.00*
未开具发票	4	—	*42 735.04*	*7 264.96*								*42 735.04*	*7 264.96*
小计	5=1+2+3+4	—	*1 291 985.04*	*219 637.46*					*1 000.00*	*170.00*		*1 292 985.04*	*219 807.46*
纳税检查调整	6	—											
合计	7=5+6	—	*1 291 985.04*	*219 637.46*				*1*	*10 000.00*	*170.00*		*1 292 985.04*	*219 807.46*

二、简易征收办法征收增值税货物的销售额和应纳税额明细

项　目	栏　次	3%征收率			2%征收率			小　计		
		份数	销售额	应纳税额	份数	销售额	应纳税额	份数	销售额	应纳税额
防伪税控系统开具的增值税专用发票	8									
非防伪税控系统开具的增值税专用发票	9									
开具普通发票	10									
未开具发票	11	—			—			—		

续表

小计	12=8+9+10+11	—			—			—		
纳税检查调整	13	—			—			—		
合计	14=12+13	—			—			—		
三、免征增值税货物及劳务销售额明细										
项　目	栏　次	免税货物			免税劳务			小　计		
		份数	销售额	税额	份数	销售额	税额	份数	销售额	税额
防伪税控系统开具的增值税专用发票	15				—	—	—			
开具普通发票	16			—			—			—
未开具发票	17	—		—	—		—	—		—
合计	18=15+16+17	—			—		—	—		

表 2-4　增值税纳税申报表附列资料（本期进项税额明细）

纳税人名称：（公章）无锡市华南公司　税款所属时间：2016 年 11 月　填表日期：2016 年 12 月 9 日

金额单位：元至角分

一、申报抵扣的进项税额				
项　目	栏　次	份　数	金　额	税　额
（一）认证相符的防伪税控增值税专用发票	1	*2*	*300 000.00*	*51 000.00*
其中：本期认证相符且本期申报抵扣	2	*2*	*300 000.00*	*51 000.00*
前期认证相符且本期申报抵扣	3			
（二）非防伪税控增值税专用发票及其他扣税凭证	4		*71 000.00*	*11 244.00*
其中：海关完税凭证	5	*1*	*55 000.00*	*9 350.00*
农产品收购凭证及普通发票	6	*1*	*10 000.00*	*1 300.00*
废旧物资发票	7			
运费发票	8	*2*	*6 000.00*	*594.00*
6%征收率	9			
4%征收率	10			
（三）期初已征税款	11	—	—	
当期申报抵扣进项税额合计	12			*62 244.00*

二、进项税额转出额		
项　目	栏　次	税　额
本期进项税额转出额	13	*27 200.00*
其中：免税货物用	14	
非应税项目用	15	
非正常损失	16	*27 200.00*
按简易征收办法征税货物用	17	
免、抵、退办法出口货物不得抵扣进项税额	18	

续表

项　目	栏　次	份　数	金　额	税　额
纳税检查调减进项税额	19			
未经认证已抵扣的进项税额外负担	20			
	21			
三、待抵扣进项税额				
项　目	栏　次	份　数	金　额	税　额
（一）认证相符的防伪税控增值税专用发票	22	—	—	—
期初已认证相符但未申报抵扣	23			
本期认证相符且本期未申报抵扣	24			
期末已认证相符但未申报抵扣	25			
其中：按照税法规定不允许抵扣	26			
（二）非防伪税控增值税专用发票及其他扣税凭证	27			
其中：海关完税凭证	28			
农产品收购凭证及普通发票	29			
废旧物资发票	30			
运费发票	31			
6%征收率	32			
4%征收率	33			
	34			
四、其他				
项　目	栏　次	份　数	金　额	税　额
本期认证相符的全部防伪税控增值税专用发票	35			
期初已征税款挂账额	36	—	—	
期初已征税款余额	37	—	—	
代扣代缴税额	38	—	—	

第三，填制主表（见表 2-5）。

表 2-5　增值税纳税申报表

（适用于一般纳税人）

税款所属时间：自 2016 年 11 月 1 日至 2016 年 11 月 30 日　填表日期：2016 年 12 月 9 日

纳税人识别号	3	2	0	3	0	0	9	5	7	0	0	×	×	×	×					所属行业制造业 金额单位：元至角分

纳税人名称	无锡市华南公司　　（公章）	法定代表人姓名	张之中	注册地址	无锡市湖滨路 30 号	营业地址	无锡市湖滨路 30 号
开户银行及账号	中国银行无锡滨湖支行 232781310230970137××××	企业登记注册类型		国有企业		电话号码	0510-8272××××

续表

项目		栏次	一般货物及劳务		即征即退货物及劳务	
			本月数	本年累计	本月数	本年累计
销售额	(一) 按适用税率征税货物及劳务销售额	1	*1 292 985.04*			
	其中：应税货物销售额	2	*1 291 985.04*			
	应税劳务销售额	3	*10 000.00*			
	纳税检查调整的销售额	4				
	(二) 按简易征收办法征税货物销售额	5				
	其中：纳税检查调整的销售额	6				
	(三) 免、抵、退办法出口货物销售额	7			—	—
	(四) 免税货物及劳务销售额	8			—	—
	其中：免税货物销售额	9			—	—
	免税劳务销售额	10			—	—
税款计算	销项税额	11	*219 807.46*			
	进项税额	12	*62 244.00*			
	上期留抵税额	13	*2 300.46*	—		—
	进项税额转出	14	*27 200.00*			
	免抵退货物应退税额	15			—	—
	按适用税率计算的纳税检查应补缴税额	16			—	—
	应抵扣税额合计	17=12+13–14–15+16	*37 344.46*	—		—
	实际抵扣税额	18（如 17<11，则为 17，否则为 11）	*37 344.46*			
	应纳税额	19=11–18	*182 463.00*			
	期末留抵税额	20=17–18		—		—
	简易征收办法计算的应纳税额	21				
	按简易征收办法计算的纳税检查应补缴税额	22			—	—
	应纳税额减征额	23				
	应纳税额合计	24=19+21–23	*182 463.00*			
税款缴纳	期初未缴税额（多缴为负数）	25				
	实收出口开具专用缴款书退税额	26			—	—
	本期已缴税额	27=28+29+30+31				
	①分次预缴税额	28		—		—
	②出口开具专用缴款书预缴税额	29		—	—	—
	③本期缴纳上期应纳税额	30				
	④本期缴纳欠缴税额	31				
	期末未缴税额（多缴为负数）	32=24+25+26–27				
	其中：欠缴税额（≥0）	33=25+26–27		—		—
	本期应补（退）税额	34=24–28–29		—		—
	即征即退实际退税额	35	—	—		

续表

<table>
<tr><td colspan="2" rowspan="2">项目</td><td rowspan="2">栏次</td><td colspan="2">一般货物及劳务</td><td colspan="2">即征即退货物及劳务</td></tr>
<tr><td>本月数</td><td>本年累计</td><td>本月数</td><td>本年累计</td></tr>
<tr><td rowspan="3"></td><td>期初未缴查补税额</td><td>36</td><td></td><td></td><td>—</td><td>—</td></tr>
<tr><td>本期入库查补税额</td><td>37</td><td></td><td></td><td>—</td><td>—</td></tr>
<tr><td>期末未缴查补税额</td><td>38=16+22+36−37</td><td></td><td></td><td>—</td><td>—</td></tr>
<tr><td>授权声明</td><td colspan="2">如果你已委托代理人申报，请填写下列资料：
为代理一切税务事宜，现授权
（地址）　　　　　　　　为本纳税人的代理申报人，任何与本申报表有关的往来文件，都可寄于此人。

授权人签字：</td><td>申报人声明</td><td colspan="3">此纳税申报表是根据《中华人民共和国增值税暂行条例》的规定填报的，我相信它是真实的、可靠的、完整的。

声明人签字：</td></tr>
</table>

以下由税务机关填写

收到日期：　　　　　　　　接收人：　　　　　　　　主管税务机关盖章：

本表一式三联（二联按期报主管税务机关、一联企业留存）。

能力训练

一、单项选择题

1．增值税小规模纳税人为生产产品而购买的原材料、燃料、动力等所包含的增值税，正确的处理方法为（　　）。

A．不允许抵扣进项税额　　B．按 3%抵扣进项税额

C．按 6%抵扣进项税额　　D．按 4%抵扣进项税额

2．下列关于增值税纳税期限说法不正确的是（　　）。

A．增值税纳税期限分别为 1 日、3 日、5 日、10 日、15 日、1 个月或者 1 个季度

B．纳税人以 1 个月或者 1 个季度为 1 个纳税期的，自期满之日起 15 日内申报纳税

C．纳税人以 1 日、3 日、5 日、10 日或者 15 日为 1 个纳税期的，自期满之日起 5 日内预缴税款，于次月 1 日起 10 日内申报纳税并结清上月应纳税额

D．纳税人进口货物的，应当自海关填发海关进口增值税专用缴款书之日起 15 日内缴纳税款

3．下列各项中，既是增值税法定税率，又是增值税进项税额扣除率的是（　　）。

A．7%　　B．10%　　C．13%　　D．17%

4．某工业企业（一般纳税人）某月采用预收货款方式销售一批货物，不含税总价100万元，收到预收款20万元，货物尚未发出，则当月应纳税销售额为（　　）万元。

A．0　　B．100　　C．20　　D．120

5．某机床厂生产销售精密机床，另外还经营一家非独立核算的饭店，这属于（　　）。

A．视同销售　　B．以特殊方式销售

C．混合销售　　D．兼营非应税劳务

6．关于增值税纳税义务发生时间，委托其他纳税人代销货物的，为收到代销单位的代销清单或者收到全部或者部分货款的当天；未收到代销清单及货款的，为发出代销货物满（　　）的当天。

A．30天　　B．60天　　C．120天　　D．180天

7．简易计税方法的销售额不包括其应纳税额，纳税人采用销售额和应纳税额合并定价方法的，按照下列公式计算销售额（　　）。

A．销售额=含税销售额÷(1−征收率)

B．销售额=含税销售额×(1−征收率)

C．销售额=含税销售额÷(1+征收率)

D．销售额=含税销售额×(1+征收率)

8．（　　）的在产品、产成品所耗用的购进货物（不包括固定资产）、加工修理修配劳务或者交通运输业服务，其进项税额不得从销项税额中抵扣。

A．非正常损失　　B．正常损失

C．为提供应税劳务　　D．取得可抵扣凭证

二、多项选择题

1．纳税人有（　　）行为的，增值税适用税率为13%。

A．销售或者进口食用植物油　　B．销售或者进口居民用煤炭制品

C．销售或者进口报纸　　D．提供加工、修理修配劳务

2．下列免征增值税的项目有（　　）。

A．农业生产者销售的自产农产品

B．外国政府、国际组织无偿援助的进口物资和设备

C．安置残疾人的企业销售残疾人专用的物品

D．古旧图书

3．以下可以抵扣进项税额的是（　　）。

A．食品厂外购原料自制冷饮用于职工福利

B．工厂外购劳保用品

C．工厂外购公文包赠送业务往来单位

D．工厂购进钢材用于厂房建设

4．某增值税一般纳税人将购进的一批货物分配给投资者，下列税务处理中不正确的（　　）。

A．将该批货物视同销售计算销项税额，其进项税额符合条件的可以抵扣

B．该批货物不计算销项税额，同时该批货物的进项税额不得抵扣

C．该批货物不计算销项税额，但该批货物的进项税额可以抵扣

D．将该批货物视同销售计算销项税额，但进项税额不可以抵扣

5．下列属于应征增值税的劳务有（　　）。

A．修缮　　B．加工　　C．修配　　D．修理

6．下列有关增值税纳税地点表述正确的是（　　）。

A．固定业户应当向其机构所在地的主管税务机关申报纳税

B．固定业户到外县（市）销售货物或者应税劳务，应当向其机构所在地的主管税务机关申请开具外出经营活动税收管理证明，并向销售地或者劳务发生地的主管税务机关申报纳税

C．进口货物应当向报关地海关申报纳税

D．扣缴义务人应当向其机构所在地或者居住地的主管税务机关申报缴纳其扣缴的税款

7.准予计算进项税额的运输费用金额，是指运输费用结算单据上注明的（　　）。

A．运输费用　　B．建设基金

C．装卸费　　D．保险费等其他杂费

8．应税服务的年应征增值税销售额超过（　　）规定标准的纳税人为一般纳税人，未超过规定标准的纳税人为小规模纳税人。

A．直接主管税务机关　　B．省级主管税务机关

C．财政部　　D．国家税务总局

三、判断题（正确的打“√”，错误的打“×”）

（　　）1．根据增值税条例规定，准予从销项税额中抵扣的进项税额，仅限于

从销售方取得的增值税专用发票上注明的增值税税额。

（　　）2．在增值税的计算方法中，由于简便易行、计算准确，既适用于单一税率，又适用于多档税率，因此被大多数国家所采用。

（　　）3．现行增值税根据企业利润大小及会计核算水平这两个标准，将纳税人分为一般纳税人和小规模纳税人。

（　　）4．新办小型商贸企业（小型商贸批发企业）必须自税务登记之日起，一年内预计销售额达到80万元，方可申请一般纳税人资格认定，在此之前一律按照小规模纳税人进行管理。

（　　）5．纳税人销售农业产品免征增值税。

（　　）6．将自产、委托加工的或购买的货物用于非应税项目，视同销售货物征收增值税。

（　　）7．纳税人采取折扣方式销售货物的，一律按销售净额计征增值税。

（　　）8．在境内提供"营改增"应税服务，是指应税服务发生在中国境内。

（　　）9．一般纳税人会计核算不健全，或者不能够提供准确的税务资料，税务机关可以责令其改正，并不影响其使用发票和按照一般计税方法计算缴纳增值税。

（　　）10．一般纳税人提供财政部和国家税务总局规定的特定应税服务，可以选择适用简易计税方法计税，但一经选择，36个月内不得变更。

四、计算题

1．某企业（一般纳税人）2016年7月将自产的产品无偿赠送给贫困地区，实际成本为60 000元，无同类产品售价，成本利润率为10%，适用的增值税税率为17%，请计算该业务确认的销项税额。

2．某企业为增值税一般纳税人，2016年7月外购化工原料100吨，取得增值税专用发票上注明价款200 000万元，增值税34 000万元，途中因管理不善而丢失，实际验收入库时发现短缺20吨。要求：计算该企业准予抵扣的进项税额。

3．某企业为增值税一般纳税人，2016年7月向农业生产者购进免税农产品一批，税务机关批准使用的收购凭证上注明的买价为2 000 000元。当月销售货物取得含税销售额4 520 000元，销售的货物适用13%的增值税税率。要求：计算该企业7月份增值税应纳税额。

4．某工业企业为小规模纳税人，2016年7月购进货物，支付货款共32 000元，销售其生产的货物取得收入（含税）50 000元。要求：计算该企业当月应纳增值税税额。

五、综合分析题

1．某外商投资企业（一般纳税人）2016年7月发生购销业务如下。

（1）购入货物取得的增值税专用发票上注明的货价金额是200万元，同时支付货物运输费用，取得的货运发票上注明的运费金额是3万元。

（2）销售货物，开具的专用发票上注明的销售价款为500万元。另外，用以旧换新的方式向消费者个人销售货物一批，开具普通发票上注明的收入为80万元（已扣除收购旧货支付的款项6万元）。

（3）将自产货物（市场不含税价100万元）用于投资联营企业。

（4）购买职工福利用冰柜10万元，工厂机器设备50万元，均取得专用发票。

（5）销售自己已使用过的小汽车一辆，取得收入5万元，该小汽车原值14万元，于2005年2月购入。

（6）采购生产用燃料（煤炭），取得专用发票上注明的价款为75万元。

（7）购买钢材用于厂房改造工程，取得专用发票上注明的价款为30万元。

（8）以折扣方式销售货物，开具的专用发票上注明的销售额为80万元，折扣额8万元另开具红字发票。

（9）购进生产原材料，已支付货款，取得增值税专用发票注明的增值税16.5万元，但尚未到货。

要求：请按税法有关规定，分析每笔业务进项税额、销项税额应如何确定，并正确计算该公司当月应纳增值税税额（取得的专用发票均在当月通过认证）。

2．某外资企业（增值税一般纳税人）2016年7月发生业务如下。

（1）购入甲材料，取得增值税专用发票注明的价款为200万元，增值税为34万元，支付运费10万元，保险费3万元，装卸费1万元，取得运输发票。当月将其中的20%用于本企业职工福利。

（2）购入生产设备一台，取得增值税专用发票注明的价款为10万元，增值税为1.7万元，支付运费1万元，取得运输发票。

（3）自制生产设备，领用库存原材料成本20万元，领用自制产品成本50万元（同类产品不含税售价60万元），支付加工费取得增值税专用发票注明的价款为5万元，增值税为0.85万元。

（4）自建办公楼，领用库存原材料成本40万元，领用自制产品成本40万元（同类产品不含税售价 50 万元)。

(5)库存原材料发生火灾损失，成本价 10 万元；因管理不善造成自制产品报废损失，成本价 100 万元(同类产品不含税价格 80 万元)，其中材料成本占成本 80%。

(6)转让年初购入的生产设备，原值 50 万元，转让价格 45 万元。

(7)购入自用小轿车一辆，取得机动车销售统一发票注明的价款为 20 万元，增值税为 3.4 万元；购入自用货车一辆，取得机动车销售统一发票注明的价款为 10 万元，增值税为 1.7 万元。

(8)转让 2008 年进口的设备，原值 13.8 万元，转让价格 15 万元。

(9)销售自制产品 500 件，不含税售价每件 0.3 万元；同时又对外捐赠 100 件，用于职工福利领用 50 件。

(10)月初留抵税额 1.5 万元。

要求：计算应缴纳的增值税税额(取得的专用发票均在当月通过认证)。

项目三

营业税改征增值税涉税实务

学习目标

知识目标：理解“营改增”政策解析和操作技巧，掌握“营改增”的会计处理。

技能目标：“营改增”会计处理及纳税申报。

素质目标：真正理解“营改增”消除重复征税、减轻税负的问题。

重难点：不同行业“营改增”的税法规定及基本会计处理。

案例导入

营业税改征增值税历程：

2011 年，经国务院批准，财政部、国家税务总局联合下发营业税改征增值税试点方案。从 2012 年 1 月 1 日起，在上海交通运输业和部分现代服务业开展营业税改征增值税试点。至此，货物劳务税收制度的改革拉开序幕。自 2012 年 8 月 1 日起至年底，国务院扩大“营改增”试点至 10 省市。截至 2013 年 8 月 1 日，“营改增”范围已推广到全国试行。国务院总理李克强主持召开的国务院常务会议，决定从 2014 年 1 月 1 日起，将铁路运输和邮政服务业纳入营业税改征增值税试点，至此交通运输业已全部纳入“营改增”范围。自 2014 年 6 月 1 日起，将电信业纳入营业税改征增值税试点范围。

2016 年，已纳入“营改增”的行业减税规模估计有 2 000 亿元，金融业、房地产和建筑业、生活服务业等行业减税规模或接近 4 000 亿元，2016 年“营改增”减税总规模接近 6 000 亿元。“营改增”会确保所有行业的税负只减不增。

自 2016 年 5 月 1 日起，中国全面实施“营改增”，营业税将退出历史舞台，增值税制度将更加规范。这是自 1994 年分税制改革以来，财税体制的又一次深刻变革。

任务一　营业税改征增值税概述

营业税改征增值税（以下简称“营改增”），是指在中华人民共和国境内（以下称境内）销售服务、无形资产或者不动产（以下称应税行为）的单位和个人，按照《营业税改征增值税试点实施办法》（以下称《试点实施办法》）缴纳增值税，不再缴纳营业税。

一、纳税人和扣缴义务人

（一）纳税人

（1）在中华人民共和国境内销售服务、无形资产或者不动产的单位和个人，为增值税纳税人，应当按照《试点实施办法》缴纳增值税，不缴纳营业税。

单位：指企业、行政单位、事业单位、军事单位、社会团体及其他单位。

个人：指个体工商户和其他个人。

（2）单位以承包、承租、挂靠方式经营的，承包人、承租人、挂靠人（以下统称承包人）以发包人、出租人、被挂靠人（以下统称发包人）名义对外经营并由发包人承担相关法律责任的，以该发包人为纳税人。否则，以承包人为纳税人。

（3）纳税人分为一般纳税人和小规模纳税人。

① 应税行为的年应征增值税销售额（以下称应税销售额）超过财政部和国家税务总局规定标准的纳税人为一般纳税人，未超过规定标准的纳税人为小规模纳税人。

② 一般划分标准（年应税销售额）：应税服务年销售额标准为 500 万元（不含税销售额）；应税服务年销售额是指纳税人在连续不超过 12 个月的经营期内，提供应税服务累计应征增值税销售额，含免税、减税销售额。

重要提示

年应税销售额超过规定标准的其他个人不属于一般纳税人。年应税销售额超过规定标准但不经常发生应税行为的单位和个体工商户可选择按照小规模纳税人纳税。

③ 年应税销售额未超过规定标准的纳税人，会计核算健全，能够提供准确税务资料的，可以向主管税务机关办理一般纳税人资格登记，成为一般纳税人。

会计核算健全，是指能够按照国家统一的会计制度规定设置账簿，根据合法、有效凭证核算。

重要提示

符合一般纳税人条件的纳税人应当向主管税务机关办理一般纳税人资格登记。除国家税务总局另有规定外，一经登记为一般纳税人后，不得转为小规模纳税人。

（二）扣缴义务人

中华人民共和国境外（以下称境外）单位或者个人在境内发生应税行为，在境内未设有经营机构的，以购买方为增值税扣缴义务人。财政部和国家税务总局另有规定的除外。

重要提示

两个或者两个以上的纳税人，经财政部和国家税务总局批准可以视为一个纳税人合并纳税。

纳税人应当按照国家统一的会计制度进行增值税会计核算。

二、征税范围

（一）销售服务

销售服务，指提供交通运输服务、邮政服务、电信服务、建筑服务、金融服务、现代服务、生活服务。

1. 交通运输服务

交通运输服务，指利用运输工具将货物或者旅客送达目的地，使其空间位置得到转移的业务活动。包括陆路运输服务、水路运输服务、航空运输服务和管道运输服务。

（1）陆路运输服务，指通过陆路（地上或者地下）运送货物或者旅客的运输业务活动，包括铁路运输服务和其他陆路运输服务。

重要提示

出租车公司向使用本公司自有出租车的出租车司机收取的管理费用，按照陆路运输服务缴纳增值税。

（2）水路运输服务，指通过江、河、湖、川等天然、人工水道或者海洋航道运送货物或者旅客的运输业务活动。

重要提示

水路运输的程租、期租业务，属于水路运输服务。

（3）航空运输服务，指通过空中航线运送货物或者旅客的运输业务活动。

重要提示

航空运输的湿租业务属于航空运输服务。湿租业务是指航空运输企业将配备有机组人员的飞机承租给他人使用一定期限，承租期内听候承租方调遣，不论是否经营，均按一定标准向承租方收取租赁费，发生的固定费用均由承租方承担的业务。

（4）管道运输服务，指通过管道设施输送气体、液体、固体物质的运输业务活动。

2. 邮政服务

邮政服务，指中国邮政集团公司及其所属邮政企业提供邮件寄递、邮政汇兑和机要通信等邮政基本服务的业务活动。包括邮政普遍服务、邮政特殊服务和其他邮政服务。

（1）邮政普遍服务，指函件、包裹等邮件寄递，以及邮票发行、报刊发行和邮政汇兑等业务活动。

（2）邮政特殊服务，指义务兵平常信函、机要通信、盲人读物和革命烈士遗物的寄递等业务活动。

（3）其他邮政服务，指邮册等邮品销售、邮政代理等业务活动。

3. 电信服务

电信服务，指利用有线、无线的电磁系统或者光电系统等各种通信网络资源，提供语音通话服务，传送、发射、接收或者应用图像、短信等电子数据和信息的业务活动。包括基础电信服务和增值电信服务。

（1）基础电信服务，指利用固网、移动网、卫星、互联网，提供语音通话服务的业务活动，以及出租或者出售带宽、波长等网络元素的业务活动。

（2）增值电信服务，指利用固网、移动网、卫星、互联网、有线电视网络，提供短信和彩信服务、电子数据和信息的传输及应用服务、互联网接入服务等业务活动。

重要提示

卫星电视信号落地转接服务，按照增值电信服务缴纳增值税。

4. 建筑服务

建筑服务，指各类建筑物、构筑物及其附属设施的建造、修缮、装饰，线路、管道、设备、设施等的安装及其他工程作业的业务活动。包括工程服务、安装服务、修缮服务、装饰服务和其他建筑服务。

重要提示

固定电话、有线电视、宽带、水、电、燃气、暖气等的经营者向用户收取的安装费、初装费、开户费、扩容费及类似收费，按照安装服务缴纳增值税。

5. 金融服务

金融服务，指经营金融保险的业务活动。包括贷款服务、直接收费金融服务、保险服务和金融商品转让。

重要提示

以货币资金投资收取的固定利润或者保底利润，按照贷款服务缴纳增值税。

6. 现代服务

现代服务，指围绕制造业、文化产业、现代物流产业等提供技术性、知识性服务的业务活动。包括研发和技术服务、信息技术服务、文化创意服务、物流辅助服务、租赁服务、鉴证咨询服务、广播影视服务、商务辅助服务和其他现代服务。

（1）研发和技术服务，包括研发服务、合同能源管理服务、工程勘察勘探服务、专业技术服务。

（2）信息技术服务，指利用计算机、通信网络等技术对信息进行生产、收集、处理、加工、存储、运输、检索和利用，并提供信息服务的业务活动。包括软件服务、电路设计及测试服务、信息系统服务、业务流程管理服务和信息系统增值服务。

（3）文化创意服务，包括设计服务、知识产权服务、广告服务和会议展览服务。

（4）物流辅助服务，包括航空服务、港口码头服务、货运客运场站服务、打捞救助服务、装卸搬运服务、仓储服务和收派服务。

（5）租赁服务，包括融资租赁服务和经营租赁服务。

按照标的物的不同，融资租赁服务可分为有形动产融资租赁服务和不动产融资租赁服务；经营租赁服务可分为有形动产经营租赁服务和不动产经营租赁服务。融资性售后回租不按照本税目缴纳增值税。

重要提示

将建筑物、构筑物等不动产或者飞机、车辆等有形动产的广告位出租给其他单位或者个人用于发布广告，按照经营租赁服务缴纳增值税；车辆停放服务、道路通行服务（包括过路费、过桥费、过闸费等）等按照不动产经营租赁服务缴纳增值税。

（6）鉴证咨询服务，包括认证服务、鉴证服务和咨询服务。

（7）广播影视服务，包括广播影视节目（作品）的制作服务、发行服务和播映服务。

（8）商务辅助服务，包括企业管理服务、经纪代理服务、人力资源服务、安全保护服务。

（9）其他现代服务，指除研发和技术服务、信息技术服务、文化创意服务、物流辅助服务、租赁服务、鉴证咨询服务、广播影视服务和商务辅助服务以外的现代服务。

7. 生活服务

生活服务，指为满足城乡居民日常生活需求提供的各类服务活动。包括文化体育服务、教育医疗服务、旅游娱乐服务、餐饮住宿服务、居民日常服务和其他生活服务。

（1）文化体育服务，包括文化服务和体育服务。

文化服务，指为满足社会公众文化生活需求提供的各种服务。包括文艺创作、文艺表演、文化比赛，图书馆的图书和资料借阅，档案馆的档案管理，文物及非物质遗产保护，组织举办宗教活动、科技活动、文化活动，提供游览场所。

体育服务，指组织举办体育比赛、体育表演、体育活动，以及提供体育训练、体育指导、体育管理的业务活动。

（2）教育医疗服务，包括教育服务和医疗服务。

教育服务，指提供学历教育服务、非学历教育服务、教育辅助服务的业务活动。学历教育服务是指根据教育行政管理部门确定或者认可的招生和教学计划组织教学，并颁发相应学历证书的业务活动。包括初等教育、初级中等教育、高级中等教育、高等教育等。非学历教育服务，包括学前教育、各类培训、演讲、讲座、报告会等。教育辅助服务，包括教育测评、考试、招生等服务。

医疗服务，指提供医学检查、诊断、治疗、康复、预防、保健、接生、计划生育、防疫服务等方面的服务，以及与这些服务有关的提供药品、医用材料器具、救护车、病房住宿和伙食的业务活动。

（3）旅游娱乐服务，包括旅游服务和娱乐服务。

旅游服务，指根据旅游者的要求，组织安排交通、游览、住宿、餐饮、购物、文娱、商务等服务的业务活动。

娱乐服务，指为娱乐活动同时提供场所和服务的业务。具体包括歌厅、舞厅、夜总会、酒吧、台球、高尔夫球、保龄球、游艺（包括射击、狩猎、跑马、游戏机、蹦极、卡丁车、热气球、动力伞、射箭、飞镖）。

重要提示

财政部、国家税务总局《关于营业税改征增值税试点有关文化事业建设费政策及征收管理问题的补充通知》（财税[2016]60号）规定，在中华人民共和国境内提供娱乐服务的单位和个人，应缴纳文化事业建设费。

（4）餐饮住宿服务，包括餐饮服务和住宿服务。

餐饮服务，指通过同时提供饮食和饮食场所的方式为消费者提供饮食消费服务的业务活动。

重要提示

提供餐饮服务的纳税人销售的外卖食品，按照“餐饮服务”缴纳增值税。

住宿服务，指提供住宿场所及配套服务等的业务活动。包括宾馆、旅馆、旅社、度假村和其他经营性住宿场所提供的住宿服务。

（5）居民日常服务，指主要为满足居民个人及其家庭日常生活需求提供的服务，包括市容市政管理、家政、婚庆、养老、殡葬、照料和护理、救助救济、美容美发、按摩、桑拿、氧吧、足疗、沐浴、洗染、摄影扩印等服务。

重要提示

宾馆、旅馆、旅社、度假村和其他经营性住宿场所提供会议场地及配套服务的活动，按照“会议展览服务”缴纳增值税。

（6）其他生活服务，指除文化体育服务、教育医疗服务、旅游娱乐服务、餐饮住宿服务和居民日常服务之外的生活服务。

（二）销售无形资产

销售无形资产，指转让无形资产所有权或者使用权的业务活动。无形资产是指不具实物形态，但能带来经济利益的资产，包括技术、商标、著作权、商誉、自然资源使用权和其他权益性无形资产。

（三）销售不动产

销售不动产，指转让不动产所有权的业务活动。不动产是指不能移动或者移动后会引起性质、形状改变的财产，包括建筑物、构筑物等。

重要提示

转让建筑物有限产权或者永久使用权的，转让在建的建筑物或者构筑物所有权的，以及在转让建筑物或者构筑物时一并转让其所占土地的使用权的，按照销售不动产缴纳增值税。

提醒你：

销售服务、无形资产或者不动产，是指有偿提供服务、有偿转让无形资产或者不动产，但属于下列非经营活动的情形除外	（1）单位或者个体工商户聘用的员工为本单位或者雇主提供取得工资的服务
	（2）单位或者个体工商户为聘用的员工提供服务
	（3）同时符合以下条件代为收取的政府性基金或者行政事业性收费： ① 由国务院或者财政部批准设立的政府性基金，由国务院或者省级人民政府及其财政、价格主管部门批准设立的行政事业性收费； ② 收取时开具省级以上财政部门印制的财政票据； ③ 所收款项全额上缴财政

重要提示

在境内销售服务、无形资产或者不动产，是指服务（租赁不动产除外）或者无形资产（自然资源使用权除外）的销售方或者购买方在境内；所销售或者租赁的不动产在境内；所销售自然资源使用权的自然资源在境内；财政部和国家税务总局规定的其他情形。

（四）下列情形不属于在境内销售服务或者无形资产

（1）境外单位或者个人向境内单位或者个人销售完全在境外发生的服务。

（2）境外单位或者个人向境内单位或者个人销售完全在境外使用的无形资产。

（3）境外单位或者个人向境内单位或者个人出租完全在境外使用的有形动产。

（4）财政部和国家税务总局规定的其他情形。

（五）下列情形视同销售服务、无形资产或者不动产

（1）单位或者个体工商户向其他单位或者个人无偿提供服务，但用于公益事业或者以社会公众为对象的除外。

（2）单位或者个人向其他单位或者个人无偿转让无形资产或者不动产，但用于公益事业或者以社会公众为对象的除外。

（3）财政部和国家税务总局规定的其他情形。

三、税率和征收率

“营改增”后提供应税服务的增值税税率具体如表 3-1 所示。

表 3-1　“营改增”应税服务税目、税率表

项　目	具体服务	税　率
电信业	基础电信服务	11%
	增值电信服务	6%
有形动产租赁服务	有形动产租赁服务	17%
交通运输业、建筑业、邮政业、不动产租赁、销售不动产、转让土地使用权		11%
金融服务、现代服务业、生活服务业、销售无形资产	研发和技术服务、信息技术服务、文化创意服务、物流辅助服务、鉴证咨询服务、广播影视服务等	6%
征收率	小规模纳税人提供应税服务和一般纳税人提供简易计税服务	3%
	转让、出租不动产（个人和个体工商户 1.5%）及房地产开发企业预缴税简易征收	5%
财政部和国家税务总局规定的应税服务		0%
境内单位和个人提供的规定的涉外应税服务		免税

四、营业税改征增值税的意义

实施营业税改征增值税改革，是国家结构性减税的重大举措，对社会经济发展有积极作用。选择在交通运输企业和部分现代服务业进行改革试点，有利于促进经济结构调整和产业优化升级。营业税改征增值税最大的变化就是避免了营业税重复征税、不能抵扣、不能退税的弊端，实现了增值税“道道征税，层层抵扣”的目的，能有效降低企业税负，扶持小微企业发展，带动扩大就业。更重要的是，营业税改征增值税改变了市场经济交往中的价格体系，把营业税的“价内税”变成了增值税“价外税”，形成了增值税进项税额和销项税额的抵扣关系，从深层次上影响产业结构的调整及企业的内部架构，促进科技创新，增强经济发展的内生动力。

课后练习

简述营业税改征增值税的征税范围。

任务二　营业税改征增值税应纳税额的计算

案例导入

甲建筑公司为增值税一般纳税人，2016 年 5 月 1 日以清包工方式承接 A 工程项目，5 月 30 日发包方按工程进度支付工程价款 222 万元，该项目当月发生工程成本为 100 万元，其中购买材料、动力、机械等取得增值税专用发票上注明的金额为 50 万元。对 A 工程项目甲建筑公司选用简易计税方法计算应纳税额，5 月需缴纳多少增值税?

【案例解析】 企业以清包工方式提供建筑服务可以选用简易计税方法，其进项税额不能抵扣。应纳税额=销售额×征收率。

该公司 5 月应纳增值税为 222÷(1+3%)×3%=6.47（万元）。

一、一般性规定

增值税的计税方法包括一般计税方法和简易计税方法。

（一）一般纳税人发生应税行为的计税方法

一般纳税人发生的应税行为适用一般计税方法计税。但一般纳税人发生下列特定应税行为（含非“营改增”）可以按简易计税方法计税。

1. 销售固定资产及旧货适用3%征收率，现减按2%计税的行为（开普通发票）

（1）增值税一般纳税人销售旧货。

（2）“营改增”试点一般纳税人，销售本地区试点实施之日以前购进或者自制的，自己使用过的固定资产。

（3）纳税人购进或者自制固定资产时为小规模纳税人，认定为一般纳税人后销售自己使用过的该固定资产。

（4）增值税一般纳税人发生按简易办法征收增值税应税行为，销售其按照规定不得抵扣且未抵扣进项税额的固定资产。

重要提示

如果销售的固定资产属于税法规定允许抵扣进项税额，却因纳税人没有取得进项发票或者其他原因而未抵扣的，属于自动放弃抵扣权，销售该固定资产时不得采用简易计税办法，而应按照适用税率计税。

2. 可选择按征收率3%计税的行为

（1）药品经营企业（取得食品、药品监督管理部门颁发的《药品经营许可证》获准从事生物制品经营的药品批发和零售企业）销售生物制品。

（2）“营改增”一般纳税人提供的城市电影放映服务，可选择按照简易计税方法按征收率计算缴纳增值税。其中，电影放映企业在农村的电影放映收入，自2014年1月1日至2018年12月31日免征增值税。

（3）“营改增”一般纳税人以本地区试点实施之日前购进或者自制的有形动产为标的物，提供的经营租赁服务。

（4）“营改增”一般纳税人提供的公共交通运输服务，不含铁路旅客运输服务。

（5）“营改增”一般纳税人提供的电影放映服务、仓储服务、装卸搬运服务和收派服务和文化体育服务。

重要提示

一般纳税人发生财政部和国家税务总局规定的特定应税行为，可以选择适用简易计税方法计税，但一经选择，36个月内不得变更。

（二）小规模纳税人发生应税行为的计税方法

小规模纳税人发生应税行为适用简易计税方法计税。

（三）境外单位或者个人在境内发生应税行为的计税方法

境外单位或者个人在境内发生应税行为，在境内未设有经营机构的，扣缴义务人按照下列公式计算应扣缴税额：

应扣缴税额=购买方支付的价款÷(1+税率)×税率

二、销售额的确定

（一）销售额的确认

销售额，指纳税人发生应税行为取得的全部价款和价外费用，财政部和国家税务总局另有规定的除外。纳税人按照人民币以外的货币结算销售额的，应当折合成人民币计算，折合率可以选择销售额发生的当天或者当月1日的人民币汇率中间价。纳税人应当在事先确定采用何种折合率，确定后12个月内不得变更。

提醒你：

<table>
<tr><td rowspan="4">下列项目不包括在内</td><td>同时符合以下条件代为收取的政府性基金或者行政事业性收费</td></tr>
<tr><td>（1）由国务院或者财政部批准设立的政府性基金，由国务院或者省级人民政府及其财政、价格主管部门批准设立的行政事业性收费</td></tr>
<tr><td>（2）收取时开具省级以上财政部门印制的财政票据</td></tr>
<tr><td>（3）所收款项全额上缴财政</td></tr>
</table>

（二）差额征税

纳税人计税销售额原则上为发生应税交易取得的全部收入，对一些存在大量代收转付或代垫资金的行业，其代收代垫金额可予以合理扣除。这种差额征税的方法是营业税常用的一种税基计算方法，此次“营改增”对相关税目计税销售额的确认继续沿用了此方法。

重要提示

增值税差额征税，指提供营业税改征增值税应税服务的纳税人，按照国家有关营业税差额征税的政策规定，以取得的全部价款和价外费用扣除支付给规定范围纳税人的规定项目价款后的不含税余额为销售额（即计税销售额）的征税方法。

（三）销售额的特殊规定

（1）纳税人兼营销售货物、劳务、服务、无形资产或者不动产，适用不同税率或者征收率的，应当分别核算适用不同税率或者征收率的销售额；未分别核算的，从高适用税率。

（2）一项销售行为如果既涉及服务又涉及货物，则为混合销售。从事货物的生产、批发或者零售的单位和个体工商户的混合销售行为，按照销售货物缴纳增值税；其他单位和个体工商户的混合销售行为，按照销售服务缴纳增值税。

即学即思

如某企业为一般纳税人，某月销售电梯取得不含增值税的价款 2 000 万元，提供安装劳务取得不含税价款 100 万元，则该企业应纳增值税销项税额是多少？如果某饭店为一般纳税人，某月提供餐饮服务取得不含税销售额 200 万元，销售酒水取得不含税价 70 万元，则该饭店应纳增值税销项税额又是多少？

答案：企业应纳增值税销项税额=2 100×17%=357（万元）

饭店应纳增值税销项税额=270×6%=16.2（万元）

重要提示

从事货物的生产、批发或者零售的单位和个体工商户，包括以从事货物的生产、批发或者零售为主，并兼营销售服务的单位和个体工商户在内。

（3）纳税人兼营免税、减税项目的，应当分别核算免税、减税项目的销售额；未分别核算的，不得免税、减税。

（4）纳税人发生应税行为，开具增值税专用发票后，发生开票有误或者销售折让、中止、退回等情形的，应当按照国家税务总局的规定开具红字增值税专用发票；未按照规定开具红字增值税专用发票的，不得扣减销项税额或者销售额。

（5）纳税人发生应税行为，将价款和折扣额在同一张发票上分别注明的，以折扣后的价款为销售额；未在同一张发票上分别注明的，以价款为销售额，不得扣减折扣额。

（6）纳税人发生应税行为价格明显偏低或者偏高且不具有合理商业目的的，或者发生视同销售行为而无销售额的，主管税务机关有权按照下列顺序确定销售额：

① 按照纳税人最近时期销售同类服务、无形资产或者不动产的平均价格确定。

② 按照其他纳税人最近时期销售同类服务、无形资产或者不动产的平均价格确定。

③ 按照组成计税价格确定。

组成计税价格的公式为：组成计税价格=成本×(1+成本利润率)

成本利润率由国家税务总局确定。

重要提示

不具有合理商业目的，指以谋取税收利益为主要目的，通过人为安排，减少、免除、推迟缴纳增值税款，或者增加退还增值税税款。

三、一般计税方法

一般计税方法的应纳税额，指当期销项税额抵扣当期进项税额后的余额。应纳税额计算公式：

应纳税额=当期销项税额–当期进项税额

当期销项税额小于当期进项税额不足抵扣时，其不足部分可以结转下期继续抵扣。

（一）销项税额

销项税额指纳税人发生应税行为按照销售额和增值税税率计算并收取的增值税税额。销项税额计算公式：

销项税额=销售额×税率

重要提示

一般计税方法的销售额不包括销项税额，纳税人采用销售额和销项税额合并定价方法的，按照下列公式计算销售额：

销售额=含税销售额÷(1+税率)

（二）进项税额

进项税额指纳税人购进货物、加工修理修配劳务、服务、无形资产或者不动产，支付或者负担的增值税税额。

（1）下列进项税额准予从销项税额中抵扣：

① 从销售方取得的增值税专用发票（含税控机动车销售统一发票，下同）上注明的增值税税额。

② 从海关取得的海关进口增值税专用缴款书上注明的增值税税额。

③ 购进农产品，除取得增值税专用发票或者海关进口增值税专用缴款书外，按照农产品收购发票或销售发票上注明的农产品买价和13%的扣除率计算的进项税额。计算公式为：

进项税额=买价×扣除率

买价是指纳税人购进农产品在农产品收购发票或者销售发票上注明的价款和按照规定缴纳的烟叶税。

④ 从境外单位或者个人购进服务、无形资产或者不动产，自税务机关或者扣缴义务人取得的解缴税款的完税凭证上注明的增值税税额。

（2）纳税人取得的增值税扣税凭证不符合法律、行政法规或者国家税务总局有关规定的，其进项税额不得从销项税额中抵扣。

增值税扣税凭证是指增值税专用发票、海关进口增值税专用缴款书、农产品收购发票、农产品销售发票和完税凭证。

重要提示

纳税人凭完税凭证抵扣进项税额的，应当具备书面合同、付款证明和境外单位的对账单或者发票。资料不全的，其进项税额不得从销项税额中抵扣。

（3）下列项目的进项税额不得从销项税额中抵扣：

① 适用简易计税方法的计税项目、免征增值税项目、集体福利或者个人消费的购进货物、加工修理修配劳务、服务、无形资产和不动产。其中，涉及的固定资产、无形资产、不动产仅指专用于上述项目的固定资产、无形资产（不包括其他权益性无形资产）、不动产。

重要提示

纳税人的交际应酬消费属于个人消费。

② 非正常损失的购进货物，以及相关的加工修理修配劳务和交通运输服务。

③ 非正常损失的在产品、产成品所耗用的购进货物（不包括固定资产）、加工修理修配劳务和交通运输服务。

④ 非正常损失的不动产，以及该不动产所耗用的购进货物、设计服务和建筑服务。

⑤ 非正常损失的不动产在建工程所耗用的购进货物、设计服务和建筑服务。

重要提示

纳税人新建、改建、扩建、修缮、装饰不动产，均属于不动产在建工程。

⑥ 购进的旅客运输服务、贷款服务、餐饮服务、居民日常服务和娱乐服务。

⑦ 财政部和国家税务总局规定的其他情形。

重要提示

非正常损失，指因管理不善造成货物被盗、丢失、霉烂变质，以及因违反法律、法规造成货物或者不动产被依法没收、销毁、拆除的情形。非正常损失不含自然灾害损失。

（4）适用一般计税方法的纳税人，兼营简易计税方法计税项目、免征增值税项目而无法划分不得抵扣的进项税额，按照下列公式计算不得抵扣的进项税额：

不得抵扣的进项税额=当期无法划分的全部进项税额×(当期简易计税方法计税项目销售额+免征增值税项目销售额)÷当期全部销售额

（5）已抵扣进项税额的购进货物（不含固定资产）、劳务、服务，发生第（3）项规定情形（简易计税方法计税项目、免征增值税项目除外）的，应当将该进项税额从当期进项税额中扣减；无法确定该进项税额的，按照当期实际成本计算应扣减的进项税额。

（6）已抵扣进项税额的固定资产、无形资产或者不动产，发生第（3）项规定情形的，按照下列公式计算不得抵扣的进项税额：

不得抵扣的进项税额=固定资产、无形资产或者不动产净值×适用税率

重要提示

固定资产、无形资产或者不动产净值，指纳税人根据财务会计制度计提折旧或摊销后的余额。

（7）纳税人适用一般计税方法计税的，因销售折让、中止或者退回而退还给购买方的增值税税额，应当从当期的销项税额中扣减；因销售折让、中止或者退回而收回的增值税税额，应当从当期的进项税额中扣减。

（8）适用一般计税方法的纳税人，2016 年 5 月 1 日后取得并在会计制度上按固定资产核算的不动产或者 2016 年 5 月 1 日后取得的不动产在建工程，其进项税额应自取得之日起分两年从销项税额中抵扣，第一年抵扣比例为 60%，第二年抵扣比例为 40%。

取得不动产，包括以直接购买、接受捐赠、接受投资入股、自建及抵债等各种形式取得不动产，不包括房地产开发企业自行开发的房地产项目。

重要提示

融资租入的不动产及在施工现场修建的临时建筑物、构筑物，其进项税额不适用上述分两年抵扣的规定。

（9）有下列情形之一者，不得抵扣进项税额，也不得使用增值税专用发票：

① 一般纳税人会计核算不健全，或者不能够提供准确税务资料的；

② 应当办理一般纳税人资格登记而未办理的。

四、简易计税方法

简易计税方法的应纳税额，指按照销售额和增值税征收率计算的增值税税额，不得抵扣进项税额。应纳税额计算公式：

应纳税额=销售额×征收率

简易计税方法的销售额不包括其应纳税额，纳税人采用销售额和应纳税额合并定价方法的，按照下列公式计算销售额：

销售额=含税销售额÷(1+征收率)

或者　销售额=(取得的全部含税价款和价外费用−支付给其他单位或个人的含税价款)÷(1+征收率)

例题 3-1

上海市丙宾馆是增值税小规模纳税人，2016 年 10 月取得全部收入 26 万元（含税收入）。其中，客房服务收入 9 万元，餐厅收入 6 万元，未分别核算的小卖部取得收入 3 万元，分别核算的 KTV 取得收入 8 万元。购进烟酒茶等支付款项 9 万元，取得普通发票。请分析丙宾馆应如何计算增值税？

答案：上海市丙宾馆是增值税小规模纳税人，不能进行进项税抵扣，全部收入使用征收率 3%计税。丙宾馆应纳增值税税额为：26÷(1+3%)×3%=0.76（万元）。

重要提示

纳税人适用简易计税方法计税的，因销售折让、中止或者退回而退还给购买方的销售额，应当从当期销售额中扣减。扣减当期销售额后仍有余额造成多缴的税款，可以从以后的应纳税额中扣减。

五、不征收增值税项目

（1）根据国家指令无偿提供的铁路运输服务、航空运输服务，以及用于公益事业的服务。

（2）存款利息。

（3）被保险人获得的保险赔付。

（4）房地产主管部门或者其指定机构、公积金管理中心、开发企业及物业管理单位代收的住宅专项维修资金。

（5）在资产重组过程中，通过合并、分立、出售、置换等方式，将全部或者部分实物资产，以及与其相关联的债权、负债和劳动力一并转让给其他单位和个人，其中涉及的不动产、土地使用权转让行为。

六、应税服务的具体规定

（一）销售服务

1. 建筑服务

根据税法规定，纳税人从事建筑、修缮、装饰工程作业，无论与对方如何结算，其销售额均应包括工程所用原材料及其物资和动力的价款在内。一般纳税人以清包工方式提供的建筑服务，以及为甲供工程提供的建筑服务，可以选择适用简易计税方法计税。

重要提示

甲供工程是指全部或部分设备、材料、动力由工程发包方自行采购的建筑工程。

（1）纳税人提供建筑服务适用简易计税方法的，以取得的全部价款和价外费用扣除支付的分包款后的余额为销售额。

重要提示

自建房屋用于自住的，不在纳税范围内。

（2）房地产开发企业中的一般纳税人销售其开发的房地产项目（选择简易计税方法的房地产老项目除外），以取得的全部价款和价外费用，扣除受让土地时向政府部门支付的土地价款后的余额为销售额。计算公式如下：

销售额=(全部价款和价外费用−当期允许扣除的土地价款)÷(1+11%)

提醒你：

房地产老项目是指	（一）《建筑工程施工许可证》注明的合同开工日期在2016年4月30日前的房地产项目
	（二）《建筑工程施工许可证》未注明合同开工日期或者未取得《建筑工程施工许可证》但建筑工程承包合同中注明的开工日期在2016年4月30日前的建筑工程项目
	（三）一般纳税人销售自行开发的房地产老项目适用简易计税方法计税的，以取得的全部价款和价外费用为销售额，不得扣除对应的土地价款

房地产开发企业的一般纳税人采取预收款方式销售自行开发的房地产项目，应在收到预收款时按照 3%的预征率预缴增值税。

应预缴税款=预收款÷(1+适用税率或征收率)×3%

适用一般计税方法计税的，按照 11%的适用税率计算；适用简易计税方法计税的，按照 5%的征收率计算。

重要提示

一般纳税人销售自行开发的房地产老项目，可以选择适用简易计税方法按照 5%的征收率计税。一经选择简易计税方法计税的，36 个月内不得变更为一般计税方法计税。

（3）纳税人跨县（市、区）提供建筑服务，按照以下公式计算应预缴税款。

适用一般计税方法计税的：

应预缴税款=(全部价款和价外费用−支付的分包款)÷(1+11%)×2%

适用简易计税方法计税的：

应预缴税款=(全部价款和价外费用−支付的分包款)÷(1+3%)×3%

纳税人取得的全部价款和价外费用扣除支付的分包款后的余额为负数的，可结转下次预缴税款时继续扣除。纳税人应按照工程项目分别计算应预缴税款，然后分别预缴。纳税人按照规定从取得的全部价款和价外费用中扣除支付的分包款，应当取得符合法律、行政法规和国家税务总局规定的合法有效凭证，否则不得扣除。有关纳税人提供建筑服务增值税征收管理见表 3-2。

表 3-2 纳税人提供建筑服务增值税征收管理明细表

纳税人	施工类型			预缴《增值税预缴税款表》	申报
				扣除支付的分包款后的余额，按照 2%的预征率计算应预缴税款，余额÷(1+11%)×2%	全额申报，11%税率，扣减预缴
			简易计税	扣除支付的分包款后的余额，按照 3%的征收率计算应预缴税款，余额÷(1+3%)×3%	差额申报，3%征收率，扣减预缴
	分包方（不再分包）		一般计税	取得的全部价款与价外费用按照 2%的预征率计算应预缴税款，含税价÷(1+11%)×2%	全额申报，11%税率，扣减预缴
			简易计税	取得的全部价款与价外费用按照 3%的预征率计算应预缴税款，含税价÷(1+3%)×3%	全额申报，3%征收率，扣减预缴
小规模纳税人	单位和个体工商户	总包方	简易计税	扣除支付的分包款后的余额，按照 3%的征收率计算应预缴税款，余额÷(1+3%)×3%	差额申报，3%征收率，扣减预缴
		分包方	简易计税	取得的全部价款与价外费用按照 3%的预征率计算应预缴税款，含税价÷(1+3%)×3%	全额申报，3%征收率，扣减预缴
	其他个人			不适用本办法	在建筑服务发生地申报纳税，3%征收率

例题 3-2

北京市乙建筑公司是增值税一般纳税人，2016 年 9 月取得全部收入 220 万元（含税收入），其中，建筑服务收入 150 万元，销售建筑材料取得收入 70 万元，收入分别核算；购进材料等取得增值税专用发票注明进项税额为 13 万元。请分析乙建筑公司应如何计算增值税？

答案：建筑业税率为 11%，销售建筑材料税率为 17%。

销售额=150÷(1+11%)+70÷(1+17%)=194.97（万元）

销项税额=150÷(1+11%)×11% +70÷(1+17%)×17%=25.04（万元）

应纳增值税=25.04–13=12.04（万元）

例题 3-3

甲建筑公司为增值税一般纳税人，机构所在地为无锡市。2016 年 5 月 1 日到安徽承接 A 工程项目，并将 A 工程项目中的部分施工项目分包给了乙公司，5 月 30 日发包方按进度支付工程价款 222 万元。当月为该项目甲建筑公司购进材料取得增值税专用发票上注明的税额 8 万元；5 月甲建筑公司支付给乙公司工程分包款 50 万元，乙公司开具给甲建筑公司增值税专用发票，税额 4.95 万元。对 A 工程项目，甲建筑公司选择适用一般计税方法计算应纳税额，该公司 5 月需缴纳多少增值税？

答案：一般纳税人跨县（市）提供建筑服务，适用一般计税方法计税的，应以取得的全部价款和价外费用为销售额计算应纳税额。纳税人应以取得的全部价款和价外费用扣除支付的分包款后的余额，按照 2%的预征率在建筑服务发生地预缴税款后，向机构所在地主管税务机关进行纳税申报。

该公司 5 月销项税额为 222÷(1+11%)×11%=22（万元）。

该公司 5 月进项税额为 8+4.95=12.95（万元）。

该公司 5 月应纳增值税税额为 22–12.95=9.05（万元）。

在安徽省预缴增值税为(222–50)÷(1+11%)×2%=3.1（万元）。

在无锡市全额申报，扣除预缴增值税后应缴纳 9.05–3.1=5.95（万元）。

即学即思

甲建筑公司为增值税一般纳税人，2016 年 5 月 1 日承接 A 工程项目，5 月 30 日发包方按进度支付工程价款 222 万元，A 工程项目当月发生工程成本为 100 万元，取得增值税专用发票上注明的金额为 50 万元，税率为 17%。同月 3 日其承接 B 工程项目，5 月 31 日发包方支付工程价款 111 万元，B 工程项目的工程成本为 80 万元，取得增值税专用发票上注明的金额为 60 万元，税率为 17%。对两个工程项目，甲建筑公司均选择适用一般计税方法计算应纳税额，该公司 5 月需缴纳多少增值税？

答案：如果建筑企业承接的工程没有选择简易计税方法计算应纳税额的，则在纳税申报时无须分项目计算增值税应纳税额，应分别汇总每月各项目可确认的销项税额和进项税额，以汇总销项税额减去汇总进项税额后的余额为应纳税额。

该公司 5 月销项税额为(222+111)÷(1+11%)×11%=33（万元）。

该公司 5 月进项税额为(50+60)×17%=18.7（万元）。

该公司 5 月应纳增值税为 33−18.7=14.3（万元）。

例题 3-4

甲建筑公司为增值税一般纳税人，2016 年 5 月 1 日以清包工方式承接 A 工程项目（或为甲供工程提供建筑服务），5 月 30 日发包方按工程进度支付工程价款 222 万元，该项目当月发生工程成本为 100 万元，其中购买材料、动力、机械等取得增值税专用发票上注明的金额为 50 万元。对 A 工程项目，甲建筑公司选用简易计税方法计算应纳税额，问 5 月该公司需缴纳多少增值税？

答案：企业以清包工方式提供建筑服务或为甲供工程提供建筑服务可以选用简易计税方法，其进项税额不能抵扣。应纳税额=销售额×征收率。

该公司 5 月应纳增值税税额为 222÷(1+3%)×3%=6.47（万元）。

例题 3-5

某建筑企业是在无锡设立的建筑集团有限公司，是增值税一般纳税人。2016 年 5 月发生如下业务：购进办公楼一幢，取得增值税专用发票注明价款 1 000 万元，增值税税额 110 万元；购进钢材等商品取得增值税专用发票注明价款 8 700 万元，增值税税额 1 479 万元；从农民手中收购农产品，农产品收购发票注明价款 3 万元；从个体户张某处购得沙石料 51.5 万元，取得税务机关代开的增值税专用发票；支付银行贷款利息 100 万元；支付私募债券利息 200 万元；支付来客用餐费用 10 万元。在无锡销售 2013 年 3 月开工的建筑服务，开具增值税专用发票，注明价款 1 000 万元；在无锡销售 2016 年 5 月开工的建筑服务，开具增值税专用发票，注明价款 17 000 万元、增值税税额 1 870 万元；为无锡某敬老院无偿建造一幢老年公寓，价值 400 万元；该公司武汉工程项目部在武汉销售建筑服务，开具增值税专用发票，注明价款 1 500 万元、增值税税额 165 万元；在泰国提供建筑服务，取得收入折合人民币

200 万元。计算 2016 年 5 月该企业应纳增值税。

答案：（1）进项税额的计算。

① 购进办公楼进项税额 66 万元（即 110×60%）。

政策依据：36 号文附件 2《营业税改征增值税试点有关事项的规定》规定，适用一般计税方法的试点纳税人，2016 年 5 月 1 日后取得并在会计制度上按固定资产核算的不动产或者 2016 年 5 月 1 日后取得的不动产在建工程，其进项税额应自取得之日起分两年从销项税额中抵扣，第一年抵扣比例为 60%，第二年抵扣比例为 40%。

② 购进钢材等商品进项税额 1 479 万元。

③ 收购农产品进项税额 0.39 万元（即 3×13%）。

④ 购沙石料进项税额 1.5 万元[即 51.5÷(1+3%)×3%]。

⑤ 支付银行贷款利息和私募债券利息属于贷款服务，不得从销项税额中抵扣进项税额。

⑥ 支付来客用餐费用属于餐饮服务，不得从销项税额中抵扣进项税额。

以上 6 项进项税额合计 1 546.89 万元。

（2）销项税额的计算。

① 在无锡销售 2013 年 3 月开工的建筑服务的销项税额 30 万元（即 1 000×3%）。

② 在无锡销售 2016 年 5 月开工的建筑服务的销项税额 1 870 万元。

③ 为无锡某敬老院无偿建造一幢老年公寓，用于公益事业，不视同销售，不缴纳增值税。

④ 武汉工程项目部销售建筑服务，按照 2%的预征率在建筑服务发生地武汉预缴增值税 30 万元（即 1 500×2%），则在无锡机构所在地需要缴纳增值税 135 万元（即 165−30）。

⑤ 在泰国提供建筑服务，取得收入折合人民币 200 万元，属于工程项目在境外的建筑服务，因此免征增值税。

（3）应纳税额的计算。

应纳税额=销项税额−进项税额=(30+1 870+135)−1 546.89=488.11（万元）

2．金融服务

（1）贷款服务，以提供贷款服务取得的全部利息及利息性质的收入为销售额。

重要提示

纳税人接受贷款服务向贷款方支付的与该笔贷款直接相关的投融资顾问费、手续费、咨询费等费用，其进项税额不得从销项税额中抵扣。

（2）直接收费金融服务，以提供直接收费金融服务收取的手续费、佣金、酬金、管理费、服务费、经手费、开户费、过户费、结算费、转托管费等各类费用为销售额。

（3）金融商品转让，按照卖出价扣除买入价后的余额为销售额。

转让金融商品出现的正负差，按盈亏相抵后的余额为销售额。若相抵后出现负差，可结转下一纳税期与下期转让金融商品销售额相抵，但年末时仍出现负差的，不得转入下一个会计年度。

重要提示

金融商品的买入价，可以选择按照加权平均法或者移动加权平均法进行核算，选择后 36 个月内不得变更。金融商品转让，不得开具增值税专用发票。

例题 3-6

无锡某金融机构为一般纳税人，2016 年 6 月购入甲公司股票 1 000 股，每股成本 20 元。期初结存甲公司股票 500 股，账面结存成本 17 500 元，7 月份卖出甲公司股票 800 股，每股卖出价 35 元。计算上述业务应缴纳的增值税税额。

答案：买入平均成本=(1 000×20+17 500)÷(1 000+500)=25（元）

应纳增值税=800×(35−25)÷(1+6%)×6%=452.83（元）

（4）经纪代理服务，以取得的全部价款和价外费用，扣除向委托方收取并代为支付的政府性基金或者行政事业性收费后的余额为销售额。

重要提示

向委托方收取的政府性基金或者行政事业性收费，不得开具增值税专用发票。

（5）融资租赁和融资性售后回租业务

① 经人民银行、银监会或者商务部批准从事融资租赁业务的纳税人，提供融资租赁服务，以取得的全部价款和价外费用，扣除支付的借款利息（包括外汇借款和人民币借款利息）、发行债券利息和车辆购置税后的余额为销售额。

② 经人民银行、银监会或者商务部批准从事融资租赁业务的纳税人，提供融资性售后回租服务，以取得的全部价款和价外费用（不含本金），扣除对外支付的借款利息（包括外汇借款和人民币借款利息）、发行债券利息后的余额作为销售额。

重要提示

试点纳税人提供有形动产融资性售后回租服务，向承租方收取的有形动产价款本金，不得开具增值税专用发票，可以开具普通发票。

例题 3-7

无锡市某商业银行2016年第三季度发生以下经济业务：（1）取得贷款业务利息收入636万元，支付单位、个人存款利息100万元；（2）取得转让公司债券收入1 100万元，债券的买入价为888万元；（3）取得金融服务手续费收入1.06万元；（4）吸收居民存款500万元。该银行可以抵扣的进项税额是10万元。计算该银行第三季度应缴纳的增值税税额。金融业适用的增值税税率为6%。

答案：（1）贷款业务应纳增值税税额=636÷(1+6%)×6%=36（万元）

（2）债券转让应纳增值税税额=(1 100−888)÷(1+6%)×6%=12（万元）

（3）手续费应纳增值税税额=1.06÷(1+6%)×6%=0.06（万元）

该银行第三季度应缴纳增值税税额=36+12+0.06−10=38.06（万元）

3. 交通运输服务

交通运输服务主要包括陆路运输服务、水路运输服务、航空运输服务、管道运输服务。

重要提示

航空运输企业的销售额，不包括代收的机场建设费和代售其他航空运输企业客票而代收转付的价款。

交通运输业的纳税人分为两类，一类是一般纳税人，另一类是小规模纳税人。一般纳税人适用11%的税率，按照一般计税方法计税，一般纳税人购进商品的进项税额可以抵扣，销售商品时可以使用增值税专用发票。小规模纳税人按照3%征税，适用简易计税方法计税。

小规模纳税人，适用3%的征收率，计算公式：

应纳税额=不含税销售额×3%=含税销售额÷(1+3%)×3%

一般纳税人，适用11%的税率，计算公式：

应纳税额=销售税额−进项税额=不含税销售额×11%−进项税额

=含税销售额÷(1+11%)×11%−进项税额

重要提示

一般纳税人提供客运场站服务，以其取得的全部价款和价外费用，扣除支付给承运方运费后的余额为销售额。

例题 3-8

大通运输公司接受A公司委托，将一批货物从甲地运输至乙地，运费为500万元；大通公司将部分货物委托捷达运输公司运送，约定的运费为200万元，相互间通过银行存款结算。试分别计算大通公司和捷达公司应缴纳的增值税税额。

答案：（1）第一种情况，大通公司与捷达公司都是一般纳税人。

捷达公司销项税额=2 000 000÷(1+11%)×11%=198 198.20（元）。假定其本月没有其他增值税的进项与销项，则本月应交增值税198 198.20元。

大通公司本月应交增值税销项税额=5 000 000÷(1+11%)×11%=495 495.50（元）

本月应交增值税=495 495.50−198 198.20=297 297.30（元）

（2）第二种情况，大通公司是"营改增"一般纳税人，捷达公司是小规模纳税人，大通公司可以委托税务机关代开增值税专用发票。

捷达公司本月应交的增值税=2 000 000÷(1+3%)×3%=58 252.43（元）

大通公司本月可抵扣的增值税进项税额为=2 000 000÷(1+3%)×3%=58 252.43（元）

大通公司本月应交增值税=495 495.50−58 252.43=255 495.5（元）

4. 邮政电信服务

邮政服务和电信业提供基础电信服务，适用11%的增值税税率；电信业提供增值电信服务，适用6%的增值税税率。

如果在提供电信业服务时，附带赠送用户识别卡、电信终端等货物或者电信业服务的，应将其取得的全部价款和价外费用进行分别核算，按各自适用的税率计算缴纳增值税。

重要提示

电信业提供下列特殊服务，可按以下规定申报缴纳增值税：

（1）中国移动通信集团公司、中国联合网络通信集团有限公司、中国电信集团公司及其成员单位通过手机短信公益特服号为公益性机构接受捐款服务，以其取得的全部价款和价外费用，扣除支付给公益性机构捐款后的余额为销售额。

（2）境内单位和个人向中华人民共和国境外单位提供电信业服务，免征增值税。

（3）以积分兑换形式赠送的电信业服务，不征收增值税。

例题 3-9

电信集团某分公司是增值税一般纳税人。2016 年 9 月，利用固网、移动网、卫星、互联网、有线电视网络，提供短信服务，取得价税合计收入 318 万元；提供彩信服务，取得价税合计收入 212 万元；提供电子数据和信息的传输及应用服务，取得价税合计收入 424 万元；提供互联网接入服务，取得价税合计收入 636 万元；提供卫星电视信号落地转接服务，取得价税合计收入 742 万元。同时，该分公司在提供电信业服务时，还附带赠送用户识别卡、电信终端等货物或者电信业服务，给客户提供增值电信服务价税合计 106 万元。已知该分公司当月认证增值税专用发票的进项税额为 38 万元，且符合进项税额抵扣规定。那么，该分公司 2016 年 9 月应如何申报缴纳增值税？

答案：　该分公司 2016 年 9 月应申报缴纳的增值税

$=(318+212+424+636+742+106)\div1.06\times6\%-38=100$（万元）

例题 3-10

电信集团某分公司是增值税一般纳税人。2016 年 9 月，提供基础电信服务，取得价税合计收入 1 110 万元；提供增值电信服务，取得价税合计收入 530 万元。与此同时，该分公司当月还发生下列经济业务。

（1）通过国家规定的手机短信公益特服号及公益性机构，接受捐款服务，取得价税合计收入 636 万元，其中支付给公益性机构的捐款为 530 万元；

（2）向境外单位提供电信业服务，取得价税合计收入 300 万元；

（3）以积分兑换的形式赠送电信业服务，给客户免费提供电信服务价税合计 400 万元；

（4）通过卫星提供彩信服务、电子数据和信息的传输服务，取得价税合计收入 848 万元。

已知该分公司当月认证的全部增值税专用发票进项税额为 150 万元，但按简易计税方法计税项目、非增值税应税劳务、免征增值税项目的进项税额无法准确划分。假定该分公司通过卫星提供的语音通话服务、电子数据和信息的传输服务，选择按简易计税方法计算缴纳增值税。问该分公司 2016 年 9 月应如何申报缴纳增值税？

答案：该分公司 2016 年 9 月应申报缴纳的增值税计算过程如下。

不得抵扣的进项税额=当期无法划分的全部进项税额×(当期简易计税方法计税项目销售额+非增值税应税劳务销售额+免征增值税项目销售额)÷当期全部销售额

=150×(0+400+300)÷[(1 110÷1.11)+(530+636−530)÷1.06+300+400+(848÷1.06)]≈33.87（万元）

销项税额=1 110÷1.11×11%+(530+636−530+848)÷1.06×6%=194（万元）

该分公司2016年9月合计应纳的增值税=194−(150−33.87)=77.87（万元）

5. 现代服务

一般纳税人提供现代服务适用税率为6%；小规模纳税人提供现代服务，以及一般纳税人提供的可选择简易计税方法的现代服务，征收率为3%。

重要提示

财政部、国家税务总局《关于营业税改征增值税试点有关文化事业建设费政策及征收管理问题的通知》（财税[2016]25号）规定，在中华人民共和国境内提供广告服务的广告媒介单位和户外广告经营单位，应按照通知规定缴纳文化事业建设费。

在中华人民共和国境内提供广告服务的广告媒介单位和户外广告经营单位，应按照规定缴纳文化事业建设费。中华人民共和国境外的广告媒介单位和户外广告经营单位在境内提供广告服务，在境内未设有经营机构的，以广告服务接受方为文化事业建设费的扣缴义务人。

缴纳文化事业建设费的单位（以下简称缴纳义务人）应按照提供广告服务取得的计费销售额和3%的费率计算应缴费额，计算公式如下：

应缴费额=计费销售额×3%

其中，计费销售额为缴纳义务人提供广告服务取得的全部含税价款和价外费用，减除支付给其他广告公司或广告发布者的含税广告发布费后的余额。

缴纳义务人减除价款的，应当取得增值税专用发票或国家税务总局规定的其他合法有效凭证，否则不得减除。

按规定扣缴文化事业建设费的，扣缴义务人应按下列公式计算应扣缴费额：

应扣缴费额=支付的广告服务含税价款×费率

例题 3-11

A广告公司已认定为增值税一般纳税人。2016年9月，该公司取得广告制作费

900万元（含税），支付给山西某媒体（一般纳税人）的广告发布费为500万元，所取得的发票为合法有效凭证。该广告公司应如何计算增值税和文化事业建设费？

答案：A广告公司9月销项税额=900÷1.06×6%=50.94（万元）

A广告公司9月进项税额=500÷1.06×6%=28.3（万元）

A广告公司9月应交增值税=50.94–28.3=22.64（万元）

A广告公司9月应缴纳的文化事业建设费=(900–500)×3%=12（万元）

A广告公司9月应扣缴的文化事业建设费=500×3%=15（万元）

重要提示

文化事业建设费逾期未申报的将按照相关规定予以处罚。纳税人在申报所属期内，必须有有效的"营改增"增值税纳税申报，才能申报文化事业建设费。

6. 生活服务

一般纳税人提供生活服务适用税率为6%；小规模纳税人提供生活服务，以及一般纳税人提供的可选择简易计税方法的生活服务，征收率为3%。

纳税人的营业额为纳税人提供生活服务收取的全部价款和价外费用。财政部和国家税务总局另有规定的除外。

（1）经纪代理服务，以取得的全部价款和价外费用，扣除向委托方收取并代为支付的政府性基金或者行政事业性收费后的余额为销售额。

重要提示

向委托方收取的政府性基金或者行政事业性收费，不得开具增值税专用发票。

（2）试点纳税人提供旅游服务，可以选择以取得的全部价款和价外费用，扣除向旅游服务购买方收取并支付给其他单位或者个人的住宿费、餐饮费、交通费、签证费、门票费和支付给其他接团旅游企业的旅游费用后的余额为销售额。

重要提示

选择上述办法计算销售额的纳税人，向旅游服务购买方收取并支付的上述费用，不得开具增值税专用发票，可以开具普通发票。

例题3-12

2016年9月，无锡市春秋国际旅行社组织甲、乙两个假日旅游团。甲团是由36人组成的境内旅游团。旅行社向每人收取4 500元（人民币，下同），旅游期间，旅行社为每人支付交通费1 600元，住宿费400元，餐费300元，公园门票等费用600元；乙团是由30人组成的境外旅游团，旅行社向每人收取6 800元，在境外该团改由当地WT旅游公司接团，负责在境外安排旅游，旅行社按协议支付给境外WT旅游公司旅游费折合人民币 144 000 元。假设该旅行社本月可以抵扣的进项税额是1 000元。计算该旅行社9月份应缴纳的增值税税额。

答案： 该旅行社9月份应缴纳的增值税税额

$=[(4\,500-1\,600-400-300-600)\times36+(6\,800\times30-144\,000)]\div(1+6\%)\times6\%-1\,000=5\,656.6$（元）

上例中向旅客收取并支付的费用，不得开具增值税专用发票，可以开具普通发票。

例题3-13

A演艺公司为增值税一般纳税人，2016年5月举办文艺表演5场，取得门票收入106万元，A演艺公司5月购买背景布、音响道具、钢构舞台等取得增值税专用发票上注明的税额合计3万元。A演艺公司5月需缴纳多少增值税?

答案：一般纳税人提供文化体育服务可以选择适用简易计税方法计税。但一经选择，36个月内不得变更。

（1）按一般计税方法。

该公司5月销项税额为 $106\div(1+6\%)\times6\%=6$（万元）。

该公司5月进项税额为3万元。

该公司5月应纳增值税税额为 $6-3=3$（万元）。

（2）按简易计税方法。

该公司5月应纳增值税为 $106\div(1+3\%)\times3\%=3.09$（万元）。

例题3-14

某宾馆是一个综合性的生活服务企业，主营娱乐业，兼营饮食、卡拉OK歌舞厅等业务。2016年6月取得如下含税收入：住宿收入50万元；歌舞厅收入15万元，其中门票收入5万元，烟酒收入10万元；其他服务收入2万元；小班车接送客人收入8万元；代购车票手续费收入1万元。要求计算该宾馆6月应缴纳的增值税税额。

答案：生活服务业和现代服务业适用6%的税率；歌舞厅中消费的烟酒属于按应税服务征收的混合经营，适用6%的税率；小班车接送客人属于单独核算的兼营项目，按交通运输业税率11%计算应纳税额。

应纳增值税=(50+15+5+10+2+1)÷(1+6%)×6%+8÷(1+11%)×11%=5.49（万元）

7. 出租不动产

（1）一般纳税人出租不动产，按照以下规定缴纳增值税。

① 一般纳税人出租其2016年4月30日前取得的不动产，可以选择适用简易计税方法，按照5%的征收率计算应纳税额。

应预缴税款=含税销售额÷(1+5%)×5%

② 一般纳税人出租其2016年5月1日后取得的不动产，适用一般计税方法计税。

不动产所在地与机构所在地不在同一县（市、区）的，纳税人应按照3%的预征率向不动产所在地主管国税机关预缴税款，向机构所在地主管国税机关申报纳税。

应预缴税款=含税销售额÷(1+11%)×3%

（2）小规模纳税人出租不动产，按照以下规定缴纳增值税。

① 单位和个体工商户出租不动产（不含个体工商户出租住房），按照5%的征收率计算应纳税额。

应预缴税款=含税销售额÷(1+5%)×5%

个体工商户出租住房，按照5%的征收率减按1.5%计算应纳税额。

应预缴税款=含税销售额÷(1+5%)×1.5%

重要提示

不论是一般纳税人还是小规模纳税人，不动产所在地与机构所在地不在同一县（市、区）的，纳税人应按照上述计税方法向不动产所在地主管国税机关预缴税款，向机构所在地主管国税机关申报纳税，允许扣除预缴税额；不动产所在地与机构所在地在同一县（市、区）的，纳税人向机构所在地主管国税机关申报纳税。

② 其他个人出租不动产（不含住房），按照5%的征收率计算应纳税额，向不动产所在地主管地税机关申报纳税。

应纳税额=含税销售额÷(1+5%)×5%

例题3-15

某个人出租商铺，每月取得租金收入10万元，增值税征收率为5%，请计算其每月应交的增值税税额。

答案：每月应交的增值税为10÷(1+5%)×5%=0.48（万元）。

其他个人出租住房，按照 5%的征收率减按 1.5%计算应纳税额，向不动产所在地主管地税机关申报纳税。

$$应纳税额=含税销售额\div(1+5\%)\times1.5\%$$

例题 3-16

某个人出租住房，每月取得租金收入 8 万元，请计算其每月应交的增值税税额。

答案：每月应交的增值税为 8÷(1+5%)×1.5%=0.11（万元）。

（3）纳税人出租不动产，按规定需要预缴税款的，应在取得租金的次月纳税申报期或不动产所在地主管国税机关核定的纳税期限预缴税款。

重要提示

单位和个体工商户出租不动产，向不动产所在地主管国税机关预缴的增值税税款，可以在当期增值税应纳税额中抵减，抵减不完的，结转下期继续抵减。纳税人以预缴税款抵减应纳税额，应以完税凭证作为合法有效凭证。小规模纳税人中的单位和个体工商户出租不动产，不能自行开具增值税发票的，可向不动产所在地主管国税机关申请代开增值税发票。其他个人出租不动产，可向不动产所在地主管地税机关申请代开增值税发票。纳税人向其他个人出租不动产，不得开具或申请代开增值税专用发票。

（二）转让无形资产

纳税人转让无形资产的销售额为纳税人转让无形资产从受让方取得的货币、货物和其他经济利益。

“营改增”后，销售无形资产的税率分为两档：一是转让技术、商标、著作权、商誉、自然资源使用权（不包括土地使用权）和其他权益性无形资产税率为 6%；二是转让土地使用权税率为 11%。

例题 3-17

无锡某医药公司（是增值税一般纳税人）在 2016 年 8 月 1 日取得某类药品的商标权，支付价款 90 万元，增值税进项税额 5.09 万元。该医药公司于 2016 年 12 月 31 日将该类药品的商标权转让，取得款项 106 万元。请计算该医药公司应交的增值税税额。

答案：该公司应交的增值税税额=106÷(1+6%)×6%−5.09=0.91（万元）。

（三）销售不动产

销售不动产是指有偿转让不动产所有权的行为。纳税人转让其取得的不动产，包括以直接购买、接受捐赠、接受投资入股、自建及抵债等各种形式取得的不动产。

重要提示

房地产开发企业销售自行开发的房地产项目不适用本办法。

（1）一般纳税人销售其 2016 年 4 月 30 日前取得（不含自建）的不动产，可以选择适用简易计税方法，以取得的全部价款和价外费用减去该项不动产购置原价或者取得不动产时的作价后的余额为销售额，按照 5%的征收率计算应纳税额。纳税人应按照上述计税方法在不动产所在地预缴税款后，向机构所在地主管税务机关进行纳税申报。

应纳税额=(全部价款和价外费用−不动产购置原价或取得不动产时的作价)÷(1+5%)×5%

例题 3-18

某一企业 2016 年 9 月转让其在 2013 年购买的商业用房，购买原价为 300 万元，现以 350 万元对外销售，增值税征收率为 5%。计算其应缴纳的增值税税额。

答案：应预缴税款=(350−300)÷(1+5%)×5%=2.38（万元）

应缴纳增值税税额为(350−300)÷(1+5%)×5%−2.38=0（万元）。

（2）一般纳税人销售其 2016 年 4 月 30 日前自建的不动产，可以选择适用简易计税方法，以取得的全部价款和价外费用为销售额，按照 5%的征收率计算应纳税额。纳税人应按照上述计税方法在不动产所在地预缴税款后，向机构所在地主管税务机关进行纳税申报。

应纳税额=全部价款和价外费用÷(1+5%)×5%

例题 3-19

某一工厂 2016 年 9 月转让 2013 年自建厂房，现以 350 万元价格对外销售，增值税征收率 5%，计算其应缴纳的增值税税额。

答案：应缴纳增值税为 350÷(1+5%)×5%=16.67（万元）。

（3）一般纳税人销售其 2016 年 5 月 1 日后取得（不含自建）的不动产，应适用一般计税方法，以取得的全部价款和价外费用为销售额计算应纳税额。纳税人应以取得的全部价款和价外费用减去该项不动产购置原价或者取得不动产时的作价后的余额，按照 5%的预征率在不动产所在地预缴税款后，向机构所在地主管税务机关进行纳税申报。

应预缴税款=(全部价款和价外费用−不动产购置原价或者取得不动产时的作价)÷(1+5%)×5%

例题 3-20

某企业为一般纳税人，于 2018 年销售 2016 年 6 月后新购入的办公楼一栋，取得全部价款和价外费用 5 550 万元，开具增值税专用发票，销售时采用一般计税方法，适用税率 11%，购进原值 4 500 万元，预征率 5%；本月还购进办公用计算机、家具等 1 170 万元，取得增值税专用发票并于当期认证。计算其应纳税额。

答案：应预缴税款=(5 550−4 500)÷(1+5%)×5%=50（万元）

销项税额=5 550÷(1+11%)×11%=550（万元）

进项税额=1 170÷(1+17%)×17%=170（万元）

应纳税额=550−170−50=330（万元）

（4）一般纳税人销售其 2016 年 5 月 1 日后自建的不动产，应适用一般计税方法，以取得的全部价款和价外费用为销售额计算应纳税额。纳税人应以取得的全部价款和价外费用，按照 5%的预征率在不动产所在地预缴税款后，向机构所在地主管税务机关进行纳税申报。

应预缴税款=全部价款和价外费用÷(1+5%)×5%

重要提示

一般计税方法适用税率 11%，第（3）、（4）条中的预征率是 5%。

例题 3-21

某企业为一般纳税人，于 2018 年销售 2016 年 6 月后自建的厂房一栋，取得全部价款和价外费用 11 655 000 元，开具增值税专用发票，销售时采用一般计税方法，适用税率 11%；本月还购进办公用计算机、家具等 2 925 000 元，取得增值税专用发票并于当期认证。计算其应纳税额。

答案：应预征税额=1 165.5÷(1+5%)×5%=55.5（万元）

销项税额=1 165.5÷(1+11%)×11%=115.5（万元）

进项税额=292.5÷(1+17%)×17%=42.5（万元）

应纳税额=115.5−42.5−55.5=17.5（万元）

（5）小规模纳税人转让其取得的不动产，除个人转让其购买的住房外，以取得的全部价款和价外费用扣除不动产购置原价或者取得不动产时的作价后的余额为销售额，按照5%的征收率计算应纳税额；小规模纳税人转让其自建的不动产，以取得的全部价款和价外费用为销售额，按照5%的征收率计算应纳税额。

应预缴税款=(全部价款和价外费用−不动产购置原价)÷(1+5%)×5%

应预缴税款=全部价款和价外费用÷(1+5%)×5%

应纳税额=全部价款和价外费用÷(1+5%)×5%−已预缴税款

例题 3-22

A市某小规模纳税人2012年4月在B市自建厂房，2016年5月转让，销售价525万元，如何计算应纳税额并申报纳税？

答案：应预缴税款=525÷(1+5%)×5%=25（万元）

应纳税额=525÷(1+5%)×5%−25=0（万元）

（6）个人转让其购买的住房，按照有关规定全额缴纳增值税的，以取得的全部价款和价外费用为销售额，按照5%的征收率计算应纳税额；按照有关规定差额缴纳增值税的，以取得的全部价款和价外费用扣除购买住房价款后的余额为销售额，按照5%的征收率计算应纳税额。

应纳税额=全部价款和价外费用÷(1+5%)×5%

例题 3-23

某个人2016年9月将购买不足2年的住房以100万元对外销售，增值税征收率为5%，计算其应缴纳的增值税税额。

答案：应纳增值税=100÷(1+5%)×5%=4.76（万元）

重要提示

自2016年5月1日起，个人将购买不足2年的住房对外销售的，全额征收增值税；个人将购买2年以上（含2年）的非普通住房对外销售的，按照其销售收入减去购买房屋的价款后的差额征收增值税；个人将购买2年以上（含2年）的普通住房对外销售的，免征增值税。涉及家庭财产分割的个人无偿转让不动产、土地使用权，免征增值税。

即学即思

张某于2016年6月出售自己名下住房获得价款50万元，应纳的增值税税额是多少？

答案：应纳增值税=500 000÷(1+5%)×5%=23 809.52（元）

（7）纳税人按规定从取得的全部价款和价外费用中扣除不动产购置原价或者取得不动产时的作价的，应当取得符合法律、行政法规和国家税务总局规定的合法有效凭证，否则不得扣除。上述凭证是指：税务部门监制的发票；法院判决书、裁定书、调解书，以及仲裁裁决书、公证债权文书；国家税务总局规定的其他凭证。

（8）纳税人转让其取得的不动产，向不动产所在地主管地税机关预缴的增值税税款，可以在当期增值税应纳税额中抵减，抵减不完的，结转下期继续抵减。纳税人以预缴税款抵减应纳税额，应以完税凭证作为合法有效凭证。

重要提示

纳税人向其他个人转让其取得的不动产，不得开具或申请代开增值税专用发票。小规模纳税人转让其取得的不动产，不能自行开具增值税发票的，可向不动产所在地主管地税机关申请代开。

课后练习

1. 一般纳税人发生哪些特定应税行为（含非“营改增”）可以按简易计税方法计税？

2. 什么叫增值税差额征税？

3. 进项税额不得从销项税额中抵扣的项目有哪些？

4. 不征收增值税的项目有哪些？

5. 不得开具增值税专用发票的项目有哪些？

任务三　营业税改征增值税的会计处理

一、一般纳税人的会计处理

一般纳税人应在“应交税费”科目下设置“应交增值税”和“未交增值税”两个明细科目；辅导期管理的一般纳税人应在“应交税费”科目下增设“待抵扣进项税额”明细科目；原增值税一般纳税人兼有应税服务，改征期初有进项留抵税款，应在“应交税费”科目下增设“增值税留抵税额”明细科目。

（1）取得专用发票一般纳税人在国内采购的货物或接受的应税劳务和应税服务，取得增值税专用发票（不含小规模纳税人代开的货运增值税专用发票），按发票注明增值税税额进行核算。

例题 3-24

无锡市甲运输公司是增值税一般纳税人，2016 年 9 月取得全部收入 200 万元，其中，国内客运收入 185 万元，支付其他联运企业运费 50 万元并取得增值税专用发票，销售货物取得支票 12 万元，运送该批货物取得运输收入 3 万元。假设该企业无其他进项税，期初无留抵税额（单位：万元）。请分析甲运输公司应如何计算增值税并进行账务处理？

答案：由于客运收入属于交通运输业，属于营业税改征增值税的应税服务，适用的增值税税率为 11%，销售货物属于增值税应税货物，税率为 17%。因此，甲运输公司销售额为(185+3−50)÷(1+11%)+12÷(1+17%)=104.85（万元）。

销项税额为(185+3−50)÷(1+11%)×11%+12÷(1+17%)×17%=15.42（万元）。

应交增值税为 15.42（万元）。

甲运输公司取得收入的会计处理如下。

借：银行存款　　200

　　贷：主营业务收入　　179.63

　　　　应交税费——应交增值税（销项税额）20.37　[(185+3)÷(1+11%)×11%+12÷(1+17%)×17%]

支付联运企业运费的会计处理如下。

借：主营业务成本　　45.05

　　应交税费——应交增值税（进项税额）4.95　[50÷(1+11%)×11%]

　　贷：银行存款　　50

（2）一般纳税人提供适用简易计税方法应税服务，发生《营业税改征增值税试点实施办法》第十一条所规定情形的视同提供应税服务应缴纳的增值税税额，借记“营业外支出”和“应付利润”等科目，贷记“应交税费——未交增值税”科目。

例题 3-25

2016 年 10 月 10 日，无锡九龙公交公司当天取得公交乘坐费 85 000 元。请计算按简易计税办法计算的增值税税款，并做出会计处理。

答案：增值税应纳税款 85 000÷(1+3%)×3%=2 475.73（元），相应会计处理如下。

借：库存现金　　85 000

　　贷：主营业务收入　　82 524.27

　　　　应交税费——未交增值税　　2 475.73

二、小规模纳税人的会计处理

小规模纳税人提供应税服务，按规定扣减销售额而减少的应交增值税应直接冲减"应交税费——应交增值税"科目。

企业接受应税服务时，按规定允许扣减销售额而减少的应交增值税，借记"应交税费——应交增值税"科目。实际支付或应付的金额与上述增值税税额的差额，借记"主营业务成本"等科目，按实际支付或应付的金额，贷记"银行存款"和"应付账款"等科目。

对于期末一次性进行账务处理的企业，按规定当期允许扣减销售额而减少的应交增值税，借记"应交税费——应交增值税"科目，贷记"主营业务成本"等科目。

例题 3-26

以实例资料 3-24 为例，甲运输公司变为小规模纳税人，其他条件不变。

答案：因为增值税应税货物和应税劳务小规模纳税人征收率均为 3%，所以甲运输公司应交增值税税额为(185+3−50)÷(1+3%)×3%+12÷(1+3%)×3%=4.37（万元）。

甲运输公司提供服务取得收入的会计处理如下。

借：银行存款　　200

　　贷：主营业务收入　　195.63

　　　　应交税费——应交增值税　　4.37

支付联运企业运费的会计处理如下。

借：主营业务成本　　50

　　贷：银行存款　　50

三、无形资产核算

1. 外部取得无形资产的核算

外部取得的无形资产若属于增值税应税服务项目，无论通过何种途径，只要取得符合抵扣条件的发票，都可以进行抵扣，否则购进时支付的增值税税额计入无形资产的成本。

（1）外部购入的无形资产。外购无形资产时，应按购入过程中所发生的全部支出，扣除符合条件的进项税额后，借记“无形资产”和“应交税费——应交增值税（进项税额）”科目，贷记“银行存款”等科目。

（2）投资者投入的无形资产。投资者投入的无形资产按投资合同或协议约定的价值作为实际成本入账，借记“无形资产”科目，贷记“实收资本”或“股本”等科目。投资合同或协议约定价值不公允的，以公允价值作为无形资产的价值。投资方能够提供增值税抵扣证明的，应进行抵扣。

2. 自行研发无形资产的核算

企业自行研发无形资产时，将该项支出分为研究支出和开发支出。研究阶段的支出全部费用化，计入当期损益（管理费用）；开发阶段的支出符合资本化条件的资本化，不符合资本化条件的也计入当期损益（先在“研发支出”科目归集，期末结转到“管理费用”科目）。

3. 无形资产减少的核算

无形资产减少的途径有很多，主要有出售、投资支出、对外捐赠、债务重组转出、非货币性资产交换转出等途径。专利技术和非专利技术所有权的转让及其相关服务免征增值税，但商标权、著作权和商誉的所有权转让要按6%的税率计算销项税额。

四、“营改增”后转让无形资产使用权的核算

企业在持有无形资产期间，可以让渡无形资产的使用权，其出租收入属于收入要素中的“让渡资产使用权收入”。专利技术和非专利技术使用权的让渡及相关服务免征增值税，商标权和著作权的使用权让渡按6%的税率计算销项税额。

例题 3-27

山西某医药公司（是增值税一般纳税人）在2016年8月1日取得某类药品（非增值税免税药品）的商标权，支付价款120万元，税款7.2万元。款项以银行存款支付。该医药公司在2016年12月31日将该类药品的商标权转让，取得款项106万元，该商标权的摊销年限为10年，累计摊销5万元（即120÷120×5）。请编制该公司取得和转让商标权时的会计分录。

答案：该公司取得商标权的会计分录如下。

借：无形资产　　120.0

　　应交税费——应交增值税（进项税额）　　7.2

　　贷：银行存款　　127.2

该公司转让时的会计分录如下。

借：银行存款　　106

　　累计摊销　　5

　　营业外支出　　15

　　贷：无形资产　　120

　　　　应交税费——应交增值税（销项税额）　　6

即学即思

某转让商标权的连锁酒店（是增值税小规模纳税人）于2016年12月31日将其一项商标权转让，取得含税收入106万元，商标权是2016年8月1日取得的，原值为127.2万元，累计摊销为5.3万元。转让时应缴纳增值税为3.09万元（106/1.03×3%）。请编制该企业转让商标权时的会计分录。

答案：该企业转让时的会计分录如下。

借：银行存款　　106.00

　　累计摊销　　5.30

　　营业外支出　　18.99

　　贷：无形资产　　127.20

　　　　应交税费——应交增值税　　3.09

五、增值税期末留抵税额的会计处理

“营改增”试点增值税期末留抵税额的会计处理如下。

试点地区兼有应税服务的原增值税一般纳税人，截止到开始试点当月月初的增值税留抵税额按照营业税改征增值税有关规定不得从应税服务的销项税额中抵扣的，应在“应交税费”科目下增设“增值税留抵税额”明细科目。

开始试点当月月初，企业应按不得从应税服务的销项税额中抵扣的增值税留抵税额，借记“应交税费——增值税留抵税额”科目，贷记“应交税费——应交增值税（进项税额转出）”科目。待以后期间允许抵扣时，按允许抵扣的金额，借记“应交税费——应交增值税（进项税额）”科目，贷记“应交税费——增值税留抵税额”科目。

“应交税费——增值税留抵税额”科目期末余额应根据其流动性在资产负债表中的“其他流动资产”项目或“其他非流动资产”项目列示。

课后练习

1. 一般纳税人应在“应交税费”科目下设置哪些一级明细科目？

2. 2016 年 5 月，A 企业首次购入增值税税控系统设备，支付价款 490 元，同时支付当年增值税税控系统专用设备技术维护费 330 元。当月两项合计抵减当月增值税应纳税额 820 元。请编制相关会计分录。

任务四 营业税改征增值税的纳税申报

一、纳税地点

（1）固定业户应当向其机构所在地或者居住地主管税务机关申报纳税。总机构和分支机构不在同一县（市）的，应当分别向各自所在地的主管税务机关申报纳税；经财政部和国家税务总局或者其授权的财政和税务机关批准，可以由总机构汇总向总机构所在地的主管税务机关申报纳税。

（2）非固定业户应当向应税行为发生地主管税务机关申报纳税；未申报纳税的，由其机构所在地或者居住地主管税务机关补征税款。

（3）其他个人提供建筑服务，销售或者租赁不动产，转让自然资源使用权，应向建筑服务发生地、不动产所在地、自然资源所在地主管税务机关申报纳税。

（4）扣缴义务人应当向其机构所在地或者居住地主管税务机关申报缴纳扣缴的税款。

即学即思

纳税人提供的建筑业劳务，应当向（　　）的主管税务机关申报纳税。

A. 纳税人机构所在地　　B. 纳税人登记注册地

C. 应税劳务发生地　　D. 纳税人居住地

答案：A

二、纳税义务时间

（1）纳税人发生应税行为并收讫销售款项或者取得索取销售款项凭据的当天；先开具发票的，为开具发票的当天。

收讫销售款项，指纳税人销售服务、无形资产、不动产过程中或者完成后收到款项。

取得索取销售款项凭据的当天，指书面合同确定的付款日期；未签订书面合同或者书面合同未确定付款日期的，为服务、无形资产转让完成的当天或者不动产权属变更的当天。

（2）纳税人提供建筑服务、租赁服务采取预收款方式的，其纳税义务发生时间为收到预收款的当天。

（3）纳税人从事金融商品转让的，为金融商品所有权转让的当天。

（4）纳税人发生视同销售情形的，其纳税义务发生时间为服务、无形资产转让完成的当天或者不动产权属变更的当天。

（5）扣缴义务发生时间为纳税人增值税纳税义务发生的当天。

三、增值税的纳税期限

税款计算期分别为 1 日、3 日、5 日、10 日、15 日、1 个月或者 1 个季度。纳税人的具体纳税期限由主管税务机关根据纳税人应纳税额的大小分别核定。以 1 个季度为纳税期限的规定适用于小规模纳税人、银行、财务公司、信托投资公司、信用社，以及财政部和国家税务总局规定的其他纳税人。不能按照固定期限纳税的，可以按次纳税。

税款缴纳期：纳税人以 1 个月或者 1 个季度为 1 个纳税期的，自期满之日起 15 日内申报纳税；以 1 日、3 日、5 日、10 日或者 15 日为 1 个纳税期的，自期满之日起 5 日内预缴税款，于次月 1 日起 15 日内申报纳税并结清上月应纳税款。

扣缴义务人解缴税款的期限，按照前两款规定执行。

四、税收优惠

1. 起征点

按期纳税的，为月销售额 5 000～20 000 元（含本数）。

按次纳税的，为每次（日）销售额 300～500 元（含本数）。

起征点的调整由财政部和国家税务总局规定。省、自治区、直辖市财政厅（局）和国家税务局应当在规定的幅度内，根据实际情况确定本地区适用的起征点，并报财政部和国家税务总局备案。

对增值税小规模纳税人中月销售额未达到 2 万元的企业或非企业性单位，免征增值税。2017 年 12 月 31 日前，对月销售额 2 万元（含本数）至 3 万元的增值税小规模纳税人，免征增值税。

重要提示

增值税起征点不适用于登记为一般纳税人的个体工商户。

2. 税收减免的处理

纳税人发生应税行为适用免税、减税规定的，可以放弃免税、减税，依照本办法的规定缴纳增值税。放弃免税、减税后，36 个月内不得再申请免税、减税。

纳税人发生应税行为同时适用免税和零税率规定的，纳税人可以选择适用免税或者零税率。个人发生应税行为的销售额未达到增值税起征点的，免征增值税；达到起征点的，全额计算缴纳增值税。

3. 可以享受免征增值税优惠的项目

（1）个人转让著作权。

（2）将土地使用权转让给农业生产者用于农业生产。

（3）土地所有者出让土地使用权和土地使用者将土地使用权归还给土地所有者。

（4）养老机构提供的养老服务。

（5）托儿所、幼儿园提供的保育和教育服务。

（6）残疾人福利机构提供的育养服务。

（7）婚姻介绍服务。

（8）殡葬服务。

（9）残疾人员本人为社会提供的服务。

（10）医疗机构提供的医疗服务。

（11）从事学历教育的学校提供的教育服务。

（12）学生勤工俭学提供的服务。

（13）农业机耕、排灌、病虫害防治、植物保护、农牧保险及相关技术培训业务，家禽、牲畜、水生动物的配种和疾病防治。

（14）纪念馆、博物馆、文化馆、文物保护单位管理机构、美术馆、展览馆、书画院、图书馆在自己的场所提供文化体育服务取得的第一道门票收入。

（15）寺院、宫观、清真寺和教堂举办文化、宗教活动的门票收入。

（16）个人销售自建自用住房。

（17）2016 年 12 月 31 日前，金融机构农户小额贷款利息收入；国家助学贷款利息收入；国债、地方政府债利息收入；人民银行对金融机构的贷款利息收入；住房公积金管理中心用住房公积金在指定的委托银行发放的个人住房贷款利息收入；金融同业往来利息收入。

（18）纳税人提供技术转让、技术开发和与之相关的技术咨询、技术服务。

（19）家政服务企业由员工制家政服务员提供家政服务取得的收入。

（20）福利彩票、体育彩票的发行收入。

（21）军队空余房产租赁收入。

（22）为了配合国家住房制度改革，企业、行政事业单位按房改成本价、标准价出售住房取得的收入。

（23）将土地使用权转让给农业生产者用于农业生产。

（24）涉及家庭财产分割的个人无偿转让不动产、土地使用权。

五、征收管理

1. 纳税申报

（1）营业税改征的增值税，由国家税务局负责征收。纳税人销售取得的不动产和其他个人出租不动产的增值税，国家税务局暂委托地方税务局代为征收。

知识链接

《关于营业税改征增值税委托地税局代征税款和代开增值税发票的通知》

国家税务总局2016年3月31日发布税总函[2016]145号文件，就“营改增”后纳税人销售其取得的不动产和其他个人出租不动产有关代征税款和代开增值税发票工作通知如下：

一、分工安排

国税局是增值税的主管税务机关。“营改增”后，为方便纳税人，暂定由地税局办理纳税人销售其取得的不动产和其他个人出租不动产增值税的纳税申报受理、计税价格评估、税款征收、税收优惠备案、发票代开等有关事项。地税局办理征缴、退库业务，使用地税局税收票证，并负责收入对账、会计核算、汇总上报工作。本代征业务国税局和地税局不需签订委托代征协议。

纳税人销售其取得的不动产和其他个人出租不动产，申请代开发票的，由代征税款的地税局代开增值税专用发票或者增值税普通发票（以下简称增值税发票）。对于具备增值税发票安全保管条件、可连通网络、地税局可有效监控代征税款及代开发票情况的政府部门等单位，县（区）以上地税局经评估后认为风险可控的，可以同意其代征税款并代开增值税发票。

二、代开发票流程

在国税局代开增值税发票流程基础上，地税局按照纳税人销售其取得的不动产和其他个人出租不动产增值税征收管理办法有关规定，为纳税人代开增值税发票。原地税营业税发票停止使用。

（一）代开发票部门登记

比照国税局现有代开增值税发票模式，在国税综合征管软件或金税三期系统中登记维护地税局代开发票部门信息。地税局代开发票部门编码为15位，第11位为“D”，其他编码规则按照《国家税务总局关于增值税防伪税控代开专用发票系统设备及软件配备的通知》（国税发[2004]139号）规定编制。

（二）税控专用设备发行

地税局代开发票部门登记信息同步至增值税发票管理新系统，比照现有代开增值税发票税控专用设备发行流程，国税局为同级地税局代开发票部门发行税控专用设备并加载税务数字证书。

（三）发票提供

国税局向同级地税局提供六联增值税专用发票和五联增值税普通发票。

（四）发票开具

增值税小规模纳税人销售其取得的不动产及其他个人出租不动产，购买方或承租方不属于其他个人的，纳税人缴纳增值税后可以向地税局申请代开增值税专用发票。不能自开增值税普通发票的小规模纳税人销售其取得的不动产，以及其他个人出租不动产，可以向地税局申请代开增值税普通发票。地税局代开发票部门通过增值税发票管理新系统代开增值税发票，系统自动在发票上打印“代开”字样。

地税局代开发票部门为纳税人代开的增值税发票，统一使用六联增值税专用发票和五联增值税普通发票。第四联由代开发票岗位留存，以备发票扫描补录；第五联交征收岗位留存，用于代开发票与征收税款的定期核对；其他联次交纳税人。

地税局代开发票部门应在代开增值税发票的备注栏上，加盖地税代开发票专用章。

（五）开票数据传输

地税局代开发票部门通过网络实时或定期将已代开增值税发票信息传输至增值税发票管理新系统。

（六）发票再次领取

地税局代开发票部门需再次领取增值税发票的，发票抄报税后，国税局通过系统验旧缴销，再次提供发票。

三、发票管理

（一）专用发票安全管理

按照国税局现有增值税发票管理有关规定，地税局应加强安全保卫，采取有效措施，保障增值税发票的安全。

（二）日常信息比对

地税局应加强内部管理，每周将代开发票岗代开发票信息与征收岗税款征收信息进行比对，发现问题的要按有关规定及时处理。

（三）事后信息比对

税务总局将根据有关工作安排，提取地税局征收税款信息与代开发票信息进行比对，防范不征税代开增值税专用发票和少征税多开票等风险。

四、信息系统升级改造

2016年4月25日前，金税三期未上线省份应由各省地税局按照税务总局有关规定及时更新升级相关信息系统，调配征管资源、规范受理申报缴税工作。金税三期已上线省份由税务总局（征管科技司）负责统一调试相关信息系统。

五、税控专用设备配备和维护

2016年4月5日前，各省地税局将代开增值税发票需要使用的税控专用设备数量告知省国税局。4月8日前，各省国税局将需要初始化的专用设备数量通过可控FTP报税务总局（货物劳务税司）。4月20日前，各省国税局向地税局提供税控专用设备。国税局负责协调增值税税控系统服务单位，做好地税局代开增值税发票系统的安装及维护工作。

（2）纳税人发生适用零税率的应税行为，应当按期向主管税务机关申报办理退（免）税，具体办法由财政部和国家税务总局制定。

（3）纳税人发生应税行为，应当向索取增值税专用发票的购买方开具增值税专用发票，并在增值税专用发票上分别注明销售额和销项税额。

重要提示

属于下列情形之一的，不得开具增值税专用发票：①向消费者个人销售服务、无形资产或者不动产。②适用免征增值税规定的应税行为。

（4）小规模纳税人发生应税行为，购买方索取增值税专用发票的，可以向主管税务机关申请代开。

（5）纳税人增值税的征收管理，按照本办法和《中华人民共和国税收征收管理法》及现行增值税征收管理有关规定执行。

2. 纳税申报方式

小规模纳税人：网上申报、微信申报、自助办税终端机申报及上门申报。

一般纳税人：网上申报、自助办税终端机申报及上门申报。

3. 增值税期末留抵税额

原增值税一般纳税人兼有销售服务、无形资产或者不动产的，截止到纳入“营改增”之日前的增值税期末留抵税额，不得从销售服务、无形资产或者不动产的销项税额中抵扣。

六、纳税申报实务操作（以房地产业为例）

1. 房地产一般纳税人申报预售收入

A 企业为增值税一般纳税人，主要从事房地产开发业务，名下的 A 地块开发周期长，分期开发，其中一期为 4 月 30 日前开工建设的老项目，企业选择简易计税，二期为新项目，2016 年发生如下业务：

（1）2016 年 8 月，一期（老项目）取得预售收入 2.1 亿元；

（2）2016 年 9 月，二期（新项目）取得预售收入 1.11 亿元。

实务操作解答：

（1）老项目预征税款=预收款÷(1+适用税率或征收率)×3%

=2.1 亿÷(1+5%)×3%=600（万元）

增值税预缴税款表填写如表 3-3 所示。

表 3-3　增值税预缴税款表

增值税预缴税款表

税款所属时间：　　年　　月　　日至　　年　　月　　日

纳税人识别号：□□□□□□□□□□□□□□□□□□□□

是否适用一般计税方法 是 □　否 ×

纳税人名称：（公章）				金额单位：元（列至角分）	
项目编号			项目名称		
项目地址					
预征项目和栏次		销售额	扣除金额	预征率	预征税额
		1	2	3	4
建筑服务	1				
销售不动产	2	210 000 000. 00		3%	6 000 000. 00
出租不动产	3				
	4				
	5				
合计	6				
授权声明	如果你已委托代理人填报，请填写下列资料：为代理一切税务事宜，现授权（地址）　　为本次纳税人的代理填报人，任何与本表有关的往来文件，都可寄予此人。		填表人申明	以上内容是真实的、可靠的、完整的。纳税人签字：	

（2）新项目预征税款=预收款÷(1+适用税率或征收率)×3%

=1.11 亿÷(1+11%)×3% =300（万元）

增值税预缴税款表填写如表 3-4 所示。

2. 房地产一般纳税人结转收入

A 企业为增值税一般纳税人，主要从事房地产开发业务，名下的 A 地块开发周期长，分期开发，其中一期为 4 月 30 日前开工建设的老项目，二期为新项目，2016 年 11 月无留抵税额，2016 年 12 月发生如下业务：

（1）2016 年 12 月，一期竣工交付，结转销售收入 2.1 亿元，结转面积 20 000 平方米，开具增值税发票。

表 3-4　增值税预缴税款表

增值税预缴税款表

税款所属时间：　　年　　月　　日至　　年　　月　　日

纳税人识别号：□□□□□□□□□□□□□□□□□□□□

是否适用一般计税方法　是 √　否 □

纳税人名称：（公章）				金额单位：元（列至角分）	
项目编号			项目名称		
项目地址					
预征项目和栏次		销售额	扣除金额	预征率	预征税额
		1	2	3	4
建筑服务	1				
销售不动产	2	111 000 000.00		3%	3 000 000.00
出租不动产	3				
	4				
	5				
合计	6				
授权声明	如果你已委托代理人填报，请填写下列资料：为代理一切税务事宜，现授权（地址）　　为本次纳税人的代理填报人，任何与本表有关的往来文件，都可寄予此人。		填表人申明	以上内容是真实的、可靠的、完整的。纳税人签字：	

（2）2016 年 12 月，二期竣工交付，结转销售收入 1.11 亿元，结转面积 10 000 平方米，开具增值税发票。

（3）2016 年 12 月，该地块通过政府出让方式获得，共缴纳政府出让金 9 000 万元。

（4）一期共取得总包发票不含税价 8 000 万元，二期取得共总包发票不含税价 5 000 万元，均取得专用发票，全部认证通过。

实务操作解答：

本期应补（退）税额计算如下。

（1）简易征收方法的应纳税额=21 000÷(1+0.05)×0.05=1 000（万元）

（2）一般计税方法的销项税额。

按照建筑面积分摊地价：

二期分摊地价=9 000×10 000÷(10 000+20 000)=3 000（万元）

销项税额=(11 100−3 000)÷(1+0.11)×0.11=803（万元）

（3）一般计税方法的进项税额。

进项税额=5 000×0.11=550（万元）

（4）应纳税额合计=1 000+803−550=1 253（万元）

（5）本月结转的销售收入在当期已经预缴的税款

=21 000÷(1+5%)×3%+11 100÷(1+11%)×3%=900（万元）

（6）本期应补（退）税额=应纳税额合计−预缴税额=1 253−900=353（万元）

相关表格填写如表 3-5~表 3-8 所示。

表 3-5　增值税纳税申报表

增 值 税 纳 税 申 报 表

（一般纳税人适用）

根据国家税收法律法规及增值税相关规定制定本表。纳税人不论有无销售额，均应按税务机关核定的纳税期限填写本表，并向当地税务机关申报。

金额单位：元至角分

税款所属时间：自　年　月　日至　年　月　日　　填表日期：　年　月　日

纳税人识别号						所属行业：	
纳税人名称	（公章）	法定代表人姓名		注册地址		生产经营地址	
开户银行及账号		登记注册类型				电话号码	

	项　目	栏次	一般项目		即征即退项目	
			本月数	本年累计	本月数	本年累计
销售额	（一）按适用税率计税销售额	1	100 000 000.00			
	其中：应税货物销售额	2	100 000 000.00			
	应税劳务销售额	3				
	纳税检查调整的销售额	4				
	（二）按简易办法计税销售额	5	200 000 000.00			
	其中：纳税检查调整的销售额	6				
	（三）免、抵、退办法出口销售额	7			—	—
	（四）免税销售额	8			—	—
	其中：免税货物销售额	9			—	—
	免税劳务销售额	10			—	—
税款计算	销项税额	11	8 027 027.03			
	进项税额	12	14 300 000.00			
	上期留抵税额	13				—
	进项税额转出	14	8 800 000.00			
	免、抵、退应退税额	15			—	—
	按适用税率计算的纳税检查应补缴税额	16			—	—
	应抵扣税额合计	17=12+13-14-15+16	5 500 000.00	—		—
	实际抵扣税额	18（如17<11，则为17，否则为11）	5 500 000.00			
	应纳税额	19=11-18	2 527 027.03			
	期末留抵税额	20=17-18				—
	简易计税办法计算的应纳税额	21	10 000 000.00			
	按简易计税办法计算的纳税检查应补缴税额	22			—	—
	应纳税额减征额	23				
	应纳税额合计	24=19+21-23	12 527 027.03			
税款缴纳	期初未缴税额（多缴为负数）	25				
	实收出口开具专用缴款书退税额	26			—	—
	本期已缴税额	27=28+29+30+31	9 000 000.00			
	①分次预缴税额	28	9 000 000.00	—		—
	②出口开具专用缴款书预缴税额	29		—	—	—
	③本期缴纳上期应纳税额	30				
	④本期缴纳欠缴税额	31				
	期末未缴税额（多缴为负数）	32=24+25+26-27				
	其中：欠缴税额（≥0）	33=25+26-27		—		—
	本期应补(退)税额	34=24-28-29	3 527 027.03	—		—
	即征即退实际退税额	35	—	—		
	期初未缴查补税额	36			—	—
	本期入库查补税额	37			—	—
	期末未缴查补税额	38=16+22+36-37			—	—

授权声明	如果你已委托代理人申报，请填写下列资料： 为代理一切税务事宜，现授权 （地址）　　为本纳税人的代理申报人，任何与本申报表有关的往来文件，都可寄予此人。 授权人签字：	申报人声明	本纳税申报表是根据国家税收法律法规及相关规定填报的，我确定它是真实的、可靠的、完整的。 声明人签字：

表 3-6 增值税纳税申报表附列资料（一）

增值税纳税申报表附列资料（一）

（本期销售情况明细）

税款所属时间：　　年　月　日至　　年　月　日

纳税人名称：（公章）　　　　　　　　　　　　　　　　　　　　金额单位：元至角分

项目及栏次				开具增值税专用发票		开具其他发票		未开具发票		纳税检查调整		合计			服务、不动产和无形资产实际扣除金额	扣除后	
				销售额	销项（应纳）税额	销售额	销项（应纳）税额	销售额	销项（应纳）税额	销售额	销项（应纳）税额	销售额	销项（应纳）税额	价税合计		含税（免税）销售额	销项（应纳）税额
				1	2	3	4	5	6	7	8	9=1+3+5+7	10=2+4+6+8	11=9+10	12	13=11-12	14=13÷(100%+税率或征收率)×税率或征收率
一、一般计税方法计税	全部征税项目	17%税率的货物及加工修理修配劳务	1											—	—	—	—
		17%税率的服务、不动产和无形资产	2														
		13%税率	3											—	—	—	—
		11%税率	4			100 000 000.00	11 000 000.00					100 000 000.00	11 000 000.00	111 000 000.00	30 000 000.00	81 000 000.00	8 027 027.03
		6%税率	5														
	其中：即征即退项目	即征即退货物及加工修理修配劳务	6	—	—	—	—	—	—	—	—			—	—	—	—
		即征即退服务、不动产和无形资产	7	—	—	—	—	—	—	—	—						
二、简易计税方法计税	全部征税项目	6%征收率	8							—	—			—	—	—	—
		5%征收率的货物及加工修理修配劳务	9a							—	—			—	—	—	—
		5%征收率	9b			200 000 000.00	10 000 000.00			—	—	200 000 000.00	10 000 000.00	210 000 000.00	0.00	210 000 000.00	10 000 000.00
		4%征收率	10							—	—			—	—	—	—
		3%征收率的货物及加工修理修配劳务	11							—	—			—	—	—	—
		3%征收率的服务、不动产和无形资产	12							—	—						
		预征率　%	13a							—	—						
		预征率　%	13b							—	—						
		预征率　%	13c							—	—						
	其中：即征即退项目	即征即退货物及加工修理修配劳务	14	—	—	—	—	—	—	—	—			—	—	—	—
		即征即退服务、不动产和无形资产	15	—	—	—	—	—	—	—	—						
三、免抵退税	货物及加工修理修配劳务		16	—	—		—		—	—	—		—	—	—	—	—
	服务、不动产和无形资产		17	—	—		—		—	—	—		—				—
四、免税	货物及加工修理修配劳务		18				—		—	—	—		—	—	—	—	—
	服务、不动产和无形资产		19	—	—		—		—	—	—		—				—

表 3-7　增值税纳税申报表附列资料（二）

增值税纳税申报表附列资料（二）

（本期进项税额明细）

税款所属时间：　　年　月　日至　　年　月　日

纳税人名称：（公章）　　　　金额单位：元至角分

一、申报抵扣的进项税额				
项目	栏次	份数	金额	税额
（一）认证相符的增值税专用发票	1=2+3		130 000 000.00	14 300 000.00
其中：本期认证相符且本期申报抵扣	2		130 000 000.00	14 300 000.00
前期认证相符且本期申报抵扣	3			
（二）其他扣税凭证	4=5+6+7+8			
其中：海关进口增值税专用缴款书	5			
农产品收购发票或者销售发票	6			
代扣代缴税收缴款凭证	7		—	
其他	8			
（三）本期用于购建不动产的扣税凭证	9			
（四）本期不动产允许抵扣进项税额	10	—	—	
（五）外贸企业进项税额抵扣证明	11	—	—	
当期申报抵扣进项税额合计	12=1+4-9+10+11			
二、进项税额转出额				
项目	栏次	税额		
本期进项税额转出额	13=14 至 23 之和			
其中：免税项目用	14			
集体福利、个人消费	15			
非正常损失	16			
简易计税方法征税项目用	17	8 800 000.00		
免抵退税办法不得抵扣的进项税额	18			
纳税检查调减进项税额	19			
红字专用发票信息表注明的进项税额	20			
上期留抵税额抵减欠税	21			
上期留抵税额退税	22			
其他应作进项税额转出的情形	23			
三、待抵扣进项税额				
项目	栏次	份数	金额	税额
（一）认证相符的增值税专用发票	24	—	—	—
期初已认证相符但未申报抵扣	25			
本期认证相符且本期未申报抵扣	26			
期末已认证相符但未申报抵扣	27			
其中：按照税法规定不允许抵扣	28			
（二）其他扣税凭证	29=30 至 33 之和			
其中：海关进口增值税专用缴款书	30			
农产品收购发票或者销售发票	31			
代扣代缴税收缴款凭证	32		—	
其他	33			
	34			
四、其他				
项目	栏次	份数	金额	税额
本期认证相符的增值税专用发票	35			
代扣代缴税额	36	—	—	

表 3-8 增值税纳税申报表附列资料（三）

增值税纳税申报表附列资料（三）

（服务、不动产和无形资产扣除项目明细）

税款所属时间： 年 月 日至 年 月 日

纳税人名称：(公章) 金额单位：元至角分

项目及栏次		本期服务、不动产和无形资产价税合计额（免税销售额）	服务、不动产和无形资产扣除项目				
			期初余额	本期发生额	本期应扣除金额	本期实际扣除金额	期末余额
		1	2	3	4=2+3	5(5≤1且5≤4)	6=4-5
17%税率的项目	1						
11%税率的项目	2	100 000 000.00	0.00	30 000 000.00	30 000 000.00	30 000 000.00	0.00
6%税率的项目（不含金融商品转让）	3						
6%税率的金融商品转让项目	4						
5%征收率的项目	5						
3%征收率的项目	6						
免抵退税的项目	7						
免税的项目	8						

能 力 训 练

一、单项选择题

1．某小规模纳税人，某月取得销售货物收入 35 万元（含税），取得包装物收入 2 万元（含税），另由于客户不守信用取得罚款收入 1 万元，则该小规模纳税人应纳增值税为（　　）万元。

A．1.02　　B．0.97　　C．1.11　　D．1.05

2．某一般纳税人，从事综合服务，某月取得销售商品收入 200 万元，餐饮服务收入 28 万元，KTV 收入 50 万元，出租房屋取得收入 40 万元，以上收入均不含增值税税额，该纳税人应交增值税为（　　）万元。

A．41.08　　B．43.08　　C．45.48　　D．34.98

3．一般纳税人含税销售额转换为不含税销售额的公式为（　　）。

A．销售额=含税销售额÷(1+征收率)

B．销售额=含税销售额÷(1–税率)

C．销售额=含税销售额÷(1–征收率)

D．销售额=含税销售额÷(1+税率)

4．车辆停放服务、道路通行服务（包括过路费、过桥费、过闸费等）等，应按照（　　）缴纳增值税。

A．不动产经营租赁服务　　B．有形动产经营租赁

C．不动产融资性租赁　　D．有形动产融资租赁

5．下列选项中，（　　）应当按照销售额和增值税税率计算应纳税额，不得抵

扣进项税额，也不得使用增值税专用发票。

A．一般纳税人会计核算不健全的

B．一般纳税人销售无形资产的

C．一般纳税人销售不动产的

D．一般纳税人已经按照规定办理资格登记的

6．融资性售后回租，指承租方以融资为目的，将资产出售给从事融资性售后回租业务的企业后，从事融资性售后回租业务的企业将该资产出租给承租方的业务活动，融资性售后回租应按（　　）计算缴纳增值税。

A．经营性租赁　　B．融资性租赁

C．金融服务　　D．有形动产租赁

7．提供增值电信服务的纳税人，应当按（　　）税率计算缴纳增值税。

A．17%　　B．6%　　C．11%　　D．3%

8．水路运输的程租、期租业务，应按（　　）计算缴纳增值税。

A．经营性租赁　　B．融资性租赁

C．交通运输服务　　D．其他

9．应税行为的年应征增值税销售额（以下称应税销售额）超过财政部和国家税务总局规定标准的纳税人为一般纳税人，未超过规定标准的纳税人为小规模纳税人。财政部和国家税务总局规定标准为年应税销售额（　　）万元。

A．50　　B．500　　C．80　　D．180

10．一般纳税人，未超过标准的为小规模纳税人。

单位以承包、承租、挂靠方式经营的，承包人、承租人、挂靠人（以下统称承包人）以发包人、出租人、被挂靠人（以下统称发包人）名义对外经营并由发包人承担相关法律责任的，以（　　）为纳税人。

A．承包人　　B．承租人　　C．发包人　　D．挂靠人

11．房地产开发企业中的一般纳税人销售其开发的房地产项目（选择简易计税方法的房地产老项目除外），以取得的全部价款和价外费用，扣除受让土地时向政府部门支付的土地价款后的余额为销售额。房地产老项目，指《建筑工程施工许可证》注明的合同开工日期在（　　）前的房地产项目。

A．2016 年 4 月 30 日　　B．2016 年 5 月 31 日

C．2016 年 6 月 30 日　　D．2016 年 12 月 31 日

12. 适用一般计税方法的试点纳税人，2016 年 5 月 1 日后取得并在会计制度上按固定资产核算的不动产或者 2016 年 5 月 1 日后取得的不动产在建工程，其进项税额应自取得之日起分 2 年从销项税额中抵扣，第一年抵扣比例和第二年抵扣比例分别为（　　）。

A. 40%、60%　　B. 60%、40%
C. 50%、50%　　D. 100%、0%

13. 营业税改征的增值税由（　　）税务机关征收。

A. 地方税务局　　B. 国家税务局和地方税务局
C. 海关　　D. 国家税务局

14. 营业税改征增值税的一般纳税人提供建筑业应税劳务适用的税率是（　　）。

A. 6%　　B. 11%　　C. 17%　　D. 3%

15. 2017 年 12 月 31 日前，对月销售额 2 万元（含本数）至 3 万元的增值税小规模纳税人（　　）。

A. 先征后退　　B. 减半征收增值税
C. 免征增值税　　D. 按照 3%征收增值税

二、多项选择题

1. 金融服务包括（　　）。

A. 贷款服务　　B. 直接收费金融服务
C. 保险服务　　D. 金融商品转让

2. 纳税人发生应税行为，应当向索取增值税专用发票的购买方开具增值税专用发票，并在增值税专用发票上分别注明销售额和销项税额。属于下列情形之一的，不得开具增值税专用发票（　　）。

A. 向消费者个人销售服务
B. 向消费者个人转让无形资产或者不动产
C. 适用免征增值税规定的应税行为
D. 向消费者个人无偿赠送无形资产或不动产

3. 增值税纳税义务、扣缴义务发生时间为（　　）。

A. 纳税人发生应税行为并收讫销售款项或者取得索取销售款项凭据的当天；先开具发票的，为开具发票的当天
B. 纳税人提供建筑服务、租赁服务采取预收款方式的，其纳税义务发生时间为收到预收款的当天
C. 纳税人从事金融商品转让的，为金融商品所有权转移的当天

D．纳税人发生视同销售情形的，其纳税义务发生时间为服务、无形资产转让完成的当天或者不动产权属变更的当天

4. 纳税人发生应税行为价格明显偏低或者偏高且不具有合理商业目的而无销售额的，主管税务机关有权按照下列顺序确定销售额（　　）。

A．按照纳税人最近时期销售同类服务、无形资产或不动产的平均价格确定

B．市场上的平均价格确定

C．按照组成计税价格确定

D．按照其他纳税人最近时期销售同类服务、无形资产或不动产的平均价格确定

5．纳税人取得的下列款项中，（　　）应该计入销售额计算增值税。

A．向购买方收取的价款

B．视同销售的价款

C．以委托方名义开具发票代委托方收取的款项

D．销售的包装物的款项

6．下列项目的进项税额不得从销项税额中抵扣的有（　　）。

A．用于简易计税方法计税项目的购进货物

B．非正常损失的购进货物

C．非正常损失的在产品、产成品所耗用的购进货物（不包括固定资产）

D．非正常损失的不动产

7．一般纳税人取得的以下票据中，（　　）准予从销项税额中抵扣。

A．从销售方处取得的增值税专用发票

B．从海关处取得的海关进口增值税专用缴款书

C．扣缴义务人取得的解缴税款的完税凭证

D．购进农产品时开具的收购发票或者取得的销售发票

8．一般纳税人发生下面的应税行为中，按 11%缴纳增值税的有（　　）。

A．交通运输服务　　　　B．基础电信

C．提供有形动产租赁服务　　　　D．销售不动产

9．下列行为中属于视同销售服务、无形资产或者不动产的是（　　）。

A．单位向红十字会无偿转让无形资产

B．单位将无形资产与下属单位换取一批货物，作为原材料

C．单位向自己的集团公司无偿转让无形资产

D．单位向某国企无偿转让不动产

10．在境内销售服务、无形资产或者不动产，是指（　　）。

A．所销售或者租赁的不动产在境内

B．境外单位向个人销售完全在境外使用的无形资产

C．所销售自然资源使用权的自然资源在境内

D．境外单位向境内单位出租完全在境外使用的有形动产

11．下列行为中，（　　）不属于增值税的纳税范围。

A．收取时开具省级财政部门监制的财政票据并全部上缴的政府性基金

B．个体工商户聘用的员工为雇主提供取得工资的服务

C．收取时开具省级财政部门监制的财政票据并全部上缴的行政事业性收费

D．单位销售自己研究开发的软件产品

三、判断题（正确的打“√”，错误的打“×”）

（　　）1．组成计税价格的公式为：组成计税价格=成本×(1+成本利润率)。

（　　）2．无形资产，指不具实物形态，但能带来经济利益的资产，包括技术、商标、著作权、商誉、自然资源使用权和其他权益性无形资产。

（　　）3．港口设施经营人收取的港口设施保安费按照港口码头服务缴纳增值税。

（　　）4．一般纳税人从小规模纳税人处购买货物或应税服务，只能取得增值税普通发票，不能取得增值税专用发票。

（　　）5．纳税人发生应税行为适用免税、减税规定的，可以放弃免税、减税，依照《营业税改征增值税试点实施办法》的规定缴纳增值税。放弃免税、减税后，36个月内不得再申请免税、减税。

（　　）6．纳税人兼营销售货物、劳务、服务、无形资产或者不动产，适用不同税率或者征收率的，应当分别核算适用不同税率或者征收率的销售额；未分别核算的，从高适用税率。

（　　）7．非正常损失，指因管理不善造成货物被盗、丢失、霉烂变质，以及因违反法律、法规造成货物或者不动产被依法没收、销毁、拆除的情形及自然灾害损失。

（　　）8．将建筑物、构筑物等不动产或者飞机、车辆等有形动产的广告位出

租给其他单位或者个人用于发布广告，按照经营租赁服务缴纳增值税。

（　　）9．企业购进的旅客运输服务、贷款服务、餐饮服务、居民日常服务和娱乐服务发生的进项税额可以从销项税额中抵扣。

（　　）10．登记为一般纳税人后，如果年应税销售规模达不到一般纳税人标准的，可以随意转为小规模纳税人。

（　　）11．两个或者两个以上的纳税人，只能分别进行纳税，不能合并纳税。

（　　）12．中华人民共和国境外（以下简称境外）单位或者个人在境内发生应税行为，在境内有自己的经营机构，以经营机构为增值税纳税人。

（　　）13．会计核算健全，能够提供准确税务资料，年应税销售额必须超过规定标准的纳税人，才可以向主管税务机关办理一般纳税人资格登记，成为一般纳税人。

（　　）14．个人在境内提供增值税应税服务，需要缴纳增值税。

四、计算题

1．无锡某汽车运输公司开展联运业务，2016 年 7 月发生下列业务：受甲公司委托完成货物运输业务一项，运程为无锡—上海—大连，甲公司一次性支付运费 80 万元（含税），途中转运费 36 万元由该汽车运输公司支付给某海运公司，运输途中购进汽车用柴油 3 万元（取得专用发票），支付码头停车费 2 万元，司机住宿费 0.5 万元。要求：计算该公司 2016 年 7 月应纳税额。

2．甲电信集团某分公司是增值税一般纳税人。2016 年 7 月，利用固网、移动网、卫星、互联网，提供语音通话服务，取得价税合计收入 2 220 万元；出租带宽、波长等网络元素取得价税合计服务收入 555 万元；出售带宽、波长等网络元素取得价税合计服务收入 888 万元。另外，该分公司在提供电信业服务时，还附带赠送用户识别卡、电信终端等货物或者电信业服务，给客户提供基础电信服务价税合计 333 万元。已知该分公司当月认证增值税专用发票进项税额为 200 万元，且符合进项税额抵扣规定。要求：计算该分公司 2016 年 7 月应缴纳的增值税。

3．C 大酒店为增值税一般纳税人，2016 年 5 月提供住宿服务取得收入 100 万元，提供餐饮服务取得收入 100 万元，提供会议服务取得收入 20 万元，提供水疗、健身服务取得收入 5 万元，出租附属小花园作为婚纱拍摄场地取得收入 5 万元，出租音响设备取得收入 3 万元，商务中心销售烟、酒、茶等商品取得收入 20 万元。5 月发生经营成本为 160 万元，其中购买修缮服务、清洗布草、添置电器、购买各类商品（烟、酒、茶、农产品等）取得增值税发票上注明的税额合计 12 万元。C 大酒店全部选择一般计税方法，5月需缴纳多少增值税？

4．无锡市甲运输公司是增值税一般纳税人，2016年7月取得全部收入200万元，其中，国内客运收入185万元，支付联运企业运费50万元，销售货物取得支票12万元，运送该批货物取得运输收入3万元（以上均为含税价）。假设该企业本月无进项税额，期初无留抵税额。要求：计算甲公司销售额和销项税额。

5．泉林公司为一般纳税人，2016年7月发生业务如下：（1）为某企业提供运输服务，取得收入20 000元。（2）销售货物一批，税率17%，取得收入40 000元。（3）销售2013年自建的不动产，取得收入120 000元。（4）销售散装蔬菜一批，取得收入20 000元。（5）当期进项税额共5 000元，其中该公司无法准确划分不得抵扣的进项税额为4 000元。要求：（1）计算该公司7月份销项税额；（2）计算不得抵扣的进项税额；（3）计算7月份的应纳增值税税额和营业税额。

6．某地区一般纳税人2016年7月取得交通运输收入111万元（含税），当月外购汽油10万元，购入运输车辆20万元（不含税金额，取得增值税专用发票），发生的联运支出40万元（不含税金额，取得专用发票）。要求：计算该纳税人2016年7月应纳税额。

7．某地区纳税人提供应税服务的起征点为20 000元，某个体工商户（小规模纳税人）本月取得交通运输服务收入20 001元（含税），该个体工商户本月应缴纳多少增值税？

8．某地区设计公司为增值税一般纳税人，2016年7月发生以下经济业务：（1）为甲个人提供服装设计服务，取得收入100 000元；（2）为乙个人提供创意策划服务，取得收入80 000元；（3）为丙企业提供环境设计服务，取得收入60 000元；（4）为丁个人提供美容服务时一并提供的发型设计服务，收入2 000元；（5）提供的创意策划服务，取得收入10 000元；（6）购买办公用计算机，取得1份增值税专用发票上注明税款5 000元；购买公司小轿车用汽油，取得1份增值税专用发票上注明税款3 000元；购买接待用礼品，取得1份增值税专用发票上注明税款4 000元；取得1份湖南省某纳税人开具的公路内河运输发票价税合计28 571.43元；取得1份税务机关代开的运输业增值税专用发票价税合计14 285.71元。企业核算健全，所有收入为含税价款，取得的各类发票均已认证相符，计算取小数点后两位。要求：（1）计算该公司12月应纳增值税；（2）请分别计算一般货物劳务和应税服务应纳增值税。

9．甲建筑公司为增值税一般纳税人，2016年5月1日承接A工程项目，5月

30日按发包方要求为所提供的建筑服务开具增值税专用发票，开票金额200万元，税额22万元。（或5月30日与发包方、监理方共同验工计价，确认工程收入为222万元），该项目当月发生工程成本为100万元，其中购买材料、动力、机械等取得增值税专用发票上注明的金额为50万元。发包方于6月5日支付了222万元工程款。对A工程项目，甲建筑公司选择适用一般计税方法计算应纳税额，该公司5月需缴纳多少增值税？

10．甲建筑公司为增值税一般纳税人，2016年5月1日承接A工程项目，并将A工程项目中的部分施工项目分包给了乙公司，5月30日发包方按进度支付工程价款222万元。当月对该项目甲公司购进材料取得增值税专用发票上注明的税额8万元；乙公司就其分包建筑服务开具给甲公司增值税专票，发票注明的税额4万元。对A工程项目，甲建筑公司选择适用一般计税方法计算应纳税额，该公司5月需缴纳多少增值税？

11．某酒店为增值税一般纳税人，2016年5月发生以下业务：（1）经营住宿服务取得客房含税收入848万元，其中424万开具增值税专用发票。（2）提供餐饮服务，取得餐饮含税收入318万元，全部开具增值税普通发票。（3）利用自有运输车队接送顾客取得含税价款2.22万元，开具增值税普通发票。（4）提供会议服务，取得服务费10.6万元（含税），全部开具增值税专用发票。（5）出租酒店会议室，取得租金9.45万元（含税），全部开具增值税专用发票。上述收入酒店均能分别核算，其中出租会议室业务已到主管税务机关备案选择按简易计税方法征收。（6）采购一次性用品、床上用品、清洁用品等低值易耗品，取得增值税专用发票上注明加税合计140.40万元，税额20.40万元。（7）外购食品及酒水，取得增值税专用发票上注明加税合计93.60万元，税额13.60万元。（8）购买农产品，取得10张农产品销售发票，发票上注明农产品买价共100万元。（9）能源消耗合计65.81万元（不含出租会议室能耗），取得电费增值税专用发票注明价税合计52.65万元，税额7.65万元。取得水费增值税专用发票注明价税合计4.12万元，税额0.12万元。取得燃料费增值税专用发票注明价税合计9.04万元，税额1.04万元。（10）提供接送顾客服务耗用汽油，取得增值税专用发票注明价税合计1.17万元，税额0.17万元。（11）向境外管理方支付商标使用费10.6万元，为境外管理方代扣代缴增值税，取得解缴税款的完税凭证上注明增值税税额0.60万元。企业取得的增值税专用发票均在当月通过认证并在当月抵扣。要求：计算本期应纳税额。

项目四

消费税涉税实务

学习目标

知识目标：了解我国开征消费税的意义、消费税的特点；熟悉消费税的纳税人、征税范围、税目税率，以及在税率适用上的一些特殊规定；掌握消费税应纳税额的计算；消费税的会计处理及纳税申报的相关手续。

技能目标：消费税有关会计处理，消费税纳税申报工作。

素质目标：消费税鼓励节省资源，保护环境，有利于促进资源合理配置，促进经济健康发展，培养学生科学消费观念。

重难点：我国消费税征管的一些规定，消费税应纳税额的计算及纳税申报流程。

案例导入

无锡某化妆品有限公司销售高档化妆品一批，不含增值税价款 192 000 元。随同化妆品出售包装物单独作价，共计 8 000 元（不含增值税），货款已收，产品已发出。该企业应纳的消费税税额是多少？

【案例解析】 税法规定：应税消费品连同包装物出售的，无论是否单独作价，均应并入销售额中计算消费税。因此，该企业消费税计税依据为：192 000+8 000=200 000（元），应纳消费税=200 000×15%=30 000（元）。

如果包装物不随同产品销售，而是收取押金 9 360 元。后因对方逾期未退回包装物没收押金，问这笔押金收入如何处理？

税法规定：逾期未退回包装物的押金应换算为不含增值税的收入，然后并入销售额计征消费税。该例计税依据为：9 360÷(1+17%)=8 000（元）。

消费税是 1994 年税制改革在流转税中新设置的一个税种。消费税是在对货物普遍征收增值税的基础上，选择少数消费品再征收的一个税种，主要是为了调节产品结构，引导消费方向，保证国家财政收入。

任务一　消费税概述

一、消费税的概念

消费税是对我国境内从事生产、委托加工和进口应税消费品的单位和个人，就其销售额或销售数量，在特定环节征收的一种税。

消费税实行价内税，只在应税消费品的生产、委托加工和进口环节缴纳，在以后的批发、零售等环节不再纳税。消费税税款最终由消费者承担。

二、消费税的特点

（1）消费税以税法规定的特定产品为征税对象。即国家可以根据宏观产业政策和消费政策的要求，有目的地、有重点地选择一些消费品征收消费税，以适当地限制某些特殊消费品的消费需求。

（2）按不同的产品设计不同的税率，同一产品同等纳税；消费税是价内税，是价格的组成部分。

（3）消费税实行从价定率、从量定额及既从价又从量复合计征三种方法征税。

（4）消费税征收环节具有单一性，我国的消费税主要选择了生产销售环节进行征税，即实行一次课征制，对批发、零售环节的消费品一般不再征税。

（5）消费税税收负担具有转嫁性。消费税最终都转嫁到消费者身上，消费者在支付商品价格的同时，也就承担了税负。

知识链接

消费税与增值税的区别

（1）两者范围不同：增值税对全部货物和应税劳务征税；消费税对 14 类货物征税。

（2）两者与价格的关系不同：增值税是价外税，消费税是价内税。

（3）两者的纳税环节不同：消费税是单一环节征收，增值税是在货物所有的流转环节道道征收。

（4）两者的计税方法不同：增值税是按照两类纳税人来计算的，消费税的计算方法是根据应税消费品来划分的。

三、开征消费税的意义

（1）调整流转税制结构，充分发挥每一种税收各自的调节作用，形成多层次的、最优的、互相配合使用的税收调节体系。

流转税制实行以增值税作为普遍调节税种，在生产、经营全过程中实行普遍征收，辅之以消费税作为特殊调节税种，选择部分消费品实行交叉征收的双层次、相互配合的调节体系，既可以发挥增值税作为普遍调节税种所具有的中性、公平、稳定的特性，又可以发挥消费税作为特殊调节税种所具有的灵活、特定的作用，引导资源合理配置，实现国家的产业政策和消费政策。

（2）有利于保护民族工业，维护国家权益。

由于消费税属于单一环节一次课征制税种，税不重征，可以通过退、免税把出口消费品所含的消费税全部退还给出口企业，让我国的出口消费品以不含税的价格参与国际市场的竞争，促进我国对外贸易的发展。

（3）筹集资金，增加财政收入。

在我国，消费税是中央税，国家通过消费税这种税收再分配的形式，可以将一部分消费基金转化为财政资金，为社会主义建设筹集资金，满足国家行使职能的需要。消费税是以消费品和它的流转额为征税对象，尽管征税范围不大，但某些征税项目如烟、酒等，由于销售额大或者税率高等原因，为国家积累了大量财政收入。

（4）征收消费税有利于调节收入，缓解社会分配不公。

我国社会各成员之间的收入差距较大，收入的差异导致人们在消费需求上的不同。消费税在确定征税范围时，有意识地通过对高档、奢侈消费品进行征税，而对基本生活必需品不征税，从而增加了高收入阶层购买高档、奢侈消费品的负担，有利于缓和高低收入之间的差距，以缓解社会分配不公的矛盾。

四、消费税的纳税人、征税对象、税目和税率

（一）消费税的纳税人

消费税的纳税人是在我国境内生产、委托加工、零售和进口《中华人民共和国消费税暂行条例》规定的应税消费品的单位和个人。具体包括：

（1）生产应税消费品的单位和个人。

（2）委托加工应税消费品的单位和个人，其消费税由受托方在加工完毕收取加工费时代收代缴。

（3）零售应税消费品的单位和个人，销售金银饰品、钻石及其饰品，在零售环节征收消费税；将超豪华小汽车销售给消费者的单位和个人为超豪华小汽车零售环节纳税人。

（4）进口应税消费品的单位和个人，其消费税由海关在进口时代征。

重要提示

根据《国务院关于外商投资企业和外国企业适用增值税、消费税、营业税等税收暂行条例有关问题的通知》规定，在我国境内生产、委托加工、零售和进口应税消费品的外商投资企业和外国企业，也是消费税的纳税人。

（二）消费税的征税对象

消费税的征税对象包括了五种类型的产品。

第一类：一些过度消费会对人类健康、社会秩序、生态环境等方面造成危害的特殊消费品，如烟、酒、鞭炮、焰火等。

第二类：奢侈品、非生活必需品，如贵重首饰、高档化妆品等。

第三类：高能耗及高档消费品，如小轿车、摩托车等。

第四类：不可再生和替代的稀缺资源类消费品，如汽油、柴油等。

第五类：木材类资源，如实木地板等。

知识链接

消费税政策调整

一、财政部、国家税务总局 2016 年 9 月 30 日发布关于调整化妆品消费税政策的通知——财税[2016]103 号：

取消对普通美容、修饰类化妆品征收消费税，将“化妆品”税目名称更名为“高档化妆品”。征收范围包括高档美容、修饰类化妆品、高档护肤类化妆品和成套化妆品。税率调整为 15%。自 2016 年 10 月 1 日起执行。

二、 财政部、国家税务总局 2016 年 11 月 30 日发布关于调整小汽车进口环节消费税的通知——财关税[2016]63 号：

对我国驻外使领馆工作人员、外国驻华机构及人员、非居民常住人员、政府间协议规定等应税（消费税）进口自用，且完税价格 130 万元及以上的超豪华小汽车消费税，按照生产（进口）环节税率和零售环节税率（10%）加总计算，由海关代征。自 2016 年 12 月 1 日起执行。

三、财政部、国家税务总局 2016 年 11 月 30 日发布关于对超豪华小汽车加征消费税有关事项的通知——财税[2016]129 号：

“小汽车”税目下增设“超豪华小汽车”子税目。征收范围为每辆零售价格 130 万元（不含增值税）及以上的乘用车和中轻型商用客车，即乘用车和中轻型商用客车子税目中的超豪华小汽车。对超豪华小汽车，在生产（进口）环节按现行税率征收消费税基础上，在零售环节加征消费税，税率为 10%。自 2016 年 12 月 1 日起执行。

（三）消费税的税目和税率

消费税政策调整后，共设置了 14 个税目，共有 14 个档次的税率，最低 1%，最高 56%。另外，卷烟批发环节还加征了一道从价税，税率为 11%，并按 0.005 元/支加征从量税；2015 年 2 月 1 日将电池、涂料列入消费税征收范围，在生产、委托加工和进口环节征收，适用税率为 4%。具体内容如表 4-1 所示。

表 4-1　消费税税目税率表

税　目	税　率
一、烟	
1．卷烟	
（1）甲类卷烟	每标准条（200 支，下同）调拨价在 70 元（不含增值税）以上（含 70 元）的卷烟，56%加 0.003 元/支；
（2）乙类卷烟	每标准条调拨价在 70 元（不含增值税）以下的卷烟，36%加 0.003 元/支；
（3）批发环节	11%加 0.005 元/支
2．雪茄烟	36%

续表

税　　目	税　　率
3．烟丝	30%
二、酒	
1．白酒	20%加 0.5 元/500 克（或者 500 毫升）
2．黄酒	240 元/吨
3．啤酒	
（1）甲类啤酒	250 元/吨（销售价格在 3 000 元/吨以上的）
（2）乙类啤酒	220 元/吨（销售价格在 3 000 元/吨以下的）
4．其他酒	10%
三、高档化妆品	15%
四、贵重首饰及珠宝玉石	
1．金银首饰、铂金首饰和钻石及钻石饰品	5%
2．其他贵重首饰和珠宝玉石	10%
五、鞭炮、焰火	15%
六、成品油	
1．汽油	1.52 元/升　（1 吨=1 388 升）
2．柴油	1.20 元/升　（1 吨=1 176 升）
3．航空煤油	1.20 元/升　（1 吨=1 246 升）
4．石脑油	1.52 元/升　（1 吨=1 385 升）
5．溶剂油	1.52 元/升　（1 吨=1 282 升）
6．润滑油	1.52 元/升　（1 吨=1 126 升）
7．燃料油	1.20 元/升　（1 吨=1 015 升）
七、摩托车	
1．气缸容量（排气量，下同）在 250 毫升（不含 250 毫升）以下的	不征税
2．气缸容量 250 毫升的	3%
3．气缸容量在 250 毫升以上的	10%
八、小汽车	
1．乘用车	
（1）气缸容量（排气量，下同）小于 1.0 升（含 1.0 升）	1%
（2）气缸容量在 1.0 升以上至 1.5 升（含 1.5 升）	3%
（3）气缸容量在 1.5 升以上至 2.0 升（含 2.0 升）	5%
（4）气缸容量在 2.0 升以上至 2.5 升（含 2.5 升）	9%
（5）气缸容量在 2.5 升以上至 3.0 升（含 3.0 升）	12%
（6）气缸容量在 3.0 升以上至 4.0 升（含 4.0 升）	25%
（7）气缸容量在 4.0 升以上的	40%
2．中轻型商用客车	5%
3．超豪华小汽车	按子税目 1 和子税目 2 的规定征收，同时在零售环节按 10%加征消费税

续表

税目	税率
九、高尔夫球及球具	10%
十、高档手表	20%
十一、游艇	10%
十二、木制一次性筷子	5%
十三、实木地板	5%
十四、电池、涂料	4%

即学即思

根据我国现行的消费税制度，下面各种说法正确的是（　　）。

A. 消费税是价内税　　B. 消费税选择部分生活消费品课税

C. 消费税对同一消费品只课征一次　　D. 消费税是价外税

答案：A、B。消费税征收环节具有单一性，实行一次课征制；消费税按不同的产品设计不同的税率，同一产品同等纳税；消费税是价内税，是价格的组成部分；卷烟消费税在生产和批发两个环节征收。

课后练习

1. 消费税采用了哪些税率形式？
2. 消费税主要对哪些消费品征税？

任务二　消费税应纳税额的计算

案例导入

A 公司（一般纳税人）用自产的摩托车换取原材料一批，摩托车的不含税销售价格为 24 万元，假设换取的原材料价格、增值税与摩托车的售价、增值税税额相同，摩托车的成本为 12 万元，适用的消费税税率为 3%。产品已经发出，材料已经验收入库。问该公司这笔业务应缴纳的消费税是多少？

【案例解析】 应纳消费税=240 000×3%=7 200（元）

根据消费税的税率情况，消费税的计算方法有三种，即从价定率、从量定额和复合计算方法。

一、从价定率计算方法

采用从价定率办法的应纳消费税计算公式：

应纳税额=应税销售额×消费税税率

（一）应税销售额的概念

应税销售额是指纳税人销售货物或提供应税劳务向购买方收取的全部价款和价外费用，但是不包括收取的销项税额。

（二）应税销售额的内容

（1）销售货物或应税劳务向购买方收取的全部价款。

（2）向购买方收取的各种价外费用。凡价外费用，无论其会计制度如何核算，均应并入销售额计算应纳税额。

提醒你：

但下列项目不包括在内	同时符合以下条件的代垫运输费用： （1）承运部门的运输费用发票开具给购买方的； （2）纳税人将该项发票转交给购买方的
	同时符合以下条件代为收取的政府性基金或者行政事业性收费： （1）由国务院或者财政部批准设立的政府性基金，由国务院或者省级人民政府及其财政、价格主管部门批准设立的行政事业性收费； （2）收取时开具省级以上财政部门印制的财政票据； （3）所收款项全额上缴财政

（3）如果纳税人应税消费品的销售额中未扣除增值税税款或者因不得开具增值税专用发票而采取价税合并形式收取货款的，在计算消费税额时，应换算成不含增值税税额之后再行计算，其换算公式为：

应税消费品的销售额=含增值税的销售额÷(1+增值税税率或征收率)

注：这里所说的价外费用与增值税规定的价外费用相同。

重要提示

征收消费税的销售额不含增值税，但却包含消费税本身。消费税是产品价格及产品成本的一部分。

即学即思

从会计核算上看，增值税和消费税的核算方法一样吗？它们分别通过什么科目进行核算？

例题 4-1

无锡市某日化公司（一般纳税人）销售一批高档化妆品，销售额 300 000 元（不含税），另开出普通发票收取运费5 850元。计算该公司应纳的消费税税额。

答案：该公司应纳的消费税税额=[300 000+5 850÷(1+17%)]×15%=45 750（元）

（4）财政部、国家税务总局2016年11月30日发布关于对超豪华小汽车加征消费税有关事项的通知，将超豪华小汽车销售给消费者的单位和个人为超豪华小汽车零售环节纳税人。超豪华小汽车零售环节消费税应纳税额计算公式：

应纳税额=零售环节不含税销售额×零售环节税率

国内汽车生产企业直接销售给消费者的超豪华小汽车，消费税税率按照生产环节税率和零售环节税率加总计算。消费税应纳税额计算公式：

应纳税额=销售额×(生产环节税率+零售环节税率)

例题4-2

某汽车生产企业将自产的10辆小汽车委托某经销商销售，该批小汽车每辆不含税售价150万元，消费税税率40%。分别计算汽车生产企业和经销商应纳的消费税。

答案：汽车生产企业应纳的消费税=10×150×40%=600（万元）

经销商应纳的消费税=10×150×10%=150（万元）

假设该生产企业直接将小汽车销售给消费者，则

汽车生产企业应纳的消费税=10×150×(40%+10%)=750（万元）

（三）应税销售额的特殊规定

（1）应税消费品连同包装物销售，无论包装物是否单独计价及在会计上如何核算，均应并入应税消费品的销售额中缴纳消费税。具体内容如表4-2所示。

表4-2 包装物押金的处理

种类	处理
包装物不作价随同产品销售，而是收取押金	此项押金不应并入应税消费品的销售额中征税。但对因逾期未收回的包装物不再退还的或者已收取的时间超过12个月的押金，应并入应税消费品的销售额，按照应税消费品的适用税率缴纳消费税
既作价随同应税消费品销售，又另外收取押金的包装物的押金	凡纳税人在规定的期限内没有退还的，均应并入应税消费品的销售额，按照应税消费品的适用税率缴纳消费税
酒类生产企业	对啤酒、黄酒以外酒类产品收取的包装物押金，均应在收到押金时并入酒类产品销售额中征收消费税

重要提示

《财政部、国家税务总局关于酒类产品包装物押金征税问题的通知》规定：从1995年6月1日起，对酒类产品生产企业销售酒类产品而收取的包装物押金，无论押金是否返还与会计上如何核算，均需并入酒类产品销售额中，依酒类产品的适用税率缴纳消费税。该规定只适用于实行从价定率办法征收消费税的白酒和其他酒，而不适用于实行从量定额办法征收消费税的啤酒和黄酒产品。

（2）有些应税消费品可以按销售额扣除外购已税消费品买价后的余额作为计税价格计算缴纳消费税（所谓“外购已税消费品的买价”是指购货发票上注明的销售额，不包括增值税税款）。这项规定体现了消费税税不重征的原则，避免了就流转额全额征税而出现的重复征税现象，是对传统流转税的一种改进。

知识链接

外购应税消费品已纳税款的扣除

（1）以外购或委托加工收回的已税烟丝生产的卷烟；

（2）以外购或委托加工收回的已税化妆品生产的化妆品；

（3）以外购或委托加工收回的已税珠宝玉石生产的贵重首饰及珠宝玉石；

（4）以外购或委托加工收回的已税鞭炮、焰火生产的鞭炮、焰火。

（5）以外购或委托加工收回的已税杆头、杆身和握把为原料生产的高尔夫球杆。

（6）以外购或委托加工收回的已税木制一次性筷子为原料生产的木制一次性筷子。

（7）以外购或委托加工收回的已税实木地板为原料生产的实木地板。

（8）以外购或委托加工收回的已税石脑油为原料生产的应税消费品。

（9）以外购或委托加工收回的已税润滑油为原料生产的润滑油。

扣税方法：按当期生产领用数量扣除已纳消费税。

当期准予扣除的外购应税消费品已纳税款=当期准予扣除的外购应税消费品（当期生产领用数量）买价×外购应税消费品适用税率

当期准予扣除的外购应税消费品买价=期初库存的外购应税消费品买价+当期购进的应税消费品买价–期末库存的外购应税消费品的买价

买价是指发票上的销售额，不包括增值税税额。

即学即思

根据消费税法律制度的规定，纳税人外购和委托加工的应税消费品，用于连续生产应税消费品的，已缴纳的消费税税款准予从应纳消费税税额中抵扣。下列各项中，可以抵扣已缴纳的消费税的有（　　）。

A. 委托加工收回的已税化妆品用于生产化妆品

B. 委托加工收回的已税燃料油生产应税消费品

C. 委托加工收回的已税汽车轮胎用于生产小汽车

D. 委托加工收回的已税烟丝用于生产卷烟

答案：委托加工收回的已税汽车轮胎用于生产小汽车，已纳税款不能抵扣，应该选 A、B、D。

（3）纳税人通过自设非独立核算门市部销售的自产应税消费品，应当按照门市部对外销售金额缴纳消费税。

例题 4-3

无锡市捷达摩托车厂为增值税一般纳税人，2014 年 7 月将生产摩托车 100 辆，以每辆出厂价 2 000 元（不含增值税）给自设非独立核算的门市部；门市部又以每辆 3 510 元（含增值税）售给消费者。摩托车适用的消费税税率为 10%，摩托车厂 7 月份应缴纳消费税税额是多少？

答案：应纳税额=销售额×税率=3 510÷(1+17%)×100×10%=30 000（元）

（4）纳税人用于换取生产资料和消费资料、投资入股和抵偿债务等方面的应税消费品，应当以纳税人同类应税消费品的最高销售价格作为计税依据计算消费税。

例题 4-4

无锡市某汽车厂 7 月份以自产小汽车 10 辆换取钢铁厂生产的钢材 200 吨，每吨钢材 5 000 元。该厂生产的同一型号小汽车销售价格分别为 10 万元／辆、9 万元／辆和 8 万元／辆，假定小汽车适用的消费税税率为 5%，则该汽车厂应缴纳消费税税额是多少？

答案：计算用于换取钢材的小汽车应纳消费税的销售额为 10 万元／辆。

应纳消费税税额=10×10×5%=5（万元）

（5）纳税人销售的应税消费品，如果是以外汇计算销售额的，应当按外汇牌价折合成人民币计算应纳税额。

知识链接

应税销售额和销售额的区别

销售额是会计上的用语，一般指主营业务收入；而应税销售额是税务上的用语，是指按照税法规定，应当交纳税金的销售收入。两者在通常情况下是一致的，但特定情况下存在一定的差异，其原因在于，为避免偷逃税收情况的发生，税法对某些非销售行为规定为视同销售，征收相关税收。

二、从量定额计算方法

采用从量定额办法的应纳消费税的计算公式：

应纳税额=应税销售量×单位消费税税额

在从量定额计税时，黄酒、啤酒以吨为税额单位，汽油、柴油以升为税额单位。

纳税人发生应当按照定额税率征收消费税情形的，其销售数量按照如下规定。

（1）销售应税消费品的，为应税消费品的销售数量。

（2）自产自用应税消费品的，为应税消费品的移送使用数量。

（3）委托加工应税消费品的，为纳税人收回的应税消费品数量。

（4）进口的应税消费品为海关核定的应税消费品进口征税数量。

例题 4-5

无锡市某炼油厂 2016 年 7 月销售汽油 300 吨，另外用 50 吨汽油抵偿债务。要求：计算该炼油厂当月应纳消费税税额。已知汽油 1 吨=1 388 升。汽油单位税额 1.52 元/升。

答案：当月应纳消费税税额=(300+50)×1 388×1.52=738 416（元）

三、复合计算方法

按照规定，卷烟和白酒应纳消费税税额实行从价定率和从量定额相结合的复合计征办法。计算公式：

应纳税额=应税销售数量×定额税率+应税销售额×比例税率

重要提示

消费税最高税率适用的规定：

（1）纳税人兼营不同税率的应税消费品（即生产销售两种税率以上的应税消费品时）应当分别核算不同税率应税消费品的销售额或销售数量，未分别核算的，按最高税率征税。

（2）纳税人将应税消费品与非应税消费品及适用税率不同的应税消费品组成成套消费品销售的，应根据成套消费品的销售金额按应税消费品中适用最高税率的消费品税率征税。

例题 4-6

无锡市某酒厂 2014 年 7 月销售白酒 30 000 斤，售价为 15 元/斤，随同销售的包装物价格 6 000 元；本月销售礼品盒 8 000 套，售价为 300 元/套，每套包括白酒 2 斤、单价 80 元；干红酒 2 斤、单价 70 元。该企业 12 月应纳消费税为多少元？（题中的价格均为不含税价格）

答案：该企业 12 月应纳消费税=(30 000×15+6 000)×20%+30 000×0.5+8 000×300 ×20%+8 000×4×0.5=602 200（元）

重要提示

实际销售价格高于计税价格和核定价格的卷烟，按实际销售价格征收消费税；实际销售价格低于计税价格和核定价格的卷烟，按计税价格或核定价格征收消费税。

非标准条包装卷烟应当折算成标准条包装卷烟的数量，依其实际销售收入计算确定其折算成标准条包装后的实际销售价格，并确定适用的比例税率。

例题 4-7

无锡市 A 卷烟企业（增值税一般纳税人）2014 年 7 月销售自产甲类卷烟 1 000 大箱（每箱 50 000 支，下同）给 B 卷烟批发企业，取得不含税销售额 3 000 万元；B 卷烟批发企业当月销售卷烟 900 大箱给零售商，取得不含税销售额 3 500 万元。

要求：分别计算 A、B 企业应纳消费税。

答案：A 卷烟每标准条不含税销售价格=30 000 000÷1 000÷250=120（元）

结果大于 70 元/条，按税率 56%计征消费税。

A 企业应纳消费税=3 000×56%+1 000×50 000×0.003÷10 000=1 695（万元）

B 企业应纳消费税=3 500×5%=175（万元）

四、自产自用应税消费品的征税规定

自产自用应税消费品征税范围主要如下。

（一）用于连续生产应税消费品

根据《中华人民共和消费税暂行条例》规定，纳税人自产自用的应税消费品，用于连续生产应税消费品，不纳税。

例如，卷烟厂生产的烟丝，烟丝已是应税消费品。如果卷烟厂将自己生产的烟丝用于连续生产卷烟，则用于连续生产卷烟的烟丝就不缴纳消费税，而只对生产的卷烟征收消费税。如果生产的烟丝是直接销售的，则按照税法规定缴纳消费税。

（二）用于其他方面的

根据《中华人民共和消费税暂行条例》规定，纳税人自产自用的应税消费品，除用于连续生产应税消费品外，凡用于其他方面的，于移送使用时纳税。

纳税人自产自用的应税消费品，按照纳税人生产的同类消费品的销售价格计算纳税；没有同类消费品销售价格的，按照组成计税价格计算，公式为：

组成计税价格=成本×(1+成本利润率)÷(1−消费税税率)

实行复合计税办法计算纳税的组成计税价格公式为：

组成计税价格=[成本×(1+成本利润率)+自产自用数量×定额税率] ÷(1−消费税税率)

重要提示

应税消费品全国平均成本利润率由国家税务总局确定，如表4-3所示。

表4-3　应税消费品全国平均成本利润率

税　目	成本利润率
高档手表	20%
卷烟、白酒、高尔夫球及球具、游艇	10%
小汽车中的乘用车	8%
摩托车、贵重首饰和珠宝玉石	6%
其他应税消费品	5%

例题4-8

无锡市某化妆品有限公司将一批自产的化妆品用于职工福利，化妆品的成本为18 000元，该化妆品无同类产品市场价格，成本利润率为5%，消费税税率为30%。计算该批化妆品应缴纳的消费税税额。

答案：组成计税价格=成本×(1+成本利润率)÷(1−消费税税率)

=18 000×(1+5%)÷(1−30%)=27 000（元）

应纳税额=27 000×30%=8 100（元）

即学即思

企业发生的下列行为中，不需要缴纳消费税的是（　　）。

A. 用自产的应税消费品换取生产资料

B. 用自产的应税消费品支付代扣手续费

C. 直接销售委托加工收回的已税的应税消费品

D. 在销售数量之外另付给购货方自产的应税消费品作为奖励

答案：C。根据《中华人民共和消费税暂行条例》规定，纳税人自产自用的应税消费品，用于连续生产应税消费品，不纳税；凡用于其他方面的，于移送使用时纳税。

五、委托加工应税消费品应纳税额的计算

（一）委托加工应税消费品的确定

委托加工应税消费品是指委托方提供原料和主要材料，受托方只收取加工费和代垫部分辅助材料加工应税消费品的应税行为。

作为委托加工的应税消费品，必须具备两个条件：一是由委托方提供原料和主要材料；　二是受托方只收取加工费和代垫部分辅助材料。

（二）代收代缴税款

受托方是法定的代收代缴义务人，由受托方在向委托方交货时代收代缴消费税；纳税人委托个体经营者加工应税消费品，一律于委托方收回后在委托方所在地缴纳消费税。

委托加工的应税消费品，受托方在交货时已代收代缴消费税，委托方收回后直接销售的，不再征收消费税。

知识链接

扣缴义务人的法律责任

扣缴义务人未按照规定期限解缴税款的，税务机关除责令限期缴纳外，从滞纳税款之日起，按日加收滞纳税款万分之五的滞纳金。扣缴义务人应扣未扣、应收而不收税款的，由税务机关向纳税人追缴税款，对扣缴义务人处应扣未扣、应收未收税款百分之五十以上三倍以下的罚款。

（三）委托加工应税消费品组成计税价格的确定

（1）受托方有同类消费品销售价格的，按同类消费品的销售价格计算纳税，其应纳税额的计算公式为：

应纳税额=同类消费品销售单价×委托加工数量×适用税率

同类消费品的销售价格是指受托方（即代收代缴义务人）当月销售的同类消费品的销售价格，如果当月同类消费品各期销售价格高低不同，应按销售数量加权平均计算。

提醒你：

销售的应税消费品有下列情况的，不得列入加权平均计算	（1）销售价格明显偏低又无正当理由的
	（2）无销售价格的。如果当月无销售或者当月未完结，应按照同类消费品上月或最近月份的销售价格计算纳税

（2）没有同类消费品销售价格的，按组成计税价格计税。

实行从价定率计税办法计算纳税的组成计税价格公式为：

组成计税价格=(材料成本+加工费)÷(1−消费税税率)

实行复合计税办法计算纳税的组成计税价格公式为：

组成计税价格=(材料成本+加工费+委托加工数量×定额税率)÷(1−消费税税率)

应纳税额=组成计税价格×适用税率

重要提示

按照《消费税暂行条例实施细则》的规定，“材料成本”是指委托方所提供加工材料的实际成本。“加工费”是指受托方加工应税消费品向委托方所收取的全部费用（包括代垫辅助材料的实际成本，不包括增值税税金）。

例题 4-9

无锡市大通有限公司本月受托加工 A 类化妆品 100 件，受托方同类产品含增值税售价为 58 500 元；受托加工 B 类化妆品 50 件，成本为 40 000 元，加工费为 10 000 元。化妆品税率为 15%，则该企业应代收代缴消费税税额为多少元？

答案：受托加工 A 类化妆品 10 件，按照受托方同类消费品的销售价格计算纳税。

应税消费品的销售额 = 含增值税的销售额÷(1+增值税税率或者征收率)

=58 500÷(1+17%)=50 000（元）

A 类化妆品应纳税额=同类消费品销售价格×适用税率

=50 000×15%=7 500（元）

受托加工 B 类化妆品 50 件，没有同类消费品销售价格的，按照组成计税价格计算。

纳税组成计税价格=(材料成本+加工费)÷(1−消费税税率)

=(40 000+10 000)÷(1−15%)=66 666.67（元）

B 类化妆品应纳税额=组成计税价格×适用税率=66 666.67×15%=10 000（元）

该企业应代收代缴消费税税额=7 500+ 10 000=17 500（元）

（3）用委托加工收回的应税消费品连续生产应税消费品计算征收消费税问题。

纳税人用委托加工收回的应税消费品连续生产应税消费品，在计征消费税时可以扣除委托加工收回应税消费品已纳消费税税款。

当期准予扣除的委托加工应税消费品已纳消费税税款的计算公式为：

当期准予扣除的委托加工应税消费品已纳税款=期初库存的委托加工应税消费品已纳税款+当期收回的委托加工应税消费品已纳税款−期末库存的委托加工应税消费品已纳消费税税款

例题 4-10

无锡市某酒厂为增值税一般纳税人，2016 年 7 月发生以下业务：

（1）从农业生产者手中收购粮食 40 吨，每吨收购价 2 000 元，共计支付收购价款 80 000 元。（2）该酒厂将收购的粮食从收购地直接运往异地的乙酒厂生产加工白酒，白酒加工完毕，企业收回白酒 12 吨，取得乙酒厂开具防伪税控的增值税专用发票，注明加工费 35 000 元，代垫辅料价值 10 000 元，加工的白酒当地无同类产品市场价格。（3）本月内该酒厂将收回的白酒批发售出 9 吨，每吨不含税销售额 18 000 元。（4）另外支付给运输单位的销货运输费用 15 000 元，取得普通发票。白酒消费税税率为 20%。

要求：（1）计算乙酒厂应代收代缴的消费税和应纳增值税。

（2）计算无锡市某酒厂应纳消费税和增值税。

答案：（1）对于乙酒厂，委托方提供的原材料成本为不含增值税的价格。

① 代收代缴的消费税的组成计税价格

= [40×2 000×(1−13%)+(35 000+10 000)+12×2 000×0.5] ÷(1−20%)

=158 250（元）

应代收代缴的消费税=158 250×20%+12×2 000×0.5=43 650（元）

② 应纳增值税=(35 000+10 000)×17%=7 650（元）

（2）无锡市某酒厂。

① 销售委托加工收回的白酒不交消费税。

② 应纳增值税。

销项税额=9×18 000×17%=27 540（元）

进项税额=40×2 000×13%+7 650+15 000×7%=19 100（元）

应纳增值税=27 540–19 100=8 440（元）

重要提示

纳税人用委托加工收回的已税珠宝玉石生产的改在零售环节征收消费税的金银首饰，计税时一律不得扣除委托加工收回的珠宝玉石的已纳消费税税款。

六、金银首饰征收消费税应纳税额的计算

（一）纳税义务人

纳税义务人是在我国境内从事金银首饰零售业务的单位和个人。委托加工、委托代销金银首饰的受托方也是纳税人。

提醒你：

下列业务视同零售业务	（1）为经营单位以外的单位和个人加工金银首饰
	（2）经营单位将金银首饰用于馈赠、赞助、集资、广告、样品、职工福利、奖励等方面
	（3）未经中国人民银行总行批准，从事金银首饰批发业务的单位将金银首饰销售给经营单位

（二）改在零售环节征收消费税的金银首饰范围

（1）在零售环节征收消费税的金银首饰范围：金、银和金基、银基合金首饰，以及金、银和金基、银基合金的镶嵌首饰。从 2003 年 5 月 1 日起，铂金首饰消费税改为零售环节征税。

（2）对原销售金银首饰，又销售非金银首饰的生产经营单位，凡是划分不清楚或不能分别核算两类商品的：

① 在生产环节销售的，一律从高适用税率征收消费税；

② 在零售环节销售的，一律按金银首饰征收消费税；

③ 金银首饰与其他产品组成成套消费品销售的，应按照销售额全额征收消费税。

（三）金银首饰消费税税率为 5%

（四）计税依据

（1）纳税人销售金银首饰的计税依据是不含增值税税额的销售额，其计算公式为：

金银首饰不含增值税的销售额=含增值税的销售额÷(1+增值税税率或征收率)

（2）金银首饰连同包装物销售的，不论包装物是否单独计价，也不论会计上如何核算，均应并入金银首饰的销售额，计征消费税。

（3）委托方带料加工的金银首饰，应按受托方销售同类金银首饰的销售价格确定计税依据征收消费税。没有同类金银首饰销售价格的，按照组成计税价格计算纳税，其计算公式为：

组成计税价格=(材料成本+加工费)÷(1−金银首饰消费税税率)

（4）纳税人采用以旧换新（含翻新改制）方式销售的金银首饰，应按实际收取的不含增值税的全部价款确定计税依据征收消费税。

（5）经营单位将金银首饰用于馈赠、赞助、集资、广告、样品、职工福利、奖励等方面时，应按纳税人销售同类金银首饰的销售价格确定计税依据征收消费税。没有同类金银首饰销售价格的，按照组成计税价格计算纳税，计算公式为：

组成计税价格=购进原价×(1+成本利润率)÷(1−金银首饰消费税税率)

公式中的“成本利润率”一律定为 6%。

（6）金银首饰消费税改变纳税环节后，用已税珠宝玉石生产的镶嵌首饰，在计税时一律不得扣除已纳消费税税款。

例题 4-11

无锡大东方集团公司（一般纳税人）2016 年 7 月向消费者个人销售金银首饰取得收入 159 500 元，销售金银镶嵌首饰取得收入 357 800 元，销售镀金首饰取得收入 32 898 元，销售镀金镶嵌首饰取得收入 12 378 元，取得修理清洗收入 780 元。问该企业上述业务应纳消费税为多少元？

答案：应纳消费税=(159 500+357 800)÷(1+17%)×5%=22 106.84（元）

例题 4-12

无锡某商场是一般纳税人，2016 年 7 月采取“以旧换新”方式销售 24K 纯金项链 100 条，新项链对外销售含税价格为 35 000 元，旧项链作价 13 000 元，每条项链从消费者手中收取新旧差价款 22 000 元；同期赠送业务关系户 24K 纯金戒指 25 枚（无同类市场价格），购进原价为 13 000 元/枚；销售包金项链 10 条，向消费者开出的普通发票金额为 50 000 元；销售镀金项链 15 条，向消费者开出的普通发票金额为 80 000 元（金银首饰成本利润率为 6%）。

根据上述资料计算该商场销售金银首饰应缴纳的消费税。

答案：税法规定，金银首饰的“以旧换新”业务，按实际收到的价款计算消费税和增值税；其他商品的“以旧换新”业务，按货物的正常售价计算消费税和增值税。

销售纯金项链应纳消费税=100×22 000÷(1+17%)×5%=94 017.09（元）

赠送业务关系户纯金戒指应纳消费税=25×13 000×(1+6%)÷(1−5%)×5%

=18 131.58（元）

包金和镀金项链不属于金银首饰的征税范围。

该商场销售金银首饰应缴纳的消费税合计=94 017.09+18 131.58=112 148.67（元）

重要提示

金银首饰消费税改变征税环节后，经营单位进口金银首饰的消费税，由进口环节征收改为在零售环节征收；出口金银首饰由出口退税改为出口不退消费税。

七、进口消费品应纳税额的计算

（1）进口的应税消费品，实行从价定率办法计算应纳税额的，按照组成计税价格计算纳税。计算公式为：

组成计税价格=(关税完税价格+关税)÷(1−消费税比例税率)

应纳税额=组成计税价格×适用税率

公式中的“关税完税价格”是指海关核定的关税计税价格。

重要提示

如进口的应税消费品属于适用从价与从量相结合计征的产品，在分子中还应加上“消费税定额税”。

（2）实行从量定额办法的应税消费品的应纳税额的计算：

应纳税额=应税消费品数量×消费税单位税额

这里的“应税消费品数量”是指海关核定的应税消费品进口征税数量。

（3）依据确定的进口卷烟消费税适用比例税率计算进口卷烟消费税组成计税价

格和应纳消费税税额。

进口卷烟消费税组成计税价格=(关税完税价格+关税+消费税定额税)÷(1−进口卷烟消费税适用比例税率)

重要提示

公式中，关税完税价格和关税为每标准条的关税完税价格及关税税额；消费税定额税率为每标准条（200 支）0.6 元（依据现行消费税定额税率折算而成）；消费税税率固定为 36%。

应纳消费税税额=进口卷烟消费税组成计税价格×进口卷烟消费税适用比例税率+消费税定额税

例题 4-13

无锡某公司从境外进口一批化妆品，经海关核定，关税的完税价格为 85 000 元，进口关税税率为 25%，消费税税率为 30%。计算该公司应纳关税税额和消费税税额。

答案：应纳关税税额=85 000×25%=21 250（元）

组成计税价格=(85 000+85 000×25%)÷(1−30%)=151 785.71（元）

应纳消费税税额=151 785.71×30%=45 535.71（元）

例题 4-14

无锡市某商贸公司 2016 年 7 月从国外进口卷烟 4 万条（每条 200 支），支付买价 100 万元，支付到达我国海关前的运输费用、保险费用 8 万元。假设关税税率为 30%，计算进口应纳的消费税。

答案：（1）进口卷烟应纳关税=(100+8)×30%=32.4（万元）

（2）进口卷烟消费税的计算：

① 定额消费税=4×0.003×200=2.4（万元）

② 每标准条确定消费税适用比例税率的价格=[(108+32.4+2.4)−(1−36%)]÷4=55.78（元）

适用从价消费税税率为 36%，进口卷烟应纳消费税=(108+32.4+2.4)÷(1−36%)×36%+2.4=82.73（万元）

即学即思

某外贸进出口公司，2016 年 5 月进口 14 辆小轿车，每辆车的关税完税价格为 8

万元，已知小轿车关税税率为 100%，消费税为 5%，进口这些小轿车应缴纳消费税多少万元？

答案：应缴纳消费税=14×(8+8×100%)÷(1−5%)×5%=11.79（万元）

课后练习

1. 什么是价外费用？对价外费用如何处理？
2. 自产自用应税消费品没有销售额，应当如何处理？
3. 应税消费品计税价格的核定权限是如何规定的？
4. 什么是委托加工？对委托加工应税消费品如何征收消费税？

任务三　消费税的会计处理

一、消费税的计税凭证

由于缴纳消费税的消费品同时需要缴纳增值税，且两者都以含消费税不含增值税的销售额为计税依据，故两种税的计税凭证可以共用同一会计凭证，即增值税专用发票，如图 4-1 所示；在按规定不得开具增值税专用发票时，可以普通发票作为计税凭证，只是先要进行价税分离处理，然后再计税。

江苏省增值税专用发票　№ 02356278

记账联　　开票日期：2016 年 7 月 6 日

<table>
<tr><td rowspan="4">购货单位</td><td>名称：</td><td colspan="4">无锡大厦有限公司</td><td rowspan="4">密码区</td><td colspan="3" rowspan="4">略</td></tr>
<tr><td>纳税人识别号：</td><td colspan="4">320103672849637</td></tr>
<tr><td>地址：　电话：</td><td colspan="4">无锡中山路 16 号 0510-86255973</td></tr>
<tr><td>开户银行及账户</td><td colspan="4">工商银行无锡中山路支行 34009003675994725</td></tr>
<tr><td colspan="2">货物或应税劳务名称</td><td>规格型号</td><td>单位</td><td>数量</td><td>单价</td><td colspan="2">金额</td><td>税率</td><td>税额</td></tr>
<tr><td colspan="2">化妆品</td><td>500ml</td><td>件</td><td>400</td><td>50</td><td colspan="2">20 000</td><td>17%</td><td>3 400</td></tr>
<tr><td colspan="2">价税合计（大写）</td><td colspan="8">贰万叁仟肆佰元整　　（小写）￥23 400.00</td></tr>
<tr><td rowspan="4">销货单位</td><td>名称：</td><td colspan="5">江苏环宇公司</td><td rowspan="4">备注</td><td colspan="3" rowspan="4">江苏环宇公司 320103001119928 发票专用章</td></tr>
<tr><td>纳税人识别号：</td><td colspan="5">320103003247628</td></tr>
<tr><td>地址：
电话：</td><td colspan="5">无锡市太湖路 180 号 0510-85437071</td></tr>
<tr><td>开户行及账号：</td><td colspan="5">中国银行无锡开发区支行 740108320311</td></tr>
</table>

第一联：记账联　销货方记账

收款人：李红　　复核：王佳　　开票人：成艺　　销货单位：江苏环宇公司

图 4-1　增值税专用发票

二、消费税的科目设置及账簿结构

消费税的纳税人应在“应交税费”总账科目下，设置“应交消费税”明细科目。“应交税费——应交消费税”明细账户可采用三栏式结构：贷记纳税人计算出的应纳消费税税额；借记已纳的消费税税额；若期末余额在贷方，则表示纳税人尚未交纳的税额；若期末余额在借方，则表示纳税人多交应退或可以抵扣的税额；若期末余额为零，则表示征纳双方结清了税款。

三、消费税的账务处理

（1）销售自制应税消费品，应当按应缴消费税税额借记“税金及附加”科目；贷记“应交税费——应交消费税”科目。同时还需做与销售收入和应缴增值税有关的账务处理。

例题 4-15

无锡市某日化厂（一般纳税人）所设门市部 2014 年 7 月 2 日对外零售化妆品，开出普通发票的金额为 46 800 元，所得款项已全部存入银行。该消费品消费税税率为 10%，计算应交的增值税和消费税，并进行账务处理。

答案：应交增值税=46 800÷(1+17%)×17%=6 800（元）

应交消费税=46 800÷(1+17%)×10%=4 000（元）

借：银行存款　　46 800

　　贷：主营业务收入　　40 000

　　　　应交税费——应交增值税（销项税额）　　6 800

借：税金及附加　　4 000

　　贷：应交税费——应交消费税　　4 000

（2）以应税消费品作为投资的，将按规定把应缴纳的消费税额计入长期投资总额，借记“长期股权投资”科目；贷记“应交税费——应交消费税”科目。

例题 4-16

无锡市大通地板有限公司将自产的一批实木地板投资到江阴市华润有限公司，开具增值税专用发票，价款 40 000 元，增值税 6 800 元，该批地板的成本为 30 000 元。消费税税率为 5%。计算应交的消费税，并进行账务处理。

答案：应交消费税=40 000×5%=2 000（元）

借：长期股权投资——其他投资　　48 800

贷：主营业务收入　　40 000

　　应交税费——应交增值税（销项税额）　　6 800

　　应交税费——应交消费税　　2 000

（3）视同销售自制应税消费品应缴消费税的，按规定将应缴消费税税额借记“税金及附加”科目；贷记“应交税费——应交消费税”科目。

例题 4-17

无锡市大通地板有限公司将一批实木地板用于抵偿应付大华公司的货款，地板市场价格 10 000 元，消费税税率为 10%。计算应交的消费税，并进行账务处理。

答案：应交消费税=10 000×10%=1 000（元）

借：主营业务税金及附加　　1 000

　　贷：应交税费——应交消费税　　1 000

（4）自产自用应税消费品应缴消费税的，按规定将应缴的消费税税额借记“固定资产”“在建工程”“营业外支出”“销售费用”“应付职工薪酬”等科目，贷记“应交税费——应交消费税”科目。

例题 4-18

无锡市某化妆品有限公司将一批自产的化妆品用于职工福利，化妆品的成本为 18 000 元，该化妆品无同类产品市场价格，成本利润率为 5%，消费税税率为 15%。计算应交的消费税，并进行账务处理。

答案：应交消费税=18 000×(1+5%)÷(1−15%)×15%=3 335.29（元）

借：应付职工薪酬——职工福利　　3 335.29

　　贷：应交税费——应交消费税　　3 335.29

例题 4-19

无锡市捷达摩托车制造有限公司 2016 年 7 月 11 日将自产的一批摩托车用于赞助摩托车大赛。同类摩托车销售价格为 200 000 元，该批摩托车成本 120 000 元，消费税税率为 10%。计算摩托车制造有限公司的应纳消费税，并进行账务处理。

答案：应交消费税=200 000×10%=20 000（元）

借：营业外支出　　20 000

　　贷：应交税费——应交消费税　　20 000

（5）应税消费品的包装物随同消费品一同出售但单独计价的，按规定应缴的消费税税额，借记“其他业务成本”科目，贷记“应交税费——应交消费税”科目；随同产品出售但不单独计价的包装物，其收入随同销售的产品一起计入产品销售收入。即按包装物与产品的销售额合计计算的应纳消费税税额，借记“税金及附加”等科目，贷记“应交税费——应交消费税”科目。

（6）对于委托加工应税消费品的，受托方在委托方提货时代收代缴税款。受托方按应扣税款借记“银行存款”和“应收账款”等科目；贷记“应交税费——应交消费税”科目。委托方收回应税消费品后，若直接用于销售，则应将代收代缴的消费税计入委托加工的应税消费品成本，借记“委托加工物资”“生产成本”“自制半成品”等科目；贷记“应付账款”和“银行存款”等科目。若委托方将收回的应税消费品用于连续生产应税消费品，按规定准予抵扣消费税额的，则委托方应将代收代缴的消费税税款借记“应交税费——应交消费税”科目，贷记“应付账款”和“银行存款”等科目。

例题 4-20

某家具公司委托 A 企业加工一批实木地板，共应交纳消费税 100 000 元。问当家具公司将实木地板提回时，A 企业代收代缴的税款应如何处理？

答案：借：应收账款　　100 000

　　贷：应交税费——应交消费税　　100 000

假定上述家具公司收回实木地板后继续用于实木地板的加工。问该家具公司应如何账务处理？

答案：公司对 A 企业代收代缴的消费税税额 100 000 元可以予以抵扣，所做的会计分录如下。

借：应交税费——应交消费税　　100 000

　　贷：应付账款　　100 000

课后练习

1. A 厂提供原料 19 万元委托 B 厂加工木质一次性筷子。提货时支付加工费等 2.3 万元，取得专用发票。该批木质一次性筷子按 B 厂同类商品的市场售价计算价值 25.3 万元。收回后继续加工后出售，本月取得收入 28 万元（注：A、B 厂均为增值税一般纳税人，以上所有金额均为不含税金额）。要求：根据以上资料编制 A、B 厂相关会计分录。

2. 某酒厂 8 月份出售自产粮食白酒 3 吨，收入 35 000 元；包装物单独计价，售价500元。委托A厂加工黄酒30吨，材料成本10 000元，加工费8 000元，收回后直接销售。

（注：某酒厂和A厂均为增值税一般纳税人，以上所有金额均为不含税额）。要求：计算某酒厂应交消费税和增值税税额，并做相应的会计处理。

任务四　消费税的纳税申报

一、消费税的纳税环节

不同类别的消费品其纳税环节各不相同，具体环节如表4-4所示。

表4-4　消费税的纳税环节

类　别	纳税环节	
生产应税消费品	销售时纳税	
自产自用的应税消费品	连续生产	不纳税
	用于其他方面的	移送使用时纳税
委托加工应税消费品	受托方在向委托方交货时代收代缴税款 委托方销售时不纳税	
进口应税消费品	报关进口时纳税	
金银首饰	销售（零售）	销售时纳税
	馈赠、赞助、集资、广告、样品、职工福利、奖励等	移送时纳税
	带料加工、翻新改制	委托方交货时纳税
	进口金银首饰	零售环节纳税
	出口金银首饰	不退消费税
	钻石及钻石饰品、铂金首饰	零售环节纳税

即学即思

消费税的纳税环节和增值税的纳税环节相同吗？

二、纳税义务的发生时间

（1）纳税人销售应税消费品，其纳税义务的发生时间如下。

① 纳税人采取赊销和分期收款结算方式的，为销售合同规定的收款日期的当天。

② 纳税人采取预收货款结算方式的，为发出应税消费品的当天。

③ 纳税人采取托收承付和委托银行收款方式销售应税消费品的，为发出应税消费品并办妥托收手续的当天。

④ 纳税人采取其他结算方式的，为收讫销售款或者取得索取销售款凭据的当天。

（2）纳税人自产自用的应税消费品，其纳税义务的发生时间为移送使用的当天。

（3）纳税人委托加工的应税消费品，其纳税义务的发生时间为纳税人提货的当天。

（4）纳税人进口的应税消费品，其纳税义务的发生时间为报关进口的当天。

（5）纳税人销售金银首饰，其纳税义务发生时间为收讫销货款或取得索取销货凭据的当天；用于馈赠、赞助、集资、广告、样品、职工福利、奖励等方面的金银首饰，其纳税义务发生时间为移送的当天；带料加工、翻新改制的金银首饰，其纳税义务发生时间为受托方交货的当天。

即学即思

以下有关消费税纳税义务发生时间说法正确的是（　　）。

A. 预收货款结算方式下为发出应税消费品的当天

B. 赊销方式下为收到货款的当天

C. 预收货款结算方式下为收到货款的当天

D. 分期收款结算方式下为实际收款日期

答案：A。纳税人采取赊销和分期收款结算方式的，为销售合同规定的收款日期的当天；采取预收货款结算方式的，为发出应税消费品的当天。

三、纳税期限和报缴期限

（一）纳税期限

消费税的纳税期限分别为 1 日、3 日、5 日、10 日、15 日或者 1 个月。纳税人的具体纳税期限由主管税务机关根据纳税人应纳税额的大小分别核定；不能按照固定期限纳税的，可以按次纳税。

（二）报缴期限

（1）消费税的报缴税款期限，纳税人以 1 个月为 1 期纳税的，自期满之日起 10 日内申报纳税；以 1 日、3 日、5 日、10 日或者 15 日为 1 期纳税的，自期满之日起 5 日内预缴税款，于次月 1 日起 10 日内申报纳税并结清上月应纳税款。

（2）纳税人进口应税消费品，应当自海关填发税款缴纳证的次日起 7 日内缴纳税款。

四、纳税地点

（一）生产销售应税消费品及自产自用应税消费品的纳税地点

（1）纳税人销售应税消费品及自产自用的应税消费品，应当向纳税人核算地主管税务机关申报纳税。

（2）纳税人到外县（市）销售或委托外县（市）代销自产应税消费品的，于应税消费品销售后，回纳税人核算地或所在地缴纳消费税。

（3）纳税人的总机构与分支机构不在同一县（市）的，应在生产应税消费品的分支机构所在地缴纳消费税。但经国家税务总局及所属的省、自治区、直辖市国家税务局批准，纳税人分支机构应纳消费税税款，也可由总机构汇总向总机构所在地主管税务机关缴纳。

（二）委托加工应税消费品的纳税地点

（1）工业企业受托加工的应税消费品，纳税地点确定在受托方所在地，由受托方向所在地主管税务机关解缴代收的税款。

（2）个体工商业户受托加工的应税消费品，纳税地点确定在委托方所在地，由委托方在收回应税消费品后，向所在地主管税务机关申报纳税。

（三）进口应税消费品的纳税地点

进口的应税消费品，由进口人或者其代理人向报关地海关申报纳税。

（四）金银首饰的纳税地点

金银首饰的经营单位到外县（市）临时销售金银首饰，应当向其机构所在地主管国家税务局申请开具外出经营活动税收管理证明，回其机构所在地主管国家税务局申报纳税。

即学即思

下列项目中，符合消费税纳税地点规定的是（　　）。

A. 自产自用的应税消费品在使用地纳税

B. 委托个体加工应税消费品的，在受托方所在地纳税

C. 总、分机构不在同一县（市）的，在总机构所在地纳税

D. 委托外地代销的，销售后回纳税人核算地纳税

答案：D。自产自用的应税消费品，应当向纳税人核算地主管税务机关申报纳

税；个体工商业户受托加工的应税消费品，纳税地点确定在委托方所在地；纳税人的总机构与分支机构不在同一县（市）的，应在生产应税消费品的分支机构所在地缴纳消费税。

即学即思

某酒厂总部设在北京，生产酒的基地设在江苏，则下列关于消费税纳税地点的说法正确的有（　　）。

A. 在北京纳税

B. 在江苏纳税

C. 经国家税务总局批准在北京纳税

D. 经由北京、江苏国税局协商决定在哪里纳税

答案：A、B、C。纳税人总机构与分支机构不在同一县（市）的，应在生产应税消费品的分支机构所在地缴纳消费税。但经国家税务总局及所属的省、自治区、直辖市国家税务局批准，纳税人分支机构应纳消费税税款，也可由总机构汇总向总机构所在地主管税务机关缴纳。

五、纳税申报办法

消费税的纳税人主要采用自行计算应纳税额，向税务机关填报纳税申报表，经税务机关审查核定后自行到银行缴纳消费税的纳税方式。因此，正确填制纳税申报表，是纳税人正确纳税的重要环节。

（一）纳税申报应提交的资料

（1）《消费税纳税申报表》两份。

（2）生产石脑油、溶剂油、航空煤油、润滑油、燃料油的纳税人在办理纳税申报时还应提供“生产企业生产经营情况表”和“生产企业产品销售明细表（油品）”。

（3）外购应税消费品连续生产应税消费品的，提供外购应税消费品增值税专用发票（抵扣联）原件和复印件。如果外购应税消费品的增值税专用发票属于汇总填开的，除提供增值税专用发票（抵扣联）原件和复印件外，还应提供随同增值税专用发票取得的由销售方开具并加盖财务专用章或发票专用章的销货清单原件和复印件。

（4）委托加工收回应税消费品连续生产应税消费品的，提供“代扣代收税款凭证”原件和复印件。

（5）进口应税消费品连续生产应税消费品的，提供“海关进口消费税专用缴款书”原件和复印件。

（6）扣缴义务人必须在规定的申报期限内报送“消费税代扣代缴税款报告表”及国税机关要求报送的其他有关资料。

（7）汽油、柴油消费税纳税人还需报送：①生产企业生产经营情况表（油品）；②生产企业产品销售明细表（油品）；③主管部门下达的月度生产计划；④企业根据生产计划制定的月份排产计划。

（二）消费税纳税申报实务操作

无锡 A 卷烟厂是增值税一般纳税人，主要生产卷烟，其不含增值税的调拨价格为 68 元/标准条，税务机关为其核定的纳税期限为 1 个月。该厂 2016 年 10 月 1 日未缴的消费税为 4 360 000 元，2016 年 10 月 10 日缴纳到税务机关。该企业的卷烟属于乙类卷烟，比例税率为 36%，定额税率为 0.003 元/支，即 150 元/标准箱。2016 年 10 月有关业务资料如下：

（1）月初库存外购烟丝的买价为 300 万元。

（2）10 月 8 日购入烟丝，不含增值税价款为 500 万元，取得了增值税专用发票。发票账单和烟丝同时到达企业，该批烟丝已经验收入库。

（3）10 月 9 日委托 B 烟丝厂加工烟丝一批，原材料成本为 100 000 元，支付不含增值税的加工费为 40 000 元。B 烟丝厂无同类消费品的销售价格。10 月 25 日烟丝加工完成验收入库，加工费用等已经支付，取得 B 烟丝厂开具的增值税专用发票一张。收回烟丝后用于生产卷烟。

（4）10 月 10 日，将本厂生产的 200 条卷烟作为礼品赠送给客户，其生产成本为 5 600 元。

（5）10 月 22 日以直接收款方式销售卷烟 1 000 标准箱（5 000 万支），取得不含增值税销售额 1 700 万元，该批卷烟的销售成本为 700 万元。

（6）月末烟丝存货为 200 万元。

计算 A 卷烟厂 2016 年 10 月应纳的消费税税款，进行相应的账务处理，并填写“烟类应税消费品消费税纳税申报表”（见表 4-5）。

实务操作解答：

（1）将外购烟丝用于生产卷烟，可按生产领用数量抵扣烟丝已纳消费税。

借：原材料——烟丝　　　　5 000 000

应交税费——应交增值税（进项税额） 850 000

贷：银行存款 5 850 000

借：生产成本 3 500 000

应交税费——应交消费税 1 500 000

贷：原材料 5 000 000

（2）由于 B 烟丝厂无同类消费品的销售价格，则委托加工这批烟丝的组成计税价格为：

$$\text{组成计税价格}=\frac{100\,000+40\,000}{1-30\%}=200\,000\text{（元）}$$

应由 B 烟丝厂代收代缴的消费税=200 000×30%=60 000（元）

① 发出委托加工材料时。

借：委托加工物资 100 000

贷：原材料 100 000

② 支付加工费用时。

应纳增值税=40 000×17%=6 800（元）

借：委托加工物资 40 000

应交税费——应交增值税（进项税额） 6 800

应交税费——应交消费税 60 000

贷：银行存款 106 800

③ 加工完成收回委托加工材料。

借：原材料 140 000

贷：委托加工物资 140 000

④ 用于生产卷烟时。

借：生产成本 140 000

贷：原材料 140 000

（3）A 卷烟厂将自己生产的卷烟赠送客户，属于纳税人将自产的应税消费品用于其他方面，应该在移送使用时纳税。

应该按照同类消费品的销售价格——68 元/条确定销售额。

销售额=68×200=13 600（元）

应纳的增值税=13 600×17%=2 312（元）

应纳消费税=13 600×36%+200×200×0.003=5 016（元）

借：管理费用——业务招待费　　12 928

　　贷：库存商品　　5 600

　　　　应交税费——应交增值税（销项税额）　　2 312

　　　　应交税费——应交消费税　　5 016

（4）增值税销项税额=17 000 000×17%=2 890 000（元）

应纳消费税=17 000 000×36%+1 000×150=6 270 000（元）

确认销售收入如下。

借：银行存款　　19 890 000

　　贷：主营业务收入——卷烟　　17 000 000

　　　　应交税费——应交增值税（销项税额）　　2 890 000

结转成本如下。

借：主营业务成本　　7 000 000

　　贷：库存商品　　7 000 000

计提消费税如下。

借：税金及附加　　6 270 000

　　贷：应交税费——应交消费税　　6 270 000

（5）当期准予扣除已纳消费税的外购烟丝的买价=300+500−200=600（万元）

当期准予扣除的外购应税消费品已纳税款=600×30%=180（万元）

（6）纳税申报表的填制，如表 4-5 所示。

表 4-5　烟类应税消费品消费税纳税申报表

税款所属期：2016 年 10 月 1 日　　至 2016 年 10 月 31 日

纳税人名称（公章）：A 卷烟厂

纳税人识别号：

填表日期：2016 年 11 月 10 日　　单位：卷烟万支、雪茄烟支、烟丝千克　　金额单位：元（列至角分）

项目 / 应税消费品名称	适用税率		销售数量	销售额	应纳税额
	定额税率	比例税率			
卷烟	30 元/万支	36%	5 004	17 013 600.00	6 275 016.00
卷烟	30 元/万支	56%	0	0.00	0.00
雪茄烟	—	36%	0	0.00	0.00
烟丝	—	30%	0	0.00	0.00
合计	—	—	—	—	6 275 016.00

续表

	声　明 此纳税申报表是根据国家税收法律的规定填报的，我确定它是真实的、可靠的、完整的。 经办人（签章）： 财务负责人（签章）： 联系电话：
本期准予扣除税额：1 860 000.00	
本期减（免）税额：0.00	
期初未缴税额：4 360 000.00	
本期缴纳前期应纳税额：4 360 000.00	（如果你已委托代理人申报，请填写） 授权声明 为代理一切税务事宜，现授权 （地址）　为本纳税人的代理申报人，任何与本申报表有关的往来文件，都可寄予此人。 授权人签章：
本期预缴税额：0.00	
本期应补（退）税额：4 415 016.00	
期末未缴税额：4 415 016.00	

以下由税务机关填写

受理人（签章）：　　受理日期：　　年　月　日　　受理税务机关（章）：

在实际纳税申报中，纳税人可以按照实际应纳税的消费品选择具体的纳税申报表进行填报。其相关表格的格式及填报说明可以在各级税务局的网站上下载。

能 力 训 练

一、单项选择题

1．某酒厂用自产粮食白酒抵偿另一个单位的货款，消费税的计税销售额应选择（　　）。

A．同类粮食白酒中间价　　B．同类粮食白酒加权平均价

C．同类粮食白酒最高售价　　D．粮食白酒组成计税价格

2．应税消费品的全国平均成本利润率由（　　）确定并发布。

A．省、自治区、直辖市国家税务局　　B．国务院

C．财政部　　D．国家税务总局

3．某公司（增值税一般纳税人）销售一批化妆品．销售额 234 000 元（含税），另收取运费 4 000 元（不含税），应交纳消费税（　　）元。

A．71 400　　B．35 700　　C．30 000　　D．30 600

4．某酒厂 2016 年 9 月生产一种新开发的药酒（税率 10%），广告样品使用 0.2 吨，已知该种药酒无同类产品出厂价，生产成本每吨 35 000 元，成本利润率为 10%，该厂当月应纳消费税为（　　）元。

A．770　　B．855.56　　C．777.78　　D．658.12

5．下列属于应纳消费税的有（　　）。

A．生产销售实木家具　　B．生产销售塑料地板

C．生产销售一次性竹筷子　　D．生产销售实木地板

6．某卷烟厂 2016 年 8 月研发生产一种新型卷烟，当月生产 20 箱作为礼品样品用于市场推广，没有同类售价，已知成本为 50 万元，卷烟的成本利润率为 10%，经税务机关批准，卷烟适用的税率为 56%，则该批卷烟应纳消费税为（　　）万元。

A．70.68　　B．46.55　　C．70.30　　D．45.20

7．某酒厂（增值税一般纳税人）2016 年 9 月销售啤酒 100 吨，含增值税售价 3 100 元 / 吨，则下列陈述正确的是（　　）。

A．该厂的应纳消费税为 22 000 元

B．该厂的应纳消费税为 25 000 元

C．确认啤酒的消费税税率时应当按照含增值税价格判定

D．啤酒每吨应当折合成升计算缴纳消费税

8．某化妆品厂为增值税一般纳税人，自设一非独立核算的门市部，2016 年 8 月该厂将生产的一批化妆品交门市部，出厂价 260 万元（不含税）。门市部零售取得含税收入 362.7 万元。该项业务应缴纳的消费税额为（　　）万元。

A．78　　B．108.81　　C．93　　D．66.67

9．某金店采取以旧换新的方式销售金耳环，其征收消费税的计税依据是（　　）。

A．同类新金耳环的不含增值税销售价格

B．实际收取的含增值税的全部价款

C．实际收取的不含增值税的全部价款

D．同类新金耳环的含增值税销售价格

10．某商业企业（一般纳税人）2016 年 7 月向消费者个人销售金银首饰取得收入 95 000 元（不含增值税），销售非金银首饰取得收入 39 780 元（含增值税）。该企业上述业务应纳消费税为（　　）元。

A．7 546.5　　B．6 450　　C．8 150　　D.4 750

11．纳税人自产自用应税消费品应当缴纳消费税，如果没有同类消费品销售价格，应以组成计税价格计算纳税。组成计税价格的计算公式为（　　）。

A．成本×(1+成本利润率)÷(1−消费税税率)

B．成本×(1+成本利润率)÷(1+消费税税率)

C．成本×(1+成本利润率)

D．成本×(1+消费税税率)÷(1–成本利润率)

12．将委托加工收回的应税消费品连续生产应税消费品，不能扣除委托加工消费品已纳税款的是（　　）。

A．白酒　　B．小汽车

C．化妆品　　D．木制一次性筷子

13．根据规定，卷烟和白酒的计税价格由（　　）核定。

A．财政部　　B．省级国家税务局

C．国家税务总局　　D．县以上国家税务局

14．某炼油厂 2016 年 7 月销售汽油 200 吨，另外用 30 吨汽油抵偿债务，则该炼油厂该月应纳（　　）元消费税。

A．310 912　B．446 936　C．264 275.2　D．485 244.8

15．应税消费品的销售额包括销售应税消费品从购买方收取的全部价款和价外费用。价外费用不包括价外收取的（　　）。

A．违约金　　B．增值税销项税额

C．延期付款利息　　D．运输装卸费

16．企业发生的下列行为中，不需要缴纳消费税的是（　　）。

A．用自产应税消费品换取生产资料

B．将外购润滑油简单加工成小包装对外销售

C．直接销售委托加工收回的已税的应税消费品

D．将委托加工收回白酒贴标再对外销售

二、多项选择题

1．下列不属于委托加工应税消费品的有（　　）。

A．由委托方提供原料和主要材料，受托方只收取加工费和代垫部分辅助材料

B．由受托方提供材料和辅料进行生产

C．由受托方将原料和辅料卖给委托方，然后再接受委托

D．由受托方以委托方名义购进原材料和辅料

2．实行单一从量定额征收消费税的产品有（　　）。

A．卷烟　B．啤酒　C．白酒　D．黄酒

3．某汽车制造厂生产的小汽车应按自产自用缴纳消费税的有（　　）。

A．用于本厂的广告推广车　　B．赠送给贫困地区

C．移送仓库待销售　　D．移送上级单位无偿使用

4．下列货物征收消费税的是（　　）。

A．保健食品　B．小汽车　　C．手机　　D．高档手表

5．下列应该征收消费税的销售行为有（　　）。

A．零售单位销售金银饰品　　B．批发单位销售卷烟

D．生产单位销售化妆品　　D．进口小轿车

6．下列属于消费税特点的有（　　）。

A．课税环节的单一性　　B．征收方法的多样性

C．课税具有调节性　　D．课税对象的普遍性

7．我国对（　　）在按照比例税率从价征收消费税的基础上，还要根据其销售数量定额征收一道消费税。

A．金银首饰　B．啤酒　　C．白酒　　D．卷烟

8．纳税人自产的应税消费品用于（　　）等方面，应当按纳税人同类应税消费品最高销售价格（非加权平均价格）作为计税依据。

A．职工消费　　B．投资入股

C．抵偿债务　　D．换取生产资料和消费资料

9．以下应当在零售环节征收消费税的金银首饰包括（　　）。

A．金银首饰　　B．金基、银基的镶嵌首饰

C．镀金（银）、包金（银）首饰　　D．铂金首饰

三、判断题（正确的打“√”，错误的打“×”）

（　　）1．我国的消费税的征税范围与增值税的征税范围是不交叉的。

（　　）2．对卷烟、烟丝、白酒和啤酒在按比例税率征收消费税的同时，还须按照定额税率再征一道消费税。

（　　）3．纳税人兼营不同税率的应税消费品，即生产销售两种税率以上的应税消费品时，应分别核算不同税率应税消费品的销售额或销售数量；未分别核算的，按平均税率征税。

（　　）4．如果纳税人的销售额包含增值税税额，应当换算为不含增值税的销售额，换算公式为：应税消费品的销售额=含税销售额÷(1+增值税税率或征收率)。

（　　）5．对包装物不作价随同产品销售，而是收取押金，此项押金应一律并入应税消费品销售额，按照应税消费品的适用税率征收消费税。

（　　）6．纳税人将自己生产的应税消费品用于连续生产应税消费品的，应在移送使用环节缴纳消费税。

（　　）7．纳税人用外购的已税珠宝玉石生产的改在零售环节征收消费税的金银首饰（镶嵌首饰），在计税时准予扣除外购珠宝玉石的已纳税款。

（　　）8．委托加工应税消费品的单位和个人应纳的消费税，由受托方在加工完毕收取加工费时代收代缴。

（　　）9．纳税人将应税消费品与非应税消费品，以及适用税率不同的应税消费品组成成套消费品销售的，应分别核算各自的销售收入，对纳税人取得的非应税消费品销售收入，不缴纳消费税。

（　　）10．纳税人将自产应税消费品用于在建工程、管理部门、非生产机构、提供劳务，以及用于馈赠、赞助、广告、样品、职工福利奖励等，应当视同销售，征收消费税。

四、计算题

1．某公司 2016 年 7 月进口卷烟 200 箱，每箱关税完税价格为 60 000 元，关税税率为 25%。要求：计算该公司进口环节应纳消费税。

2．甲酒厂为增值税一般纳税人，2016 年 8 月将外购成本为 60 000 元的 20 吨玉米运往异地的乙酒厂生产加工白酒，加工完毕收回白酒 10 吨，取得乙酒厂开具的增值税专用发票，注明加工费 40 000 元，加工的白酒当地无同类产品市场价格。当月甲酒厂将收回的上述白酒售出 7 吨，每吨不含税销售额 16 000 元。要求：分别计算乙酒厂代收代缴和甲酒厂当月应纳消费税。

3．某汽车制造厂为增值税一般纳税人，2016 年 6 月销售汽缸容量小于 1 000 毫升小轿车 10 辆，不含税售价 50 000 元 / 辆，另向客户收取运输费 2 000 元/辆。此外，该厂用自产 2 300 毫升的小轿车 5 辆向某汽车配套设施厂换取一批小轿车底盘，小轿车生产成本为 120 000 元 / 辆，小轿车的成本利润率为 8%。要求：计算其当月应纳消费税。

4．某商场是一般纳税人，于 2016 年 4 月采取“以旧换新”的方式售 24 K 纯金项链 28 条，新项链对外销售价格为 25 000 元（不含税，下同），旧项链作价 130 000 元，每条项链收取差价 12 000 元；同期赠送业务关系户 24 K 纯金戒指 10 枚（无同类市场价格)，购进原价为 3 000 元 / 枚；销售包金项链和镀金项链 25 条，价格为 130 000 元。金银首饰成本利润率为 6%。要求：计算该商场应纳消费税。

5．某化妆品公司生产 A 化妆品和 B 护肤品，2016 年 7 月发生以下业务：

(1) 用生产成本为 100 000 元的 350 盒 A 化妆品换取原材料，A 化妆品当月销售价格为 280 元 / 盒。

(2) 将 A 化妆品 60 盒与 B 护肤品 60 盒组成成套化妆品 60 套，销售给某商场，每套售价 240 元。B 护肤品的成本为 35 元 / 盒。

(3) 将成本 8 000 元的材料委托其他厂加工 D 化妆品，支付加工费 25 000 元，D 化妆品已收回，受托方没有同类销售价格可参照（化妆品和护肤品的成本利润率是 5%)。要求：计算该化妆品公司 2016 年 7 月应纳消费税。

6．某卷烟厂 2016 年 7 月期初库存外购烟丝 7 万元（不含税，下同)，当月购进烟丝 35 万元，期末库存外购烟丝 20 万元。当月销售 A 卷烟 40 大箱，销售收入（不含税）为 80 万元，销售 B 卷烟 30 大箱，销售收入（不含税）为 18 万元。要求：计算该卷烟厂当月应纳消费税。

7．某酒厂（增值税一般纳税人）2014 年 5 月销售白酒 50 吨，含增值税售价共计 351 万元（税务机关核定最低计税价格为不含税 280 万元)；将自制新品种粮食白酒 2 吨作为福利使用，无同类产品价格，成本价为 4 万元，成本利润率为 10%。要求：计算该酒厂应纳消费税。

8．某日化厂用外购已税化妆品加工生产化妆品，2016 年 5 月外购已税化妆品 140 万元（不含增值税)，当月期初库存外购化妆品 55 万元，月末库存外购化妆品 60 万元。该厂当月销售化妆品的销售额为 250 万元（不含增值税)，则该日化厂当月应纳消费税为多少？

9．朝阳地板厂某月委托三通制造公司加工实木地板 1 000 件，朝阳地板厂向三通制造公司提供原料，每件实木地板消耗原料成本 150 元，三通制造公司加工一件实木地板的加工费为 30 元，代垫辅料 14 元（均不含增值税)。该公司没有同类消费品。朝阳地板厂收回实木地板后一半用于继续生产实木地板，另一半直接出售，取得不含税价款 10 万元。月底销售加工完的实木地板 500 件，每件不含税价格为 250 元。要求：计算朝阳地板厂应纳消费税。

项目五

关税涉税实务

学习目标

知识目标：了解关税的概念和分类、纳税人、征税范围、关税的税则及税率；掌握关税完税价格的确定与税额计算、关税的会计处理。

技能目标：关税的具体计算与会计处理；关税纳税申报表的填制与申报。

素质目标：关税是最古老的贸易政策工具，它既抵御外来竞争，又保护国内产业。通过学习，可以培养学生的爱国主义情结。

重难点：能够运用关税法的基本知识、会计的基本技能和相关规定进行关税纳税申报和进出口报关。

案例导入

某旅客从国外进境携带在境外获取的个人自用进境物品，需要缴纳关税吗？

【案例解析】 根据现行规定，进境居民旅客携带在境外获取的个人自用进境物品，总值在5 000元人民币以内（含5 000元）的，海关予以免税放行，单一品种限自用、合理数量；进境居民旅客携带超出5 000元人民币的个人自用进境物品，经海关审核确属自用的，海关仅对超出部分的个人自用进境物品征税，对不可分割的单件物品，全额征税。

任务一　关税概述

一、关税概述

关税是随着国际贸易的产生和发展而逐渐形成的最古老、最有效、最基本和最重要的调节国际经济关系的工具，是各国调节和控制对外贸易和经济联系的一种重要手段。它在调节经济、促进改革开放、保护民族工业防止国外的经济侵略、争取关税互惠、促进对外贸易发展、调整进出口结构、增加国家财政收入方面都具有重要作用。

关税是海关依法对进出国境或关境的货物、物品征收的一种流转税。关境又称“海关境域”或“关税领域”，是指一国海关法规可以全面实施的领域。国境是一个主权国家的领土范围。

通常情况下，一国的关境和国境是一致的，商品进出国境也就是进出关境。但两者不完全相同。当一个国家在其国境内设有自由港、自由贸易区时，这些区域就进出口关税而言处在关境之外，这时，关境小于国境，如我国，香港地区和澳门地区保持自由港地位，为我国单独的关税地区，即单独关境区。相反，当几个国家结成关税同盟时，组成一个共同的关境，实施统一的关税法令和统一的对外税则，这些国家彼此之间货物进出国境不征收关税，只对来自或运往其他国家的货物进出共同关境时征收关税，这些国家的关境大于国境，如欧洲联盟。

关税一般分为进口关税、出口关税和过境关税。我国目前对进出境货物征收的关税分为进口关税和出口关税两类。

即学即思

上网查一查，关税可以起到哪些作用？

二、关税的纳税人

关税的纳税人，包括以下几类，如图 5-1 所示。

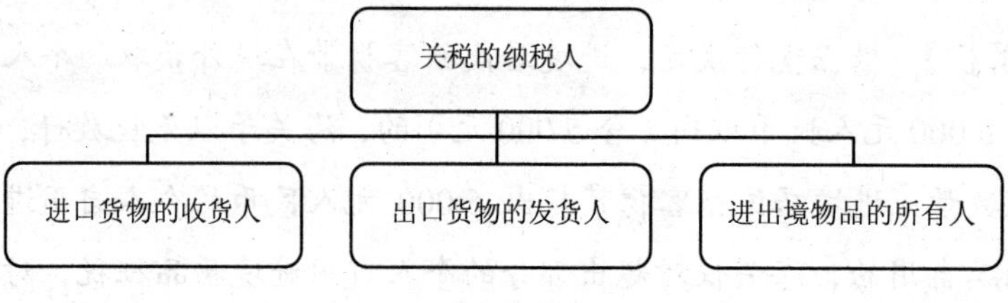

图 5-1　关税的纳税人

进出口货物的收、发货人是依法取得对外贸易经营权，并进口或者出口货物的法人或者其他社会团体。进出境物品的所有人包括该物品的所有人和推定为所有人的人。

重要提示

一般情况下，对于携带进境的物品，推定其携带人为所有人；对分离运输的行李，推定相应的进出境旅客为所有人；对以邮递方式进境的物品，推定其收件人为所有人；以邮递或其他运输方式出境的物品，推定其寄件人或托运人为所有人。

三、关税的征税范围

关税征收范围包括国家准许进出口的货物、进境物品，但法律、行政法规另有规定的除外。货物是指贸易性商品；物品是指入境旅客随身携带的行李物品、个人邮递物品、各种运输工具上的服务人员携带进境的自用物品、馈赠物品及其他方式进境的个人物品。对从境外采购进口的原产于中国境内的货物，海关也要依照《海关进出口税则》征收进口关税。具体地说，除国家规定享受减免税的货物可以免征或减征关税外，所有进口货物和少数出口货物均属于关税的征税范围。

四、关税税则、税率

（一）关税税则

关税的税目和税率由《海关进出口税则》规定。《海关进出口税则》是根据世界海关组织（WCO）发布的《商品名称及编码协调制度》（HS）制定的，是我国海关据以征收关税的法律依据，也是我国关税政策的具体表现。它主要包括三个部分：归类总规则、进口税率表、出口税率表。其中，归类总规则是进出口货物分类的具有法律效力的原则和方法。

（二）关税税率

关税的税率为差别比例税率，分为进口关税税率、出口关税税率和特殊关税。

1. 进口关税税率

我国加入世界贸易组织（WTO）之后，自 2002 年 1 月 1 日起，我国进口税则设有最惠国税率、协定税率、特惠税率、普通税率等税率。对进口货物在一定期限内可以实行暂定税率。

① 最惠国税率适用原产于与我国共同适用最惠国待遇条款的 WTO 成员国或地区的进口货物，或原产于与我国签订有相互给予最惠国待遇条款的双边贸易协定的国家或地区进口的货物，以及原产于我国境内的进口货物。

② 协定税率适用原产于我国参加的含有关税优惠条款的区域性贸易协定有关缔约方的进口货物。目前对原产于韩国、斯里兰卡和孟加拉国 3 个曼谷协定成员的 739 个税目进口商品实行协定税率（即曼谷协定税率）。

③ 特惠税率适用原产于与我国签订有特殊优惠关税协定的国家或地区的进口货物，目前对原产于孟加拉国的 18 个税目进口商品实行特惠税率（即曼谷协定特惠税率）。

④ 普通税率适用于原产于上述国家或地区以外的其他国家或地区的进口货物。按照普通税率征税的进口货物，经国务院关税税则委员会特别批准，可以适用最惠国税率。

根据经济发展的需要，国家对部分进口原材料、零部件、农药原药和中间体、乐器及生产设备实行暂定税率。适用最惠国税率的进口货物有暂定税率的，应当从低适用税率；适用普通税率的进口货物，不适用暂定税率。

2. 出口关税税率

我国出口税则为一栏税率，即出口税率。国家仅对少数资源性产品及易于竞相杀价、盲目进口、需要规范出口秩序的半制成品征收出口关税。与进口关税一样，出口关税税率也规定有暂定税率。出口暂定税率优先适用于出口税则中规定的出口关税税率。未规定出口关税税率的货物，不征出口关税。

3. 特别关税

为了应对个别国家对我国出口货物的歧视，任何国家或者地区如对进口原产于我国的货物征收歧视性关税或者给予其他歧视性待遇的，海关可以对原产于该国或者地区的进口货物征收特别关税。

特别关税包括报复性关税、反倾销税与反补贴、保障性关税。报复性关税是指对违反与我国签订或者共同参加的贸易协定及相关协定，对我国在贸易方面采取禁止、限制、加征关税或者其他影响正常贸易的国家或地区所采取的一种进口附加税。反倾销税与反补贴是指进口国海关对外国的倾销货物，在征收关税的同时附加征收的一种特别关税，其目的在于抵销他国的补贴。保障性关税是指当某类货物进口量剧增，对我国相关产业带来巨大威胁或损害时，按照 WTO 有关规则，采取的一般保障措施，主要是采取提高关税的形式。

即学即思

下列各项中，属于关税征税对象的是（　　）。

A. 贸易性商品

B. 个人邮寄物品

C. 入境旅客随身携带的行李和物品

D. 馈赠物品或以其他方式进入国境的个人物品

答案：关税征收范围包括国家准许进出口的货物、进境物品，故选 A、B、C、D。

知识链接

关税是一柄双刃剑

关税虽然是由各国自行决定的，但这并不意味着关税可以漫无边际，随心所欲。其实，关税是一把双刃剑，用得好，既保护民族经济，发展对外贸易，又不伤及与他国的和气；若用不好，则可能害人害己，得不偿失。曾有一则笑话：某君入境美国时带了一只鹦鹉。海关人员叫住他说："先生，您这只鹦鹉也得付税金。""应该付多少啊？""活的 50 美元，如果是标本，只要 15 美元！"某君正在犹豫，只听见鹦鹉嘶哑着叫道："拜托，千万别心疼钱，我可不想变成标本！"大家一定非常熟悉说评书的有一串关于"山大王"打劫时的惯用语："此路是我开，此树是我栽，要打此路过，留下买路财"。关税虽不劫镖、不掠财，却像个门神，把脸一拉，想进来可以，先把"买路财"交够！不过，关税这个门神，却像是身怀川剧"变脸"的绝技，对不同时期、不同国家的进口商品，时而扮红脸，和和气气，抬手放行；时而扮黑脸，怒目圆睁，拒人于国门之外。

资料来源：中国税务教育 http://www.tax-edu.net

课后练习

1.（判断题）当国境内设有自由贸易区时，关境就大于国境。（　　）

2.（判断题）关税是海关依法对进出关境的货物和物品征收的一种流转税。（　　）

3.（判断题）我国的关税按照统一的关税税则征收一次关税后，就可以在整个关境内流通，不再征收关税。（　　）

4.（单选题）下列不属于特别关税的是（　　）。

A. 反倾销税、反补贴税　　B. 关税追征

C. 报复性关税　　D. 保障性关税

5.（多选题）非贸易性物品的关税纳税人是（　　）。

A. 入境旅客随身携带的行李、物品的持有人　B. 进口个人邮件的收件人

C. 外贸进出口公司　　D. 有进出口经营权的企业

任务二　关税应纳税额的计算

案例导入

无锡某进出口贸易公司从美国进口了一台电梯，发票列明如下：成交价格为珠海 USD100 000，电梯进口后的安装、调试费 USD6 000。经海关审查上述成交价格属实，且安装、调试费已包括在成交价格中。请问：海关审定该台电梯的完税价格为多少？

【案例解析】 根据审价办法，进口货物的成交价格中，安装、装配、调试或技术指导的费用不包括在完税价格中，如果成交价格中已经包含这些项目，则将其从成交价格中扣除。本题完税价格=USD100 000−USD6 000=USD94 000。

一、关税完税价格的确定

我国对进出口货物征收关税，主要采取从价计征的方法，以货物的完税价格为计税依据征收关税。完税价格是海关对进出口货物或物品征税时，计算应纳关税税额的依据。它分为进口货物的完税价格和出口货物的完税价格。

（一）进口货物的完税价格

1. 以成交价格为基础的完税价格

进口货物的完税价格，由海关以进口应税货物的成交价格，以及该货物运抵中

华人民共和国境内输入地点起卸前的运输及其相关费用、保险费为基础进行审查确定。进口货物的成交价格是指卖方向中华人民共和国境内销售该货物时，买方为进口该货物向卖方实付、应付的价款总额，包括直接支付的价款和间接支付的价款。

提醒你：

进口货物的下列费用应当计入完税价格	由买方负担的除购货佣金以外的佣金和经纪费。“购货佣金”指买方为购买进口货物向自己的采购代理人支付的劳务费用。“经纪费”指买方为购买进口货物向代表买卖双方利益的经纪人支付的劳务费用
	由买方负担的与该货物视为一体的容器的费用
	由买方负担的包装材料费用和包装劳务费用
	与该货物的生产和向我国境内销售有关的，由买方以免费或者以低于成本的方式提供并可以按适当比例分摊的料件、工具、模具、消耗材料及类似货物的价款，以及在境外开发、设计等相关服务的费用
	作为该货物向中华人民共和国境内销售的条件，应当由买方直接或间接支付的、与该货物有关的特许权使用费。特许权使用费是指买方为获得与进口货物相关的、受著作权保护的作品、专利、商标、专有技术和其他权利的使用许可而支付的费用。但是，在估定完税价格时，进口货物在境内的复制权费不得计入该货物的实付或应付价格之中
	卖方直接或者间接从买方获得的该货物进口后转售、处置或者使用的收益

重要提示

下列税收、费用，不计入该货物的完税价格：

① 厂房、机械、设备等货物进口后进行建设、安装、装配、维修和技术服务的费用。

② 进口货物运抵境内输入地点起卸后的运输及其相关费用、保险费。

③ 进口关税及其他国内税收。

2. 进口货物海关估价方法

一般来讲，进口货物以我国口岸到岸价格（通常称 CIF 价格）成交的，或者以到达我国口岸价格加佣金，或到达我国口岸价格加保险费成交的，可将成交价格直接作为完税价格。

由于各类货物进口后的费用及利润参差不齐，通常以 CIF 价格的 20%进行计算。

计算公式为：

关税完税价格=国内批发价格÷(1+进口最低关税税率+20%)

进口货物以国外口岸离岸价格（通常称 FOB 价格）成交的，应另加从发货口岸到国内交货口岸运到我国口岸的运杂费（包括运费、佣金等费用）、保险费作为完税价格。

关税完税价格=成交价格+运杂费+保险费

或　　关税完税价格=FOB 价格+运杂费+保险费

或　　关税完税价格=(FOB 价格+运杂费)÷(1−保险费率)

注：其中运费按该货物进口同期运输行业公布的运费率（额）计算；按照“货价加运费”两者总额的 3‰计算保险费。

例题 5-1

华东工厂从美国某企业购买了一批机械设备，成交条件为 CIF 广州，该批货物的发票列示如下：机械设备 USD500 000，运保费 USD5 000，卖方佣金 USD25 000，培训费 USD2 000，设备调试费 USD2 000。计算该批货物向海关申报的完税价格。

答案：本题中计入项目包括卖方佣金，培训费和调试费不计入该货物的完税价格中。

完税价格=机械设备+卖方佣金+运、保费

= USD 500 000+ USD25 000+ USD5 000 = USD 530 000

（二）出口货物的完税价格

1. 以成交价格为基础的完税价格

出口货物的完税价格，由海关以该货物向境外销售的成交价格为基础审查确定，并应包括该货物运至中华人民共和国境内输出地点装载前的运输及其相关费用、保险费，但其中包含的出口关税税额应当扣除。

出口货物的成交价格是指该货物出口时卖方为出口该货物应当向买方直接收取和间接收取的价款总额。出口货物的成交价格中含有支付给境外佣金的，如果单独列明，应当扣除。

2. 出口货物海关估价方法

出口货物以 FOB 价成交的，以扣除出口关税税额后的金额作为完税价格。计算公式为：

关税完税价格=FOB 价格÷(1+出口关税税率)−单独列明的支付给境外的佣金

出口货物以 CIF 价格成交的，即价格包括离境口岸到达境外口岸之间的运输费、保险费，则应扣除运输费、保险费。计算公式为：

关税完税价格=(CIF 价格−运输费−保险费)÷(1+出口关税税率)

二、关税税额的计算

（一）从价税应纳关税的计算

从价税是以进出口货物的价格为标准计征关税。这里的价格不是指成交价格，而是指进出口商品的完税价格。

关税税额=应税进（出）口货物完税价格×适用税率

重要提示

进口税款的缴纳形式为人民币。进口货物以外币计价成交的，按照规定应当折合成人民币计征关税。完税价格金额计算到元为止，元以下四舍五入；关税税额计算到分为止，分以下四舍五入。

例题 5-2

无锡某进出口公司从美国进口商品一批，CIF 价格折合人民币 500 000 元，进口关税税率 15%，计算该公司应纳进口关税税额。

答案：关税完税价格=CIF 价格=500 000（元）

应纳进口关税税额=500 000×15%=75 000（元）

例题 5-3

无锡某进出口公司出口一批应税货物，离岸价格为 280 万元，出口税率 40%。计算该公司应缴纳的关税税额。

答案：关税完税价格=280÷(1+40%)=200（万元）

应纳关税税额=200×40%=80（万元）

（二）从量税应纳关税的计算

从量税是以商品的数量、重量、容量、长度和面积等计量单位为标准来征收关税的。它的特点是不因商品价格的涨落而改变税额，计算比较简单。目前我国对原油、部分鸡产品、啤酒、胶卷进口实行从量税。

关税税额=应税进（出）口货物数量×单位货物完税价格

（三）复合税应纳关税的计算

复合税也称混合税。它是对进口商品既征从量税又征从价税的一种办法。目前我国对录像机、摄像机、放像机、数字照相机和摄录一体机实行复合税。

关税税额=应税进（出）口货物完税价格×适用税率+应税进（出）口货物数量×单位完税价格

例题 5-4

无锡某企业进口广播级录像机 5 台，每台价格 2 800 美元，共支付运费、保险费等 150 美元，假定人民币汇价为 1 美元=6.15 元人民币（关税税率：当每台价格不高于 2 000 美元时，执行 36%的单一从价税；当每台价格高于 2 000 美元时，每台征收 5 480 元的从量税，再加上 3%的从价税）。计算该企业应缴纳的关税税额。

答案：应纳关税税额=5×5 480+(5×2 800+150)×6.15×3%=30 010.68（元）

（四）滑准税应纳关税的计算

滑准税是一种关税税率随进口商品价格由高到低而由低到高设置计征关税的方法，使进口商品价格越高，其进口关税税率越低；进口商品价格越低，其进口关税税率越高。其主要特点是可以保持滑准税商品的国内市场价格的相对稳定，尽可能减少国际市场价格波动的影响。我国目前对棉花实行滑准税。

关税税额=应税进（出）口货物数量×单位完税价格×滑准税税率

例题 5-5

无锡市某地板制造公司为增值税一般纳税人，2016 年 7 月有关业务如下：

（1）销售自产实木地板。甲类实木地板一批，不含税价款 400 万元；乙类实木地板一批，不含税销售额 350 万元；销售竹木地板，不含税销售额 80 万元。

（2）从某林场采购原木，收购凭证注明价款 200 万元，材料已验收入库；购货过程中发生运输费用 4 万元，支付的运费均取得了运输企业开具的货运发票。

（3）进口实木地板一批，关税完税价格为 300 万元。

（4）将甲类实木地板奖励给对公司有突出贡献的人员，账面成本为 20 万，市场价不含税 30 万元；厂部自用甲类实木地板一批，账面成本为 15 万元，市场价不含税 25 万元。

（5）将进口实木地板的 80%全部用于连续加工高档实木漆饰地板，加工的地板直接发往外地的经销商，取得不含税价款 550 万元。

（6）4 月份增值税留抵税额 10 万元。

（关税税率均为 10%，实木地板消费税税率为 5%，本月购进货物取得的相关发票均在本月申请并通过认证）。

根据上述资料，回答下列问题：

（1）该企业 7 月份进口环节应纳税额是多少万元？

（2）该企业 7 月份国内生产销售应纳增值税销项税额为多少万元？

（3）该企业 7 月份国内销售环节应纳消费税税额为多少万元？

（4）该企业 7 月份国内销售环节应纳增值税税额为多少万元？

答案：（1）关税=300×10%=30（万元）

消费税=(300 +30)÷(1−5%)×5%=17.37（万元）

增值税=(300+30)÷(1−5%)×17%=59.05（万元）

进口环节税金合计=30+17.37+59.05=106.42（万元）

（2）该企业 7 月份国内生产销售应纳增值税销项税额=(400+350+80+30+25+550)×17%=243.95（万元）

（3）该企业 7 月份内销环节的消费税=(400+350+80+30+25+550)×5%=71.75（万元）

可抵扣已纳消费税=17.37×80%=13.90（万元）

本期应纳消费税=71.75−13.9=57.85（万元）

（4）该企业 7 月份进项税额合计=200×13%+4×7%+59.05=85.33（万元）

国内生产销售环节应纳增值税税额=243.95−85.33−10=148.62（万元）

课后练习

1. 上海某进出口公司从美国进口货物一批，货物以离岸价格成交，成交价折合人民币为 1 410 万元（包括单独计价并经海关审查属实的向境外采购代理人支付的买方佣金 10 万元，但不包括使用该货物而向境外支付的软件费 50 万元、向卖方支付的佣金 15 万元），另支付货物运抵我国上海港的运费、保险费等 35 万元。假设该货物适用关税税率为 20%、增值税税率为 17%、消费税税率为 10%。要求：请分别计算该公司应纳关税、消费税和增值税。

2. 某企业从日本进口一批电子零件，成交价格为 550 万元，而日本出口方出售该批货物的国际市场价格为 700 万元。另外，该企业承担了该批零件的包装材料费 50 万元，同时，该企业支付给出口方零件进口后的技术服务费用 150 万元。已知电子零件的进口关税税率为 10%。要求：请计算该企业进口电子零件应缴纳的关税。

3.（单选题）关税税率随进口商品价格由高到低而由低到高设置，这种计征关税的方法称为（　　）。

A. 从量税　　B. 复合税

C. 特惠税　　D. 滑准税

任务三 关税的会计处理

一、会计科目的设置

为了正确地反映和核算关税有关纳税事项，纳税人应在“应交税费”科目下设置“应交进口关税”和“应交出口关税”明细科目，其贷方登记企业应缴纳的关税税额；借方登记企业已缴纳的关税税额。期末贷方余额表示应缴未缴的关税税额；期末借方余额表示多缴的关税税额。

二、工业企业关税的核算

（一）进口关税的核算

工业企业通过外贸企业代理或直接从国外进口原材料、应支付的进口关税，不通过“应交税费”科目核算，而是将其与进口原材料的价款、国外运费和保险费及国内费用一并直接计入进口原材料成本，借记“材料采购”或“原材料”科目，贷记“银行存款”或“应付账款”等科目。当企业根据与外商签订的加工装配和中小型补偿贸易合同而引进国外设备，其应支付的进口关税在支付时，借记“在建工程——引进设备工程”科目，贷记“银行存款”等科目。

例题 5-6

无锡某有进出口经营权的工业企业为增值税一般纳税人，2016 年 7 月 1 日从法国购进原材料一批，价款 10 万欧元，当日的外汇牌价为 1：7.96。进口该原材料应付关税 5 万元，原材料已经验收入库，企业用外汇支付价款。该企业如何进行账务处理？

答案：（1）购入现汇时。

借：银行存款——欧元户　　796 000

　　贷：银行存款——人民币户　　796 000

（2）支付货物价款、增值税、关税时。

原材料采购成本=796 000 +50 000=846 000（元）

应支付增值税=846 000×17%=143 820（元）

借：材料采购　　846 000

　　应交税费——应交增值税（进项税额）　　143 820

贷：银行存款——欧元户　　796 000

　　银行存款——人民币户　　193 820

（3）验收入库时。

借：原材料　　846 000

　　贷：材料采购　　846 000

（二）出口关税的核算

工业企业出口产品应缴纳的出口关税，支付时可直接借记“税金及附加”科目，贷记“银行存款”科目，并结转销售成本。

例题 5-7

无锡某合金厂向英国出口一批氧化钼，国内港口 FOB 价格折合人民币为 4 600 000 元，氧化钼出口关税税率为 15%，关税以银行存款付讫。该企业如何进行账务处理？

答案：出口关税税额=4 600 000÷(1+15%)×15%=600 000（元）

（1）确认销售收入时。

借：应收账款　　4 600 000

　　贷：主营业务收入　　4 600 000

（2）缴纳关税时。

借：税金及附加　　600 000

　　贷：银行存款　　600 000

三、商品流通企业关税的核算

1. 自营进口

自营进口商品缴纳的关税是商品购进成本的组成部分，把缴纳的进口关税计入商品的采购成本，借记“材料采购”科目，贷记“应交税费——应交进口关税”科目。实际缴纳时，借记“应交税费——应交进口关税”科目，贷记“银行存款”科目。也可不通过“应交税费——应交进口关税”科目核算，直接借记“材料采购”科目，贷记“银行存款”等科目。

例题 5-8

无锡天华外贸公司为增值税一般纳税人，2016 年 7 月 8 日从美国 A 公司自营进口甲商品400台，以境外口岸FOB价格成交，单价折合人民币20 000元。已知该货物运抵中国关境内输入地点起卸前的包装费、运费、保险费和其他劳务费用为每台2 000元人民币。甲商品的进口关税税率为20%，增值税税率为17%。该企业如何进行账务处理？

答案：关税完税价格=400×20 000+400×2 000 =8 800 000（元）

应纳进口关税=8 800 000×20% =1 760 000（元）

应纳增值税=(8 800 000+ 1 760 000)×17%=1 795 200（元）

甲商品采购成本=8 800 000+1 760 000=10 560 000（元）

计算关税和增值税时。

借：材料采购　　10 560 000

　　应交税费——应交增值税（进项税额）　　1 795 200

　　贷：银行存款（应付账款）　　12 355 200

2. 自营出口

自营出口商品缴纳的关税属于进出口企业出口销售业务中的费用，应借记“税金及附加”科目，贷记“应交税费——应交出口关税”科目。实际缴纳时，借记“应交税费——应交出口关税”科目，贷记“银行存款”科目。

例题 5-9

无锡某外贸进出口公司为增值税一般纳税人，自营出口商品一批，该商品离岸（FOB）价格为864 000元，出口关税税率为20%。该企业如何进行账务处理？

答案：完税价格= FOB价÷(1+出口关税税率)

　　　　　　= 864 000÷(1+20%)=720 000（元）

应纳出口关税=720 000×20%=144 000（元）

借：税金及附加　　144 000

　　贷：应交税费——应交出口关税　　144 000

实际上交关税时。

借：应交税费——应交出口关税　　144 000

　　贷：银行存款　　144 000

课后练习

某外贸进出口公司受某单位委托进口商品一批，该批商品成交价 CIF 上海

USD200 000，进口税率为 30%，手续费按进价的 2%收取。计税日外汇牌价为 1：6.00。委托单位已经预付款 1 800 000 元。该批商品已经运达，进出口商向海关办理报关及进口关税完税手续后，再跟委托单位办理结算。请计算该公司应缴纳的关税并做相应的会计处理。

任务四　关税的纳税申报

一、关税的申报时间

关税的纳税人或其代理人应在规定的报关期限内向货物或物品的进出境地海关申报。进口货物的报送期限为自运输工具申报进境之日起 14 日内，由收货人或其代理人向海关报关；出口货物应在出口货物运抵海关监管区后、装货的 24 小时以前，由发货人向海关报关。

二、纳税期限

关税的纳税义务人或其代理人，应在海关填发税款缴纳凭证之日起 15 日内向指定银行缴纳。纳税义务人未按期缴纳税款的，从滞纳税款之日起，按日加收滞纳税款万分之五的滞纳金。纳税义务人因不可抗力或者在国家税收政策调整的情况下，不能按期缴纳税款的，经海关总署批准，可延期缴纳税款，但最长不得超过 6 个月。

三、纳税地点

关税的纳税地点可以在关境地，也可以在纳税人住址所在地海关。

四、申报资料

进出口货物通关的一般程序包括申报、查验、征税、放行。根据《海关法》规定，纳税义务人在向海关申报纳税时，应当向海关提供有关单证，包括进出口货物报关单、货物发票、陆运单、空运单和海运进口的提货单及海运出口的装货单、货物装箱单、出口收汇核销单。海关认为必要时，还应交验贸易合同、货物产地证书等。

根据例题 5-8 填写海关进（出）口关税专用缴款书（见表 5-1）。

表 5-1 海关进（出）口关税专用缴款书

收入系统：海关系统　　　　　　填发日期：2016 年 7 月 8 日　　　　　　NO.123456

<table>
<tr><td rowspan="3">收款单位</td><td>收入机关</td><td colspan="2">中央金库</td><td rowspan="3">缴款单位（人）</td><td>名称</td><td>无锡天华外贸公司</td></tr>
<tr><td>科目</td><td></td><td>预算级次</td><td>账号</td><td>5810-1003896</td></tr>
<tr><td>收款国库</td><td colspan="2"></td><td>开户行</td><td>无锡建行湖滨分行</td></tr>
<tr><td>税号</td><td>货物名称</td><td>数量</td><td>单位</td><td>完税价格（￥）</td><td>税率（%）</td><td>税款金额（￥）</td></tr>
<tr><td></td><td>甲商品</td><td>400</td><td>台</td><td>8 800 000.00</td><td>20</td><td>1 760 000.00</td></tr>
<tr><td></td><td></td><td></td><td></td><td></td><td></td><td></td></tr>
<tr><td></td><td></td><td></td><td></td><td></td><td></td><td></td></tr>
<tr><td colspan="5">金额大写（人民币）：壹佰柒拾陆万元整</td><td>合计（￥）</td><td>1 760 000.00</td></tr>
<tr><td colspan="2">申请单位编号</td><td></td><td>报关单编号</td><td></td><td>填制单位</td><td rowspan="4">收款国库
（银行）
业务公章</td></tr>
<tr><td colspan="2">合同（批文）号</td><td></td><td>运输工具（号）</td><td></td><td>制单人</td></tr>
<tr><td colspan="2">缴款期限</td><td></td><td>提/装货单号</td><td></td><td>复核人</td></tr>
<tr><td colspan="2">注</td><td colspan="3">一般征税
国际代码</td><td>单证专用章</td></tr>
</table>

能 力 训 练

一、单项选择题

1．关税的纳税义务人不可能是（　　）。

A．进口货物的收货人　　B．进口货物的发货人

C．入境物品的所有人　　D．出口货物的发货人

2．长风有限公司申报进口一批货物，货价折合 350 万元人民币，运抵输入地点起卸前的运费折合 10 万元人民币，则该批进口货物的完税价格为（　　）。

A．350 万元　B．360 万元　C．340.63 万元　D．300 万元

3．海天进出口公司从美国进口一批化工原料共 500 吨，货物以境外口岸离岸价格成交，单价折合每吨 30 000 元人民币（不包括另向卖方支付的每吨 2 000 元人民币的佣金）。已知该货物运抵中国海关境内输入地点起卸前的包装、运输、保险和其他劳务费用为每吨 3 000 元人民币，关税税率为 10%，则该批化工原料应纳的关税为（　　）。

A．150 万元　B．165 万元　C．160 万元　D．175 万元

4．第一人民医院 2013 年以 100 万元（人民币，下同）的价格进口了一台医疗仪器，2016 年 4 月因出现故障运往日本修理（出境时已向海关报明）。2016 年 7 月，按海关规定的期限复运进境。此时，该仪器的国际市场价已为 150 万元，若经海关

审定的修理费和料件费为 50 万元，进口关税税率为 6%，则该仪器复运进境时应缴纳的进口关税为（　　）。

A．6 万元　　B．9 万元　　C．3 万元　　D．12 万元

5．特别关税包括报复性关税、反倾销税与反补贴税、保障性关税。征收特别关税由（　　）决定。

A．海关总署　　B．国家税务总局

C．财政部　　D．国务院关税税则委员会

6．某进出口贸易公司从美国进口了一台电梯，发票列明如下：成交价格为珠海 USD88 000，电梯进口后的安装、调试费为 USD5 000。经海关审查上述成交价格属实，且安装、调试费已包括在成交价格中，则海关审定该台电梯的完税价格为（　　）。

A．USD88 000　　B．USD93 000

C．USD83 000　　D．USD9 000

7．某公司从英国进口一套机械设备，发票列明如下：发票价格为 CIF 上海 USD20 000，设备进口后的安装及调试费为 USD800，设备进口后从上海运至武汉的运费为 USD100，进口关税为 USD100。上述安装调试费、上海运至武汉的运费、进口关税已包括在价款中，则经海关审定的该设备的成交价格为（　　）。

A．USD20 000　　B．USD20 800

C．USD19 100　　D．USD19 000

8．某外贸进出口公司，2016 年 5 月进口 20 辆小轿车，每辆车的关税完税价格为 9 万元，已知小轿车关税税率为 100%，消费税为 5%，进口这些小轿车应缴纳的消费税为（　　）万元。

A．15.38　　B．18.95　　C．18　　D．13.79

9．某家企业从法国进口一台模具加工机床，发票分别列明：设备价款 CIF 上海 USD800 000，机器进口后的安装、调试费为 USD50 000，卖方佣金 USD2 000，与设备配套使用的操作系统使用费为 USD70 000。该批货物经海关审定的成交价格应为（　　）。

A．USD802 000　　B．USD872 000

C．USD870 000　　D．USD852 000

10．出口货物的完税价格由海关以该货物的成交价格为基础审查确定，如果成交价格包含出口关税，则出口货物的完税价格为（　　）。

A．FOB　　B．CIF　　C．FOB−出口税　　D. CIF−出口税

11．某航空公司以租赁方式从美国进口一架价值USD2 800 000的小型飞机，租期1年，年租金为USD80 000，此情况经海关审查属实。在这种情况下，海关审定该飞机的完税价格为（　　）。

A．USD2 800 000　　B．USD80 000

C．USD2 880 000　　D．USD2 720 000

12．纳税义务人应当自海关填发税款缴纳书（　　），向指定银行缴纳税款。

A．之日起7日内　　B．之日起15日内

C．次日起7日内　　D．次日起15日内

13．纳税人应当自海关填发税款缴款书之日起15日内向指定银行缴纳税款。纳税人未按期缴纳税款的，从滞纳税款之日起，按日加收滞纳税款（　　）的滞纳金。

A．1‰　　B．0.2‰　　C．0.3‰　　D．0.5‰

14．关税纳税义务人因不可抗力或者在国家税收政策调整的情形下，不能按期缴纳税款的，经海关总署批准，可以延期缴纳税款，但最多不得超过（　　）。

A．3个月　　B．6个月　　C．9个月　　D．12个月

15．目前我国对（　　）的进口实行滑准税。

A．摄录一体机　　B．录像机

C．棉花　　D．数字照相机

二、多项选择题

1．下列货物、物品进境时，属于关税纳税对象的是（　　）。

A．个人邮寄物品　　B．馈赠物品

C．贸易性商品　　D．海员自用物品

2．关税的纳税人包括（　　）。

A．进口货物的收货人　　B．进口个人邮件的收件人

C．进口货物的发货人　　D．携带进境物品的携带人

3．进口关税税率设有（　　）。

A．普通税率　　B．特惠税率　　C．协定税率　　D. 最惠国税率

4．关税是由海关对进出境的（　　）征收的一种税。

A．货物　　B．物品　　C．无形资产　　D．劳务

5．关税按征税标准分类，可以分为（　　）。

A．从量税　　B．从价税　　C．复合税　　D．滑准税

6．关税的特点主要体现在（　　）上。

A．纳税上的统一性和一次性　　B．税率上的复式性

C．征管上的权威性　　D．对民族经济的保护性

7．进出境物品的纳税人可能是（　　）。

A．携带进境物品的携带人　　B．邮递进境物品的收件人

C．邮递出境物品的收件人　　D．邮递出境物品的托运人

8．下列选择最惠国税率、协定税率、特惠税率或普通税率的依据中不正确的是（　　）。

A．货物的销售地　　B．货物的生产地

C．货物的发出地　　D．货物的原产地

9．进口货物的完税价格还包括（　　）。

A．由买方负担的除购货佣金以外的佣金和经纪费

B．由买方负担的在审查确定完税价格时与该货物视为一体的容器的费用

C．由买方负担的包装材料费用和包装劳务费用

D．进口货物运抵境内输入地点起卸后的运输及其相关费用、保费费

10．下列出口货物完税价格确定方法中，符合关税规定的有（　　）。

A．海关依法估价确定的完税价格

B．以成交价格为基础确定的完税价格

C．根据境内生产类似货物的成本、利润和费用计算出的价格

D．以相同或类似的进口货物在境内销售价格为基础估定的完税价格

三、判断题（正确的打“√”，错误的打“×”）

（　　）1．关税的征税对象是贸易性商品，不包括入境旅客携带的个人行李和物品。

（　　）2．关税完税价格是纳税人向海关申报的价格，即货物实际成交价格。

（　　）3．出口货物应以海关审定的成交价格为基础的离岸价为关税的完税价格。

（　　）4．外国政府、国际组织无偿赠送的物资，依据关税基本法的规定，可实行特定减免。

（　　）5．进口货物离岸价格中不包括货物从内地口岸至最后出境口岸所支付的国内段运输费用。

（　　）6．出口货物的完税价格，是由海关以该货物向境外销售的成交价格为

基础审查确定的，包括货物运至我国境内输出地点装卸前的运输费、保险费，但不包括出口关税。

四、计算题

1．某企业从国外进口 3 台设备，总成交价格为 CFR 上海港 HKD28 000，保险费率为 3‰，设备进口关税税率为 10%，当日外汇牌价 HKD1=RMB1.07。要求：计算其应纳的进口关税税额。

2．无锡某进出口公司从美国进口货物一批，货物以离岸价格成交，成交价折合人民币为 2 410 万元（包括单独计价并经海关审查属实的向境外采购代理人支付的买方佣金 10 万元，但不包括因使用该货物而向境外支付的软件费 50 万元、向卖方支付的佣金 15 万元），另支付货物运抵我国上海港的运费、保险费等 35 万元。假设该货物适用的关税税率为 20%、增值税税率为 17%、消费税税率为 20%。要求：分别计算该公司应缴纳的关税、消费税和增值税。

3．光明公司从境外进口一批高档化妆品，经海关核定，关税的完税价格为 154 000 元，进口关税税率为 25%，消费税税率为 15%，则进口环节应缴纳多少关税和消费税？

4．某公司进口货物一批，CIF 成交价格为人民币 600 万元，含单独计价并经海关审核属实的进口后装配调试费用 30 万元，该货物进口关税税率为 10%，海关填发税款缴纳证日期为 2016 年 1 月 10 日，该公司于 1 月 25 日缴纳税款。要求：计算其应纳关税及滞纳金。

5．某公司从新加坡进口钻石一批，到岸价共计 20 万元，另外在成交过程中，公司向卖方支付佣金 3 万元，卖方付给买方的发票中已列出的正常价格回扣 1 万元，已知钻石进口税率为 50%。要求：计算该批钻石应缴纳的关税。

6．有进出口经营权的某外贸公司，2016 年 10 月发生以下经营业务：

（1）经有关部门批准从境外进口小轿车 30 辆，每辆小轿车货价 15 万元，运抵我国海关前发生的运输费用、保险费用无法确定，经海关查实其他运输公司相关业务的运输费用占货价的比例为 2%。公司向海关缴纳了相关税款，并取得完税凭证。公司委托运输公司将小轿车从海关运回本单位，支付运输公司运输费用 9 万元，取得运输公司开具的专用发票。当月售出 24 辆，每辆取得含税销售额 40.95 万元。

（2）月初将上月购进的库存材料（价款 40 万元），经海关核准委托境外公司加工一批货物，月末该批加工货物在海关规定的期限内复运进境供销售，支付给境外公司的加工费 20 万元、进境前的运输费和保险费共 3 万元。公司向海关缴纳了相关税款，并取得了完税凭证（提示：小轿车关税税率为 60%、货物关税税率为 20%、增值税税率为 17%、消费税税率为 8%）。要求：

（1）计算小轿车在进口环节应缴纳的关税、消费税和增值税。

（2）计算加工货物在进口环节应缴纳的关税、增值税。

（3）计算国内销售环节 10 月份应缴纳的增值税。

五、实务题

无锡振东鞋业股份有限公司 2016 年 7 月 18 日从美国进口一批皮革，货物以境外口岸离岸价格成交，单价每吨 USD4 000，共 20 吨。已知该货物运抵中国海关境内输入地起卸前的包装、运输和其他劳务费用共计 USD6 000，保险费费率为 0.3%。关税税率为 14%，假定当日美元兑人民币为 1∶6.12。计算无锡振东鞋业股份有限公司应缴纳的关税和增值税，并填制货物报关单（见表 5-2）和关税专用缴款书（见表 5-3），并对无锡振东鞋业股份有限公司的进口业务进行会计处理。

表 5-2　中华人民共和国海关进口货物报关单

预录入编号：××××　　　　海关编号：732875462

进口口岸	备案号		进口日期	申报日期
经营单位	运输方式 江海运输		运输工具名称 ZIYAHE7432E	提运单号 COSU12664318
收货单位	贸易方式 一般贸易		征免性质 一般征税	征税比例 照章
许可证号 8845766248	启运国（地区） 美国		装货港 美国	境内目的地 上海
批准文号 246074549	成交方式	运费	保费	杂费
合同协议号	件数	包装种类纸箱	毛重（公斤）	净重（公斤）
集装箱号	随附单据		用途	
标记号码及备注 N/M				
项号　商品名称　规格型号　数量及单位　原产国（地区）　单价　总价　币制　征免				
税费征收情况				
录入员　录入单位 ××××	兹申明以上申报无讹，并承担法律责任		海关审单批注及放行日期（签章）	
报关员 王华 单位地址 ×××× 申报单位（签章） 邮编××××　电话××××　填制日期			审单　审价 征税　统计 查验　放行	

表 5-3　海关进（出）口关税专用缴款书（收据联）

收入系统：税务系统　　　　　　　　　　　　填发日期：　　年　　月　　日

<table>
<tr><td rowspan="3">收缴单位</td><td>收入机关</td><td colspan="3">中央金库</td><td rowspan="3">缴款单位（人）</td><td>名　称</td><td></td><td rowspan="12">第一联：（收据）国库收款盖章后交缴款单位或缴款人</td></tr>
<tr><td>科　目</td><td>进口关税</td><td>预算级次</td><td>中央</td><td>账　号</td><td>××××××××</td></tr>
<tr><td>收缴国库</td><td colspan="3">中国人民银行上海支行</td><td>开户银行</td><td>××上海分行</td></tr>
<tr><td colspan="2">税号</td><td>货物名称</td><td>数量</td><td>单位</td><td>完税价格（￥）</td><td>税率（%）</td><td>税款金额（￥）</td></tr>
<tr><td colspan="2">×××</td><td></td><td></td><td></td><td></td><td></td><td></td></tr>
<tr><td colspan="2"></td><td></td><td></td><td></td><td></td><td></td><td></td></tr>
<tr><td colspan="7">金额人民币（大写）</td><td>合计（￥）</td></tr>
<tr><td colspan="2">申请单位编号</td><td colspan="2">3200017928</td><td>报关单编号</td><td>732875462</td><td>填制单位</td><td>收缴国库（银行）</td></tr>
<tr><td colspan="2">合同（批文）号</td><td colspan="2">246074549</td><td>运输工具号</td><td>ZIYAHE 7432E</td><td rowspan="3">制单人：
复核人：</td><td rowspan="3"></td></tr>
<tr><td colspan="2">缴款日期</td><td colspan="2">2016 年 7 月 31 日</td><td>提/装货单号</td><td>COSU 12664318</td></tr>
<tr><td>备注</td><td colspan="3">一般征税：照章征税
国际代码：×××××</td><td colspan="2"></td></tr>
</table>

项目六

企业所得税涉税实务

学习目标

知识目标：通过本项目教学，可以使学生熟悉企业所得税的相关法律政策，企业所得税征收管理的相关规定，掌握应付所得税税款的计算方法及企业所得税相关业务的会计处理，了解企业所得税纳税申报的相关流程及操作办法。

技能目标：会计算企业应付所得税税款，能进行所得税业务的会计处理，会进行企业所得税申报等汇算清缴工作。

素质目标：培养学生善于思考，勤于积累，勇于求索的能力和严谨、细致、耐心的工作作风。

重难点：企业所得税应付税款的计算及所得税业务的会计处理。

案例导入

无锡某企业2016年度实现主营业务收入5 080万元，主营业务成本3 210万元，投资收益85万元，其中国债利息收入30万元；税金及附加87万元；营业费用580万元，其中广告费550万元；管理费用320万元，其中业务招待费170万元，新产品研究开发费用100万元；营业外支出60万元，其中通过民政局向灾区捐款50万元，税务机关罚款及滞纳金10万元。该企业适用所得税税率为25%，该企业应交多少企业所得税？又如何进行会计核算？

【案例解析】

（1）税前允许扣除的广告费=5 080×15%=762（万元）＞实际发生额550万元，允许按实际发生额全部扣除。

（2）业务招待费允许扣除的限额 5 080×5‰=25.4（万元）＜实际发生额的60%=170×60%=102（万元），需要调增应纳税所得额=170–25.4=144.6（万元）。

（3）新产品研究开发费可以加计扣除 50%，所以应调减应纳税所得额100×50%=50（万元）。

（4）税前会计利润=5 080–3 210+85–87–580–320–60=908（万元）

通过民政局向灾区捐款可以扣除的限额=会计利润×12%=908×12%=108.96＞实际捐赠额50万元。实际捐赠50万元，允许全部扣除。

（5）国债利息收入属于免税收入，应调减应纳税所得额30万元，税务机关的罚款不允许扣除调增应纳税所得额10万元。

（6）应纳税所得额=908+144.6–50–30+10=982.6（万元）

应交企业所得税=982.6×15%=147.39（万元）

借：所得税费用　　147.39

　　贷：应交税费——应交所得税　　147.39

企业所得税是征收范围较广、计税难度较高、征收管理较为复杂的一种税收。我国现行企业所得税是以2007年3月16日第十届全国人大第五次会议审议通过并于2008年1月1日起施行的《中华人民共和国企业所得税法》（以下简称《企业所得税法》），以及国务院2007年12月28日通过的《中华人民共和国企业所得税实施条例》（以下简称《实施条例》）为法律依据的。

任务一 企业所得税概述

一、企业所得税的概念

企业所得税是指在中华人民共和国境内，以企业和其他取得收入的组织（以下统称企业）为企业所得税的纳税人，依照《中华人民共和国企业所得税法》的规定对其生产、经营所得和其他所得依法征收的一种税。

二、企业所得税的纳税人

中国境内的企业（个人独资企业、合伙企业除外）和其他取得收入的组织为企业所得税的纳税人。企业所得税的纳税人包括各类企业、事业单位、社会团体及其他取得收入的组织。

企业所得税采取收入来源地管辖权和居民管辖权相结合的双重管辖区，将缴纳企业所得税的企业分为居民企业和非居民企业，分别承担不同的纳税责任。

知识链接

居民企业和非居民企业

居民企业是指依法在我国境内成立，或者依照外国（地区）法律成立但实际管理机构在我国境内的企业。实际管理机构是指对企业的生产经营、人员、财务、财产等实施实质性全面管理和控制的机构。

非居民企业是指依照外国（地区）法律成立且实际管理机构不在我国境内，但在我国境内设立机构、场所的；或者在我国境内未设立机构、场所，但有来源于我国境内所得的企业。

居民企业即所有实行独立经济核算的中华人民共和国境内的内资企业或其他组织，包括以下 6 类：①国有企业；②集体企业；③私营企业；④联营企业；⑤股份制企业；⑥有生产经营所得和其他所得的其他组织。

重要提示

个人独资企业、合伙企业不使用本法。由于个人独资企业、合伙企业属于自然人性质企业，不具有法人资格，股东承担无限责任，因此不适用于《企业所得税法》调整范畴。

例题 6-1

依据《企业所得税法》的规定，判定居民企业的标准有（　　）。

A. 登记注册地标准　　B. 所得来源地标准

C. 经营行为实际发生地标准　　D. 实际管理机构所在地标准

答案：A、D。居民企业是指依法在中国境内成立，或者依据外国（地区）法律成立但实际管理机构在中国境内的企业。

三、企业所得税的征税对象

企业所得税的征税对象，从内容上是纳税人（包括居民企业和非居民企业）所取得的生产经营所得、其他所得和清算所得；从范围上看包括居民企业来源于中国境内、境外的所得，以及非居民企业来源于境内的所得。

居民企业应当就其来源于中国境内、境外的所得缴纳企业所得税。

例题 6-2

注册地与实际管理机构所在地均在法国的某银行，取得的下列各项所得中，应按规定缴纳我国企业所得税的有（　　）。

A. 转让位于我国的一处不动产取得的财产转让所得

B. 在香港证券交易所购入我国某公司股票后取得的分红所得

C. 在我国设立的分行为我国某公司提供理财咨询服务取得的服务费收入

D. 在我国设立的分行为位于日本的某电站提供流动资金贷款取得的利息收入

答案：A、B、C、D。不动产转让所得按照不动产所在地确定；权益性投资资产转让所得按照被投资企业所在地确定；提供劳务所得，按照劳务发生地确定；利息所得、租金所得、特许权使用费所得，按照负担、支付所得的企业或者机构、场所所在地确定，或者按照负担、支付所得的个人的住所地确定。

重要提示

非居民企业在中国境内未设立机构、场所的，或者虽设立机构、场所但取得的所得与其所设机构、场所没有实际联系的，应当就其来源于中国境内的所得缴纳企业所得税。

四、企业所得税的税率

（1）企业所得税的基本税率为 25%。

（2）非居民企业在中国境内未设立机构、场所的，或者虽设立机构、场所但取得的所得与其所设机构、场所没有实际联系的，应当就其来源于中国境内的所得缴纳企业所得税，适用税率为 20%（实际减按 10%的税率征收）。

（3）居民企业中符合条件的小型微利企业，减按 20%的税率征收企业所得税。

（4）国家需要重点扶持的高新技术企业，减按 15%的税率征收企业所得税。

知识链接

小型微利企业

小型微利企业是指从事国家非限制和禁止行业，并符合以下条件的企业：

（1）工业企业，年所得额 30 万元，从业人数不超过 100 人，资产规模不超过 3 000 万元。

（2）其他企业，年所得额 30 万元，从业人数不超过 80 人，资产规模不超过 1 000 万元。

2015 年至 2017 年度小型微利企业申报缴纳企业所得税，年应纳税所得额低于 20 万元（含 20 万元）的小型微利企业，其所得减按 50%计入应纳税所得额，按 20%的税率缴纳企业所得税。

例题 6-3

以下适用 25%企业税率的企业有（　　）。

A. 在中国境内的居民企业

B. 在中国境内设有机构场所，且所得与机构场所有实际联系的非居民企业

C. 在中国境内设有机构场所，但所得与机构场所没有实际联系的非居民企业

D. 在中国境内未设立机构场所的非居民企业

答案：A、B

课后练习

1.（单选题）根据《企业所得税法》的规定，企业所得税税率说法不正确的是（　　）。

A. 企业所得税税率统一为 25%

B. 企业所得税实行比例税率

C. 现行企业所得税的基本税率为 25%

D. 在中国境内未设立机构场所的非居民企业可以使用企业所得税的低税率缴纳所得税

2.（多选题）下列关于居民企业和非居民企业的说法符合《企业所得税法》规定的是（　　）。

A. 企业分为居民企业和非居民企业

B. 居民企业应当就其来源于中国境内、境外所得缴纳企业所得税

C. 非居民企业在中国境内设立机构、场所，其机构、场所取得的来源于中国境内、境外所得都要缴纳企业所得税

D. 非居民企业在中国境内设立机构、场所，只就其机构、场所取得的来源于中国境内所得缴纳企业所得税

E. 非居民企业在中国境内未设立机构、场所的，只就其中国境内所得缴纳企业所得税

任务二　企业所得税应纳税额的计算

案例导入

无锡市某企业 2016 年实现销售收入 1 800 万元，当年发生销售成本 1 400 万元，管理费用 200 万元（其中，业务招待费 40 万元，为研究新产品发生研究开发费 100 万元），财务费用 60 万元，企业中有残疾人员 15 人，每月工资 1 000 元。计算该企业 2016 年应纳税所得额。

【案例解析】 业务招待费扣除限额 40×60%=24（万元）>1 800×5‰=9（万元），所以应调增所得额=40–9=31（万元）。

残疾人员的工资可以按照支付给残疾职工工资的 100%加计扣除，因此可以加计扣除的金额=15×1 000×12=18（万元）。

研究开发费用的 50%加计扣除，因此加计扣除的金额为 100×50%=50（万元）。

企业应纳税所得额=1 800–1 400–200–60+31–18–50=103（万元）

从以上案例可看出，纳税人每个纳税年度的收入总额减去准予扣除项目金额后的余额，为应纳税所得额。

一、应纳税所得额的计算

企业所得税的计税依据即为应纳税所得额，应纳税所得额是指企业在每一个纳税年度的收入总额减去准予扣除金额后的余额，如果有允许扣除的以前年度的亏损也要扣除。

应纳税所得额的计算公式有以下两种方法。

1. 直接计算法

应纳税所得额=收入总额–不征税收入–免税收入–准予扣除项目金额–允许弥补的以前年度亏损

2. 间接计算法

应纳税所得额=会计利润总额+纳税调整增加额−纳税调整减少额−允许弥补的以前年度亏损

纳税调整增加额包括未计或少计的应税收益；会计利润中已经扣除，但税法规定不能扣除的项目，例如，税收滞纳金、行政罚款、未经核准的准备金支出等；会计利润中已经扣除，但超过税法规定扣除标准的部分，例如，业务招待费、广告宣传费等费用超标部分的扣除部分。

纳税调整减少额：减税或免税的收益，如国债利息收入。

重要提示

纳税人在计算应纳税所得额时，按照税法规定计算出的应纳税所得额与企业依照财务会计制度计算的利润总额，往往是不一致的。当企业财务会计处理办法与有关税收法规相抵触时，应当依照国家有关税收的规定计算纳税。企业按照有关财务会计制度规定计算的利润，必须按照税法的规定进行必要的调整后才能作为应纳税所得额，计算缴纳所得税。

（一）收入总额

企业以货币形式和非货币形式从各种来源取得的收入，为收入总额。

（1）企业取得收入的货币形式，包括现金、存款、应收账款、应收票据、准备持有至到期的债券投资及债务的豁免等。

（2）企业取得收入的非货币形式，包括固定资产、生物资产、无形资产、股权投资、存货、不准备持有至到期的债券投资、劳务及有关权益等。

提醒你：

特殊收入的确认	（1）以分期收款方式销售货物的，按照合同约定的收款日期确认收入的实现
	（2）企业受托加工制造大型机械设备、船舶、飞机，以及从事建筑、安装、装配工程业务或者提供其他劳务等，持续时间超过12个月的，按照纳税年度内完工进度或者完成的工作量确认收入的实现
	（3）企业非货币性资产交换，以及将货物、财产、劳务用于捐赠、偿债、赞助、集资、广告、样品、职工福利或者利润分配等用途的，应当视同销售货物、转让财产或者提供劳务，但国务院财政、税务主管部门另有规定的除外

（二）不征税收入、免税收入

1. 不征税收入

（1）财政拨款。

财政拨款是指各级人民政府对纳入预算管理的事业单位、社会团体等组织拨付的财政资金，但国务院和国务院财政、税务主管部门另有规定的除外。

（2）依法收取并纳入财政管理的行政事业性收费、政府性基金。

行政事业性收费是指依照法律、法规等有关规定，按照国务院规定程序批准，在实施社会公共管理，以及在向公民、法人或者其他组织提供特定公共服务过程中，向特定对象收取并纳入财政管理的费用。

政府性基金是指企业依照法律、行政法规等有关规定，代政府收取的具有专项用途的财政资金。

（3）国务院规定的其他不征税收入。

国务院规定的其他不征税收入是指企业取得的，由国务院财政、税务主管部门规定专项用途并经国务院批准的财政性资金。

2. 免税收入

（1）国债利息收入。

重要提示

国债利息收入免税；国债转让收入不免税。

（2）居民企业之间直接进行股权投资取得的股息、红利等权益性投资收益。

（3）在中国境内设立机构、场所的非居民企业从居民企业取得与该机构、场所有实际联系的股息、红利等权益性投资收益。

（4）符合条件的非营利组织的收入。

（5）股权分置改革中，上市公司因股权分置改革而接受的非流通股股东作为对价注入资产和被非流通股股东豁免的债务，上市公司应增加注册资本或资本公积，不征收企业所得税。

知识链接

免税收入与不征税收入的区别

不征税收入不属于营利性活动带来的经济利益，是专门从事特定目的的收入，这些收入从企业所得税原理上讲是应永久不列为征税范围的收入。

免税收入是纳税人应税收入的重要组成部分，只是国家为了实现某些经济和社会目标，在特定时期或对特定项目取得的经济利益给予的税收优惠照顾，而在一定时期又有可能恢复征税的收入。

例题 6-4

无锡市某公司 2016 年年度收入总额 1 000 万元，其中，不征税收入 200 万元，免税收入 100 万元，各项扣除合计 300 万元。计算其 2016 年度应纳税所得额。

答案：应纳税所得额=1 000–200–100–300=400（万元）

（三）一般准予扣除项目

凡是企业实际发生与取得应税收入有关的、合理的支出，包括成本、费用、税金、损失和其他支出，准予在计算应纳税所得额时扣除。这里所说的合理的支出是指符合生产经营活动常规，应当计入当期损益或者有关资产成本的必要的和正常的支出。

企业发生的支出应区分收益性支出和资本性支出，收益性支出在发生当期直接扣除；资本性支出应当分期扣除或者计入有关资产成本，不得在发生当期扣除。

企业的不征税收入用于支出所形成的费用或者财产，不得扣除或者计算对应的折旧、摊销扣除。

（1）成本是指企业在生产经营活动中发生的销售成本、业务支出及其他耗费。

（2）费用是指企业在生产经营活动中发生的销售费用、管理费用和财务费用，已经计入成本的有关费用除外。

（3）税金是指企业发生的除企业所得税和允许抵扣的增值税以外的各项税金及其附加。

（4）损失是指企业在生产经营活动中发生的固定资产和存货的盘亏、毁损、报废损失，转让财产损失，呆账损失，坏账损失，自然灾害等不可抗力因素造成的损失及其他损失。

（5）其他支出是指除成本、费用、税金、损失外，企业在生产经营活动中发生的与生产经营活动有关的合理的支出。

即学即思

根据企业所得税法律制度的规定，下列各项中，纳税人在计算企业所得税应纳税所得额时准予扣除的项目有（　　）。

A. 消费税　　B. 营业税　　C. 土地增值税　　D. 增值税

答案：A、B、C。企业实际发生的与取得收入有关的、合理的支出，包括成本、费用、税金、损失和其他支出，准予在计算应纳税所得额时扣除。

（四）具体准予扣除项目

（1）企业发生的合理的工资薪金支出。

工资薪金是指企业每一纳税年度支付给在本企业任职或者受雇的员工的所有现金形式或者非现金形式的劳动报酬，包括基本工资、奖金、津贴、补贴、年终加薪、加班工资，以及与员工任职或者受雇有关的其他支出。

重要提示

企业发放给职工的独生子女费、托儿补助费、差旅费补贴、住房补贴、交通补贴不计入允许扣除的工资总额。

（2）企业发生的职工福利费支出，不超过工资薪金总额14%的部分。

（3）企业拨缴的工会经费，不超过工资薪金总额2%的部分。

（4）除国务院财政、税务主管部门另有规定外，企业发生的职工教育经费支出，不超过工资薪金总额2.5%的部分，准予扣除；超过部分，准予在以后纳税年度结转扣除。

重要提示

集成电路设计企业和符合条件的软件企业的职工培训费，应单独核算并按实际发生额在税前扣除。

例题 6-5

某市一家居民企业主要生产销售彩色电视机，计入成本、费用中的企业生产经营部门员工的合理的实发工资为540万元（含管理部门实习生报酬10万元），当年发生的工会经费15万元、职工福利费80万元、职工教育经费11万元。该企业应如何进行纳税调整？

答案：应纳税所得额应调增=(15−540×2%)+(80−540×14%)=8.6（万元）

（5）企业依照国务院有关主管部门或者省级人民政府规定的范围和标准为职工缴纳的基本养老保险费、基本医疗保险费、失业保险费、工伤保险费、生育保险费等基本社会保险费和住房公积金。企业为投资者或者职工支付的补充养老保险费、补充医疗保险费，在国务院财政、税务主管部门规定的范围和5%标准内部分，准予扣除。

例题 6-6

某企业2016年企业所得税纳税申报表显示：全年发生工薪支出1 000万元，并分别提取职工福利经费180万元、工会经费30万元、职工教育经费40万元。该企业应如何进行纳税调整？

答案：允许抵扣的福利费=1 000×14%=140（万元）<180 万元

允许抵扣的工会经费=1 000×2%=20（万元）<30 万元

允许抵扣的职工教育经费=1 000×2.5%=25（万元）<40 万元

应纳税所得额调增=(180–140)+(30–20)+(40–25)=65（万元）

（6）企业在生产经营活动中发生的合理的不需要资本化的借款费用。

例题 6-7

某白酒生产企业因扩大生产规模新建厂房，自有资金不足，于 2015 年 1 月 1 日向银行借入长期借款 1 笔，金额 3 000 万元，借款期限 2 年，借款利率为 4.2%。2015 年 1 月 1 日开工建设，2016 年 3 月 31 日房屋交付使用，则 2015 年和 2016 年可以在税前直接扣除的该项借款费用是多少？

答案：2015 年借款费用符合资本化条件，发生的利息费用应全部资本化，因此 2015 年应直接扣除的借款费用为 0。

2016 年资本化期间为 1～3 月，资本化期间的利息费用应当资本化，4～12 月的借款利息可以直接在税前扣除，扣除的金额为 3 000×4.2%÷12×9=94.5（万元）。

（7）企业在生产经营活动中发生的下列利息支出。

① 非金融企业向金融企业借款的利息支出、金融企业的各项存款利息支出和同业拆借利息支出、企业经批准发行债券的利息支出；

② 非金融企业向非金融企业借款的利息支出，不超过按照金融企业同期同类贷款利率计算的数额的部分。

例题 6-8

无锡市某股份有限公司 2016 年 7 月分别从银行和业务往来单位借入 4 个月借款 500 万元和 300 万元，年利分别为 6%、10%，共筹集资金 800 万元新建一车间，7 月投入建设，8 月完工，9 月投入使用。另于 2016 年 1 月 1 日发行公司债券 500 万元，年利 10%。该公司 2016 年可以扣除的财务费用是多少？

答案：允许扣除的财务费用=（500+300）×6%÷12×2+500×10%=58（万元）

（8）企业在货币交易中，以及纳税年度终了时将人民币以外的货币性资产、负债按照期末即期人民币汇率中间价折算为人民币时产生的汇兑损失，除已经计入有关资产成本及与向所有者进行利润分配相关的部分外，准予扣除。

（9）企业发生的与生产经营活动有关的业务招待费支出，按照发生额的 60%扣除，但最高不得超过当年销售（营业）收入的5‰。

例题 6-9

某企业全年销售收入1.1亿元，全年发生业务招待费50万元，计算准予扣除的业务招待费。

答案：业务招待费扣除限额=11 000×5‰=55（万元）

准予扣除业务招待费=50×60%=30（万元）

该企业当年可以扣除的业务招待费为30万元。

（10）企业发生的符合条件的广告费和业务宣传费支出，除国务院财政、税务主管部门另有规定外，不超过当年销售（营业）收入15%的部分，准予扣除；超过部分，准予在以后纳税年度结转扣除。

例题 6-10

某家电企业年销售收入1 000万元，全年列支的广告费支出为200万元，其他业务宣传费支出10万元。计算当年准予扣除的广告费和业务宣传费。

答案：当年准予扣除的广告费和业务宣传费=1 000×15%=150（万元）

多列支的广告费和业务宣传费=(200+10)−150=60（万元）

多列支的60万元广告费结转以后年度扣除。

（11）企业依照法律、行政法规有关规定提取的用于环境保护、生态恢复等方面的专项资金，准予扣除。上述专项资金提取后改变用途的，不得扣除。

（12）企业参加财产保险，按照规定缴纳的保险费。

（13）企业根据生产经营活动的需要租入固定资产支付的租赁费，按照以下方法扣除：

① 以经营租赁方式租入固定资产发生的租赁费支出，按照租赁期限均匀扣除；

② 以融资租赁方式租入固定资产发生的租赁费支出，按照规定构成融资租入固定资产价值的部分应当提取折旧费用，分期扣除。

（14）企业发生的合理的劳动保护支出。

（15）非居民企业在中国境内设立的机构、场所，就其中国境外总机构发生的与该机构、场所生产经营有关的费用，能够提供总机构出具的费用汇集范围、定额、分配依据和方法等证明文件，并合理分摊的。

（16）企业发生的公益性捐赠支出，在年度利润总额12%以内的部分。

例题 6-11

2016 年度某企业会计报表上的利润总额为 100 万元，已累计预缴企业所得税 25 万元。该企业本年度发生的公益性捐赠支出 18 万元。计算该企业公益性捐赠支出所得税前纳税调整额。

答案：该企业公益性捐赠支出所得税前纳税调整额=18–100×12%=6（万元）

即学即思

根据《企业所得税法》的规定，企业发生的公益性捐赠支出，在计算企业所得税应纳税所得额时的扣除标准是（　　）。

A. 全额扣除

B. 在年度应纳税所得额 12%以内的部分扣除

C. 在年度利润总额 12%以内的部分扣除

D. 在年度应纳税所得额 3%以内的部分扣除

答案：C。企业发生的公益性捐赠支出，在年度利润总额 12%以内的部分可以扣除。

（17）企业在生产经营活动中当期实际发生的、与取得应收收入有关的固定资产和流动资产盘亏、毁损净损失，由其提供清查盘存资料，经主管税务机关审核后准予扣除。企业因存货盘亏、毁损、报废等原因不得从销项税额中抵扣的进行税金，应视同企业财产损失，准予与存货损失一起在所得税前按规定扣除。以上损失，应按税法规定实际确认或者实际发生的金额在发生的当年申报扣除。

例题 6-12

某企业 2016 年毁损一批库存材料，账面成本 10 139.5 元（含运费 139.5 元），保险公司审理后同意赔付 8 000 元，该企业的损失得到税务机关的审核和确认，计算在所得税前可扣除的损失金额。

答案：不得抵扣的进项税=(10 139.5–139.5)×17%+139.5÷(1–7%)×7%

=1 710.5（元）

所得税前可扣除的损失金额=10 139.5+1 710.5–8 000=3 850（元）

（五）不得扣除项目

（1）向投资者支付的股息、红利等权益性投资收益款项。

（2）企业所得税税款。

（3）税收滞纳金。

（4）罚金、罚款和被没收财物的损失。

（5）赞助支出。

（6）未经核定的准备金支出。

（7）与取得收入无关的其他支出。

（8）不符合规定的其他捐赠支出。

例题 6-13

企业发生的下列支出中，在计算企业所得税应纳税所得额时不得扣除的有（　　）。

A. 税收滞纳金

B. 企业所得税税款

C. 计入产品成本的车间水电费用支出

D. 向投资者支付的权益性投资收益款项

答案：C。税收滞纳金，企业所得税税款，向投资者支付的权益性收益款项不允许扣除。

（六）亏损弥补

亏损是指企业依照《企业所得税法》和《企业所得税暂行条例实施细则》的规定将每一纳税年度的收入总额减除不征税收入、免税收入和各项扣除后小于零的数额。

企业纳税年度发生的亏损，准予向以后年度结转，用以后年度的所得弥补，但结转年限最长不得超过 5 年。

企业在汇总计算缴纳企业所得税时，其境外营业机构的亏损不得抵减境内营业机构的营利，即不得以内补外。

例题 6-14

下表为经税务机关审定的某国有企业 7 年应纳税所得额情况，假设该企业一直执行 5 年亏损弥补规定，则该企业 7 年间应缴纳企业所得税为多少？

单位：万元

年　度	2006	2007	2008	2009	2010	2011	2012
未弥补亏损前的应纳税所得额	–100	10	–20	30	20	30	60

答案：关于 2006 年的亏损，要用 2007 年至 2011 年的所得弥补，尽管其间 2008 年亏损，也要占用 5 年抵亏期的一个抵扣年度，且先亏先补，2008 年的亏损需在 2006 年的亏损问题解决之后才能考虑。到了 2011 年，2006 年的亏损未弥补完但已到 5 年抵亏期满，还有 10 万元亏损不得在所得税前弥补。2008 年之后的 2009 年至 2011 年的所得，已被用于弥补 2006 年的亏损，2008 年的亏损只能用 2012 年所得弥补，在弥补 2008 年亏损后，2012 年还有所得 60–20=40（万元），要计算纳税，应纳税额 =40×25%=10（万元）。

二、企业所得税应纳税额

（一）企业所得税应纳税额的计算

应纳所得税额，就是企业当期应当缴纳的税额，等于应纳税所得额乘于适用税率。

企业应纳税所得额乘以适用税率，减除依照企业所得税关于税收优惠的规定减免和抵免的税额后的余额，为应纳税额。

应纳税额=应纳税所得额×税率–减免税额–抵免税额

知识链接

应纳税所得额和应纳所得税额的区别

应纳税所得额是企业所得税的计税依据，根据《企业所得税法》的规定，应纳税所得额为企业每一年度的收入总额，减除不征税收入、免税收入、各项扣除，以及弥补的以前年度亏损后的余额。

应纳所得税额，就是企业当期应当缴纳的税额，等于应纳税所得额乘于适用税率。

例题 6-15

无锡市某公司为居民企业，在 2016 纳税年度内，共发生下列收入事项：（1）产品销售收入 6 000 万元；（2）清理无法支付的应付账款收入为 20 万元；（3）转让商标使用权收入 120 万元；（4）利息收入 20 万元（利息收入为购买国库券利息）。发生各项支出如下：（1）产品销售成本 4 000 万元；（2）产品销售费用 260 万元（其中广告费 180 万元）；（3）产品销售税金 180 万元；（4）管理费用 220 万元（其中业务招待费 60 万元）；（5）财务费用 60 万元；（6）营业外支出 80 万元（其中通过中国红十字会向地震灾区捐款 50 万元）。计算该企业应缴纳的企业所得税税额。

答案：方法一，直接计算法。

（1）计算该企业应纳税收入总额。

按照税法规定，国库券利息免税，该企业其他收入项目均应纳税。

该企业年度应纳税收入总额=6 000+20+120=6 140（万元）

（2）分析计算可扣除项目金额。

① 产品销售成本、产品销售税金和财务费用可据实扣除。

② 广告费用支出扣除限额=6 000×15%=900（万元），实际发生的广告费为 180 万元，准予全部扣除，产品销售费用 260 万元可以全额扣除。

③ 业务招待费支出扣除限额=6 000×5‰=30（万元），业务招待费的扣除标准为 60×60%=36（万元），超过扣除限额，准予扣除 30 万元。管理费用可扣除 190 万元。

④ 利润总额=6 000+20+120+20–4 000–260–180–220–60–80=1 360（万元）

捐赠支出扣除限额=1 360×12%=163.2（万元），实际捐款 50 万元，营业外支出 80 万元可以全额扣除。

综上，准予扣除项目金额=4 000+260+180+190+60+80=4 770（万元）

（3）计算应纳税所得额。

应纳税所得额=应纳税收入总额–准予扣除项目金额=6 140–4 770=1 370（万元）

（4）计算应纳税额。

应纳税额=应纳税所得额×税率=1 370×25%=342.5（万元）

方法二，间接计算法。

（1）利润总额=6 000+20+120+20–4 000–260–180–220–60–80=1 360（万元）

（2）分析纳税调整项目。

① 利息收入调减所得额 20 万元。

② 管理费用调增所得额 220–190=30（万元）。

（3）计算应纳税所得额。

应纳税所得额=1 360–20+30=1 370（万元）

（4）计算应纳税额。

应纳税额=应纳税所得额×税率=1 370×25%=342.5（万元）

（二）境外缴纳所得税税额的抵免范围

企业取得的下列所得已在境外缴纳的所得税税额，可以从其当期应纳税额中抵免，抵免限额为该项所得依照企业所得税条例及实施细则规定计算的应纳税额；超过抵免限额的部分，可以在以后 5 个年度内，用每年度抵免限额抵免当年应抵税额后的余额进行抵补：

（1）居民企业来源于中国境外的应税所得。

（2）非居民企业在中国境内设立机构、场所，取得发生在中国境外但与该机构、场所有实际联系的应税所得。

企业实际应纳所得税额=企业境内外所得应纳税总额–企业所得税减免、抵免优惠税额–境外所得税税额的抵免额

所谓境外缴纳的所得税税额，是指企业来源于中国境外的所得依照中国境外税收法律及相关规定应当缴纳并已经实际缴纳的企业所得税性质的税款。

抵免限额是指企业来源于中国境外的所得，依照我国企业所得税条例及实施细则的有关规定计算的应纳税额。除国务院财政、税务主管部门另有规定外，该抵免限额应当分国（地区）不分项计算，计算公式如下：

抵免限额=中国境内、境外所得依照企业所得税条例及实施细则的规定计算的应纳税总额×来源于某国（地区）的应纳税所得额÷中国境内、境外应纳税所得总额

例题 6-16

无锡市某公司 2016 年境内经营应纳税所得额为 500 万元，并在 A、B 两国设有分支机构。其中，在 A 国的分支机构获得应纳税所得额为 150 万元，其中有 130 万元是生产经营所得，A 国规定的所得税税率为 40%；剩余的 20 万元是利息所得，A 国规定税率为 20%，已在 A 国缴纳了相应的税款。另外，在 B 国的分支机构获得应纳税所得额为 100 万元，其中 80 万元是生产经营所得，B 国规定税率为 25%；剩余的 20 万元是特许权使用费所得，B 国规定税率为 10%，已在 B 国缴纳了所得税。计算该企业 2016 年度应缴纳的企业所得税。

答案：A 国所得在计算所得税时的扣除限额为 150×25%=37.5（万元），实际在 A 国已纳税款=130×40%+20×20%=56（万元），扣除限额为 37.5 万元。

B 国所得在计算所得税时的扣除限额为 100×25%=25（万元），实际在 B 国已纳税款=80×25%+20×10%=22（万元），扣除限额为 22 万元。

该企业 2016 年应纳的企业所得税=(500+150+100)×25%–37.5–22=128（万元）

即学即思

无锡市某公司 2016 年实现销售收入 8 000 万元，销售成本（不含工资性成本）

3 200 万元，销售税金及附加 50 万元；管理费用 400 万元，其中业务招待费 50 万元；国库券利息收入 200 万元，企业债券利息收入 10 万元，支付税务部门滞纳金、罚款 5 万元；计入成本费用的工资性支出 500 万元，按规定比例提取并使用的职工福利费、拨缴的工会经费、发生的教育经费共计 92.5 万元，该单位职工总数 400 人，支付销售费用（不含工资费用）300 万元。计算该公司 2016 年应缴纳的企业所得税。

答案：

允许扣除的业务招待费：50×60%=30（万元），8 000×5‰=40（万元），两者取小的数额即 30 万元。

应纳税所得额=8 000−3 200−50−(400−50+30)+10−500−92.5−300=3 487.5（万元）

应纳企业所得税=3 487.5×25%=871.875（万元）

课后练习

1. 某市生产企业为增值税一般纳税人，为居民企业。2016 年度发生相关业务如下：

（1）销售产品取得不含税销售额 8 000 万元，债券利息收入 240 万元（其中国债利息收入 30 万元）；应扣除的销售成本 5 100 万元，缴纳增值税 600 万元、城市维护建设税及教育附加 60 万元。（2）发生销售费用 1 400 万元，其中广告费用 800 万元、业务宣传费用 450 万元。发生财务费用 200 万元，其中支付向某企业流动资金周转借款 2 000 万元一年的借款利息 160 万元（同期银行贷款利率为 6%）；发生管理费用 1 100 万元，其中用于新产品、新工艺研制而实际支出的研究开发费用 400 万元。（3）2014 年度、2015 年度经税务机关确认的亏损额分别为 70 万元和 40 万元。（4）2016 年度在 A、B 两国分别设立两个全资子公司，其中在 A 国设立了甲公司，在 B 国设立乙公司。2016 年，甲公司亏损 30 万美元，乙公司应纳税所得额 50 万美元。乙公司在 B 国按 20%的税率缴纳了所得税（说明：该企业要求其全资子公司税后利润全部汇回；假定 1 美元=8 元人民币）。要求：根据所给资料，计算下列问题。

（1）应纳税所得额准予扣除的销售费用为多少万元？

（2）应纳税所得额准予扣除的财务费用为多少万元？

（3）2016 年境内应纳税所得额为多少万元？

（4）从 A 国分回的境外所得应予抵免的税额为多少万元？

（5）计算从 B 国分回的境外所得应予抵免的税额为多少万元？

（6）2016年度实际应缴纳的企业所得税为多少万元？

2. 某中外合资家电生产企业，2016年销售产品取得不含税收入2 500万元，会计利润600万元，已预缴所得税150万元。经税务师事务所审核，发现以下问题：（1）期间费用中广告费450万元、业务招待费15万元、研究开发费用20万元；（2）营业外支出50万元（含通过公益性社会团体向贫困山区捐款30万元，直接捐赠6万元）；（3）计入成本、费用中的实发工资总额150万元、拨缴职工工会经费3万元、支付职工福利费和职工教育经费29万元；（4）7月购置并投入使用的安全生产专用设备，企业未进行账务处理，购置设备投资额81.9万元，预计使用10年，假定不考虑增值税的影响；（5）在A国设有分支机构，A国分支机构当年应纳税所得额300万元，其中生产经营所得200万元，A国规定税率为20%；特许权使用费所得100万元，A国规定税率为30%；从A国分得税后利润230万元，尚未入账处理。已知三项经费均超过税法规定的扣除标准。要求：根据上述资料，计算下列问题。

（1）广告费、业务招待费的税前调整额是多少万元？

（2）对外捐赠的纳税调整额是多少万元？

（3）三项经费应调增所得额是多少万元？

（4）境内所得应纳税所得额是多少万元？

（5）A国分支机构在我国应补缴企业所得税额是多少万元？

（6）年终汇算清缴实际缴纳的企业所得税是多少万元？

任务三　企业所得税的会计处理

一、账户设置

企业在选择应付税款法时，应设置“所得税费用”和“应交税费——应交所得税”账户。

企业在选择纳税资产负债表债务法时，应设置“所得税费用”“递延所得税资产”“递延所得税负债”和“应交税费——应交所得税”账户。

1. “所得税费用”账户

该科目属于损益类科目，用以核算企业按规定从当期损益中扣除的所得税费用。其借方反映企业按应纳税所得额计算应交的所得税，递延所得税负债增加、递延所得税资产减少对应的所得税费用；贷方反映递延所得税资产增加、递延所得税负债减少对应的所得税费用，期末转入“本年利润”科目的所得税额，结转后该科目无余额。

2. “递延所得税资产”账户

该科目用来核算企业确认的可抵扣暂时性差异产生的递延所得税资产。根据税法规定可用以后年度税前利润弥补的亏损及税款抵减产生的所得税资产也在本科目核算。借方反映企业本期可抵扣暂时性增加应确认的递延所得税资产；贷方反映递延所得税资产转回。期末，本科目借方的余额反映企业期末确认的递延所得税资产。

3. “递延所得税负债”账户

该科目用来核算企业确认的应纳税暂时性差异产生的递延所得税负债。借方反映递延所得税负债的转回，贷方反映当期应纳税暂时性差异增加应确认的递延所得税负债。期末本科目的余额反映企业确认的递延所得税负债。

4. “应纳税费——应交所得税”账户

企业按照税法规定计算应交的所得税，贷方反映企业年末汇算清缴应缴纳的所得税，借方反映企业按月（季）预缴的所得税。期末借方余额反映企业预缴的税款，期末贷方余额反映企业应交而未交的所得税。

二、基本处理方法

1. 递延所得税负债的确认和计量

确认应纳税暂时性差异产生的递延所得税负债时，交易或事项发生时影响到会计利润或应纳税所得额的，相应的所得税影响应作为利润表中所得税费用的组成部分；与直接计入所有者权益的交易或事项相关的，其所得税影响应减少所有者权益；与企业合并中取得资产、负债相关的，递延所得税影响应调整购买日应确认的商誉或是计入合并当期损益的金额。

除所得税准则中明确规定可不确认递延所得税负债的情况以外，企业对于所有的应纳税暂时性差异均应确认相关的递延所得税负债。

递延所得税负债应以相关应纳税暂时性差异转回期间适用的所得税税率计量。在我国，除国家所得税税法税率发生变更，或者享受税收优惠政策的情况外，企业适用的所得税税率在不同的年度之间一般不会发生变化。企业在确认递延所得税负债时，可以现行税率为基础来确定。对于享受税收优惠政策的企业，如国家需要重点扶持的高新技术企业，享受一定时期的税率优惠，则所产生的暂时性差异应以预计其转回期间的适用税率为基础计量。

例题 6-17

A企业于2014年12月6日购入某项设备，取得成本为500万元，会计上采用年限平均法计提折旧，使用年限为10年，净残值为零，因该资产长年处于强震动状态，计税时按双倍余额递减法计列折旧，使用年限及净残值与会计相同。A企业适用的所得税税率为25%。假定该企业不存在其他会计与税收处理的差异，2015年和2016年企业应如何账务处理？

答案：（1）2015年12月31日。

资产账面价值=500−500÷10=450（万元）

资产计税基础=500−500×20%=400（万元）

递延所得税负债余额=(450−400)×25%=12.5（万元）

2015年应确认的递延所得税负债为12.5−0=12.5（万元）

借：所得税费用　　12.5

　贷：递延所得税负债　　12.5

（2）2016年12月31日。

资产账面价值=500−500÷10×2=400（万元）

资产计税基础=500−500×20%−400×20%=320（万元）

递延所得税负债余额=(400−320)×25%=20（万元）

2016年应确认的递延所得税负债为20−12.5=7.5（万元）

借：所得税费用　　7.5

　贷：递延所得税负债　　7.5

2. 递延所得税资产的确认和计量

资产、负债的账面价值与其计税基础不同产生可抵扣暂时性差异的，在估计未来期间能够取得足够的应纳税所得额用以利用该可抵扣暂时性差异时，应当以很可能取得用来抵扣可抵扣暂时性差异的应纳税所得额为限，确认相关的递延所得税资产。同递延所得税负债的确认相同，有关交易或事项发生时，对会计利润或应纳税所得额产生影响的，所确认的递延所得税资产应作为利润表中所得税费用的调整；有关的可抵扣暂时性差异产生于直接计入所有者权益的交易或事项，则确认的递延所得税资产也应计入所有者权益。

例题 6-18

某企业在 2014 年购入价值 300 万元的固定资产，预计使用 5 年，无残值。会计上采用双倍余额递减法进行核算，税法规定只允许采用直线法折旧。企业所得税税率为 25%。2015 年和 2016 年企业应如何进行账务处理？

答案：2015 年 12 月 31 日固定资产的账面价值=300–300×2÷5=180（万元）

2015 年 12 月 31 日固定资产的计税基础=300–300÷5=240（万元）

可抵扣暂时性差异余额=240–180=60（万元）

递延所得税资产的余额=60×25%=15（万元）

当年应确认的递延所得税资产=15–0=15（万元）

借：递延所得税资产　　15

　　贷：所得税费用　　15

2016 年 12 月 31 日固定资产的账面价值=300–120–180×2÷5=108（万元）

2016 年 12 月 31 日固定资产的计税基础=300–300÷5×2=180（万元）

可抵扣暂时性差异余额=180–108=72（万元）

递延所得税资产的期末余额=72×25%=18（万元）

当年应确认的递延所得税资产=18–15=3（万元）

借：递延所得税资产　　3

　　贷：所得税费用　　3

例题 6-19

大海公司 2016 年 12 月 1 日取得一项可供出售的金融资产，成本为 210 万元，2016 年 12 月 31 日，该项可供出售的金融资产的公允价值为 200 万元。大海公司适用的所得税税率为 25%。企业应如何进行账务处理？

答案：2016 年 12 月 31 日该项可供出售的金融资产的账面价值为 200 万元。

2016 年 12 月 31 日该项可供出售的金融资产的计税基础为 210 万元。

2016 年 12 月 31 日该项可供出售的金融资产产生可抵扣暂时性差异为 10 万元，应确认的递延所得税资产为 2.5 万元（即 10×25%–0）。会计处理如下。

借：递延所得税资产　　2.5

　　贷：资本公积——其他资本公积　　2.5

3. 所得税费用的确认和计量

在按照资产负债表债务法核算所得税的情况下，利润表中的所得税费用包括当期所得税和递延所得税。当期所得税是指企业按照税法规定针对当期发生的交易和事项，确定应纳税所得额计算的应纳税额，即当期应交的所得税，会计处理为借记“所得税费用”科目，贷记“应交税费——应交所得税”科目。递延所得税是指按照企业会计准则规定应予确认对未来应纳税所得额有影响的递延所得税负债和递延所得税资产。当期根据应纳税暂时性差异确认递延所得税负债时，借记“所得税费用”和“资本公积——其他资本公积”等科目，贷记“递延所得税负债”科目，当以后各期应纳税暂时性差异转回时做相反会计分录。当期根据可抵扣暂时性差异确认递延所得税资产时，借记“递延所得税资产”科目，贷记“所得税费用”和“资本公积——其他资本公积”等科目，等可抵扣暂时性差异转回时，做相反的会计分录。

例题 6-20

A公司2016年度利润表中利润总额为3 000万元，该公司适用的所得税税率为25%。递延所得税资产及递延所得税负债不存在期初余额。2016年发生的有关交易和事项中，会计处理与税收处理存在差别的有：

（1）2016年1月开始计提折旧的一项固定资产，成本为1 500万元，使用年限为10年，净残值为0，会计处理按双倍余额递减法计提折旧，税收处理按直线法计提折旧。假定税法规定的使用年限及净残值与会计规定相同。

（2）向关联企业捐赠现金500万元。假定按照税法规定，企业向关联方的捐赠不允许税前扣除。

（3）当期取得作为交易性金融资产核算的股票投资成本为800万元，2016年12月31日的公允价值为1 200万元。税法规定，以公允价值计量的金融资产在持有期间市价变动不计入应纳税所得额。

（4）违反环保法规定应支付罚款250万元。

（5）期末对持有的存货计提了75万元的存货跌价准备。

该公司2016年资产负债表相关项目金额及其计税基础如表6-1所示。

表6-1　资产负债表相关项目金额计算表　　计量单位：万元

项　目	账面价值	计税基础	应纳税暂时性差异	可抵扣暂时性差异
存货	2 000	2 075		75
固定资产				
固定资产原价	1 500	1 500		
减：累计折旧	300	150		
减：固定资产减值准备	0	0		

续表

项　目	账面价值	计税基础	应纳税暂时性差异	可抵扣暂时性差异
固定资产账面价值	1 200	1 350		150
交易性金融资产	1 200	800	400	
其他应付款	250	250		
总　计			400	225

问：企业应如何进行账务处理？

答案：(1) 2016 年度当期应交所得税。

应纳税所得额=3 000+150+500−400+250+75=3 575（万元）

应交所得税=3 575×25%=893.75（万元）

(2) 2016 年度递延所得税。

递延所得税资产=225×25%=56.25（万元）

递延所得税负债=400×25%=100（万元）

递延所得税=100−56.25=43.75（万元）

(3) 利润表中应确认的所得税费用。

所得税费用=893.75+43.75=937.50（万元），确认所得税费用的账务处理如下。

借：所得税费用　　9 375 000

　　递延所得税资产　　562 500

　　贷：应交税费——应交所得税　　8 937 500

　　　　递延所得税负债　　1 000 000

课后练习

无锡市 B 企业 2016 年全年税前会计利润为 1 000 万元，本年收到的国债利息收入为 20 万元，所得税税率为 25%。假设本年内无其他纳税调整因素。计算应纳所得税，并进行会计处理。

任务四　企业所得税的纳税申报

一、纳税地点

（一）居民企业的纳税地点

(1) 居民企业以企业登记注册地为纳税地点；登记注册地在境外的，以实际管理机构所在地为纳税地点。

（2）居民企业在中国境内设立不具有法人资格的营业机构的，应当汇总计算并缴纳企业所得税。

（二）非居民企业的纳税地点

非居民企业从境内的机构、场所取得的所得，以及发生在中国境外但与其所涉机构、场所有实际联系的所得，以机构、场所的所在地为纳税地点。非居民企业在中国境内设立两个或者两个以上机构、场所的，经税务机关审核批准，可以选择由其主要机构、场所汇总缴纳企业所得税。

二、纳税期限

企业所得税按年计征，分月或者分季预缴，年终汇算清缴，多退少补。

企业所得税的纳税年度采用公历年制（纳税年度自公历1月1日起至12月31日止）。企业在一个纳税年度中间开业，或者由于合并、关闭等原因终止经营活动，使该纳税年度的实际经营期不足12个月的，应当以其实际经营期为一个纳税年度。企业清算时，应当以清算期为一个纳税年度。

企业应当自年度终了之日起5个月内，向税务机关报送年度企业所得税纳税申报表，并汇算清缴，结清应缴应退税款。

企业在年度中间终止经营活动的，应当自实际经营终止之日起60日内，向税务机关办理当期企业所得税汇算清缴。

三、纳税申报

按月或按季预缴的，应当自月份或者季度终了之日起15日内，向税务机关报送预缴企业所得税纳税申报表，预缴税款。

企业在报送企业所得税纳税申报表时，应当按照规定附送财务会计报告和其他有关资料。企业在办理注销登记前，就其清算所得向税务机关申报并依法缴纳企业所得税。

企业分月或分季预缴企业所得税时，应当按照月度或者季度的实际利润额预缴；按照月度或季度的实际利润预缴有困难的，可以按照上一纳税年度应纳税所得额的月度或者季度平均额预缴，或者按照经税务机关认可的其他方法预缴，预缴的方法一经确定，该纳税年度内不得随意变更。

即学即思

企业所得税分月或分季预缴，年终汇算清缴，年终汇算清缴是在年度终了后（　　）。

A. 15日　　B. 1个月　　C. 3个月　　D. 5个月

答案：D。

四、企业所得税的核定征收

（1）纳税人具有下列情形之一的，核定征收企业所得税。

① 依照法律、行政法规的规定可以不设置账簿的；

② 依照法律、行政法规的规定应当设置但未设置账簿的；

③ 擅自销毁账簿或者拒不提供纳税资料的；

④ 虽设置账簿，但账目混乱或者成本资料、收入凭证、费用凭证残缺不全，难以查账的；

⑤ 发生纳税义务，未按照规定的期限办理纳税申报，经税务机关责令限期申报，逾期仍不申报的；

⑥ 申报的计税依据明显偏低，又无正当理由的。

特殊行业、特殊类型的纳税人和一定规模以上的纳税人不适用该办法。

（2）税务机关应根据纳税人具体情况，对核定征收企业所得税的纳税人，核定应税所得率或者核定应纳所得税额。具有下列情形之一的，核定其应税所得率：

① 能正确核算（查实）收入总额，但不能正确核算（查实）成本费用总额的；

② 能正确核算（查实）成本费用总额，但不能正确核算（查实）收入总额的；

③ 通过合理方法，能计算和推定纳税人收入总额或成本费用总额的。

纳税人不属于上述情形的，核定其应纳所得税额。

（3）实行应税所得率方式核定征收企业所得税的纳税人，经营多种行业的，无论其经营项目是否单独核算，均由税务机关根据其主营项目确定适用的应税所得率。

（4）纳税人的生产经营范围、主营业务发生重大变化，或者应纳税所得额或应纳税额增减变化达到20%的，应及时向税务机关申报调整已确定的应纳税额或应税所得率。

五、企业所得税的税收优惠

我国《企业所得税法》规定的税收优惠包括免税收入、可以减免税的所得、优惠税率、加计扣除、抵扣应纳税所得额、加速折旧、减计收入、抵免应纳税额和其他专项优惠政策。

（一）减、免税所得

1. 企业从事下列项目的所得，免征企业所得税

（1）蔬菜、谷物、薯类、油料、豆类、棉花、麻类、糖料、水果、坚果的种植；

（2）农作物新品种的选育；

（3）中药材的种植；

（4）林木的培育和种植；

（5）牲畜、家禽的饲养；

（6）林产品的采集；

（7）灌溉、农产品初加工、兽医、农技推广、农机作业和维修等农、林、牧、渔服务业项目；

（8）远洋捕捞。

2. 企业从事下列项目的所得，减半征收企业所得税

（1）花卉、茶及其他饮料作物和香料作物的种植；

（2）海水养殖、内陆养殖。

3. 从事国家重点扶持公共基础设施项目投资经营所得

国家重点扶持的公共基础设施项目是指《公共基础设施项目企业所得税优惠目录》规定的码头、机场、铁路、公路、城市公共交通、电力、水利等项目。

（1）企业从事上述国家重点扶持的公共基础设施项目投资经营所得，自项目取得第一笔生产经营收入所属纳税年度起，第一年至第三年免征企业所得税，第四年至第六年减半征收企业所得税，简称“三免三减半”。

（2）企业承包经营、承包建设和内部自建自用上述项目，不得享受上述企业所得税优惠。

4. 从事符合条件的环境保护、节能节水项目的所得

符合条件的环境保护、节能节水项目的所得，自项目取得第一笔生产经营收入所属纳税年度起，第一年至第三年免征企业所得税，第四年至第六年减半征收企业所得税。

5. 符合条件的技术转让所得

符合条件的技术转让所得免征、减征企业所得税，是指一个纳税年度内，居民

企业技术转让所得不超过500万元的部分，免征企业所得税；超过500万元的部分，减半征收企业所得税。其计算公式为：

技术转让所得=技术转让收入−技术转让成本−相关税费

6. 非居民企业

非居民企业减按10%的税率征收企业所得税。下列所得可以免征企业所得税：

（1）外国政府向中国政府提供贷款取得的利息所得；

（2）国际金融组织向中国政府和居民企业提供优惠贷款取得的利息所得；

（3）经国务院批准的其他所得。

（二）加计扣除

加计扣除是指企业在计算应纳税所得时，在据实扣除的基础上，还可以加扣一定比例。

1. 研究开发费用

研究开发费用的加计扣除是指企业为开发新技术、新产品、新工艺发生的研究开发费用，未形成无形资产计入当期损益的，在据实扣除的基础上，按发生数的50%加计扣除。形成无形资产的，按照无形资产成本的150%加计扣除。

2. 安置残疾人员及国家鼓励安置的其他就业人员所支付的工资

企业安置残疾人员所支付的工资的加计扣除，是在企业支付给残疾职工工资据实扣除的基础上，按支付给残疾职工工资的100%加计扣除。支付给国家鼓励安置的其他就业人员的工资的加计扣除办法，由国务院另行规定。

（三）应纳税所得额抵扣

创业投资企业采取股权投资方式投资于未上市的国家需要重点扶持和鼓励的中小高新技术企业2年以上的，可按其投资额的70%在股权持有满2年的当年抵扣该创业投资企业的应纳税所得额；当年不足抵扣的，可以在以后纳税年度结转抵扣。

（四）加速折旧

企业由于技术进步，产品更新换代较快的固定资产或常年处于强震动、高腐蚀的固定资产，确需加速折旧的，可以采用缩短折旧年限（最低折旧年限不得低于法定折旧年限的60%）或加速折旧的方法（双倍余额递减法或者年数总和法）。

（五）减计收入

减计收入是指企业以《资源综合利用企业所得税优惠目录》规定的资源作为主

要原材料，生产国家非限制和禁止并符合国家和行业相关标准的产品取得的收入，减按 90%计入收入总额。前述所称原材料占生产产品材料的比例不得低于优惠目录规定的标准。

（六）抵免应纳税额

税额抵免是指企业购置并实际使用《环境保护专用设备企业所得税优惠目录》《节能节水专用设备企业所得税优惠目录》和《安全生产专用设备企业所得税优惠目录》规定的环境保护、节能节水、安全生产等专用设备的，该专用设备投资额的 10%可以从企业当年的应纳税额中抵免；当年不足抵免的，可以在以后 5 个纳税年度结转抵免。享受上述规定的企业所得税优惠的企业，应当实际购置并自身实际投入使用上述规定的专用设备；企业购置上述专用设备在 5 年内转让、出租的，应当停止享受企业所得税优惠，并补缴已经抵免的企业所得税税款。

即学即思

企业所得税税收优惠包括（　　）。

A. 免税收入　　B. 减计收入　　C. 加计扣除　　D. 加速折旧

答案：A、B、C、D。

企业所得税减免税期限超过一个纳税年度的，主管税务机关可以进行一次性确认，但每年必须对相关减免税条件进行审核，对情况变化导致不符合减免税条件的，应停止享受减免税政策。“中华人民共和国企业所得税月（季）度预缴纳税申报表（A 类，2015 年版）”适用于实行查账征收企业所得税的居民企业预缴月份、季度税款时填报，如表 6-2 所示。“中华人民共和国企业所得税月（季）度预缴和年度纳税申报表（B 类，2015 年版）”适用于实行核定征收企业所得税的居民企业预缴月份、季度税款和年度汇算清缴时填报，如表 6-3 所示。

表 6-2　中华人民共和国企业所得税月（季）度预缴纳税申报表（A 类，2015 年版）

税款所属期间：　　年　月　日至　年　月　日

纳税人识别号：□□□□□□□□□□□□□□□□□□

纳税人名称：　　　　　　　　金额单位：人民币元（列至角分）

行次	项　目	本期金额	累计金额
1	一、按照实际利润额预缴		
2	营业收入		
3	营业成本		
4	利润总额		

续表

5	加：特定业务计算的应纳税所得额			
6	减：不征税收入和税基减免应纳税所得额（请填附表 1）			
7	固定资产加速折旧（扣除）调减额（请填附表 2）			
8	弥补以前年度亏损			
9	实际利润额（4 行+5 行–6 行–7 行–8 行）			
10	税率（25%）			
11	应纳所得税额（9 行×10 行）			
12	减：减免所得税额（请填附表 3）			
13	实际已预缴所得税额		—	
14	特定业务预缴（征）所得税额			
15	应补（退）所得税额（11 行–12 行–13 行–14 行）		—	
16	减：以前年度多缴在本期抵缴所得税额			
17	本月（季）实际应补（退）所得税额		—	
18	**二、按照上一纳税年度应纳税所得额的平均额预缴**			
19	上一纳税年度应纳税所得额		—	
20	本月（季）应纳税所得额（19 行×1/4 或 1/12）			
21	税率（25%）			
22	本月（季）应纳所得税额（20 行×21 行）			
23	减：减免所得税额（请填附表 3）			
24	本月（季）实际应纳所得税额（22 行–23 行）			
25	**三、按照税务机关确定的其他方法预缴**			
26	本月（季）税务机关确定的预缴所得税额			
27	**总分机构纳税人**			
28	总机构	总机构分摊所得税额（15 行或 24 行或 26 行×总机构分摊预缴比例）		
29	总机构	财政集中分配所得税额		
30	总机构	分支机构分摊所得税额（15 行或 24 行或 26 行×分支机构分摊比例）		
31	总机构	其中：总机构独立生产经营部门应分摊所得税额		
32	分支机构	分配比例		
33	分支机构	分配所得税额		

是否属于小型微利企业：　　是 □　　否 □

谨声明：此纳税申报表是根据《中华人民共和国企业所得税法》《中华人民共和国企业所得税法实施条例》和国家有关税收规定填报的，是真实的、可靠的、完整的。

法定代表人（签字）：　　　年　月　日

纳税人公章： 会计主管： 填表日期：　年　月　日	代理申报中介机构公章： 经办人： 经办人执业证件号码： 代理申报日期：　年　月　日	主管税务机关受理专用章： 受理人： 受理日期：　年　月　日

表6-3　中华人民共和国企业所得税月（季）度预缴和年度纳税申报表（B类，2015年版）

税款所属期间：　　年　月　日至　　年　月　日

纳税人识别号：□□□□□□□□□□□□□□□□□□

纳税人名称：　　　　　　　　金额单位：人民币元（列至角分）

项目			行次	累计金额
一、以下由按应税所得率计算应纳所得税额的企业填报				
应纳税所得额的计算	按收入总额核定应纳税所得额	收入总额	1	
		减：不征税收入	2	
		免税收入	3	
		其中：国债利息收入	4	
		地方政府债券利息收入	5	
		符合条件的居民企业之间股息红利等权益性收益	6	
		符合条件的非营利组织收入	7	
		其他免税收入	8	
		应税收入额（1行–2行–3行）	9	
		税务机关核定的应税所得率（%）	10	
		应纳税所得额（9行×10行）	11	
	按成本费用核定应纳税所得额	成本费用总额	12	
		税务机关核定的应税所得率（%）	13	
		应纳税所得额［12行÷(100%–13行)×13行］	14	
应纳所得税额的计算		税率（25%）	15	
		应纳所得税额（11行×15行或14行×15行）	16	
应补（退）所得税额的计算		减：符合条件的小型微利企业减免所得税额	17	
		其中：减半征税	18	
		已预缴所得税额	19	
		应补（退）所得税额（16行–17行–19行）	20	
二、以下由税务机关核定应纳所得税额的企业填报				
税务机关核定应纳所得税额			21	
预缴申报时填报	是否属于小型微利企业：	是□	否□	
年度申报时填报	所属行业：		从业人数：	
	资产总额：		国家限制和禁止行业：	是□ 否□

谨声明：此纳税申报表是根据《中华人民共和国企业所得税法》《中华人民共和国企业所得税法实施条例》和国家有关税收规定填报的，是真实的、可靠的、完整的。 法定代表人（签字）：　　年　月　日		
纳税人公章： 会计主管： 填表日期：　年　月　日	代理申报中介机构公章： 经办人： 经办人执业证件号码： 代理申报日期：　年　月　日	主管税务机关受理专用章： 受理人： 受理日期：　年　月　日

国家税务总局监制

在实际纳税申报中，纳税人可以按照实际应纳税额选择具体的纳税申报表进行填报。其相关表格的格式及填报说明可以在各级税务局的网站上下载。

能 力 训 练

一、单项选择题

1．根据《企业所得税法》的规定，下列属于企业所得税纳税人的有（　　）。

A．某国有企业　　B．个人

C．合伙企业　　D．个人独资企业

2．下列利息收入中，不计入企业所得税应纳税所得额的是（　　）。

A．企业债券利息　　B．外单位欠款付给的利息收入

C．国债利息收入　　D．银行存款利息收入

3．下列各项中，根据《企业所得税法》的规定，适用25%税率的有（　　）。

A．符合条件的小型微利企业

B．国家重点扶持的高新技术企业

C．在中国境内设有机构场所，且所得与机构场所有实际联系的非居民企业

D．在中国境内设有机构场所，但所得与机构场所没有实际联系的非居民企业

4．某工业企业2016年销售货物收入3 000万元，出租设备收入300万元，包装物出租收入100万元，视同销售货物收入600万元，转让一间仓库收入70万元，接受捐赠收入20万元，债务重组收益10万元，当年实际发生业务招待费30万元，该企业当年可在企业所得税前列支的业务招待费的金额为（　　）万元。

A．18　　B．20　　C．30　　D．22

5．某企业司机张某驾驶企业小汽车违章行驶造成车辆报废，该车账面净值10万元，保险公司给予赔偿6万元，企业要求张某赔偿3万元，则该车可在企业所得税前扣除的净损失为（　　）万元。

A．10　　B．4　　C．3　　D．1

6．境外某公司在中国境内未设立机构、场所，2016年取得境内甲公司支付的贷款利息收入100万元，取得转让给境内乙公司不动产净收益20万元。2016年度该境外公司在我国应缴纳的企业所得税是（　　）万元

A．12　　B．14　　C．18　　D．36

7. 创业投资企业采取股权投资方式，投资于未上市的中小高新技术企业 2 年以上的，可按其投资额的（　　）比例抵扣该创业投资企业的企业所得税的应纳税所得额。

A．50%　　B．60%　　C．70%　　D．80%

8. 依据企业所得税法的规定，财务会计制度与税收法规的规定不同而产生的差异，在计算企业所得税应纳税所得额时，应按照税收法规的规定进行调整。下列各项中，属于时间性差异，需要确认递延所得税资产的有（　　）。

A．业务招待费产生的差异　　B．职工福利费产生的差异

C．职工工会费用产生的差异　　D．职工教育经费产生的差异

9. 2016 年某居民企业购买规定的安全生产专用设备用于生产经营，取得的增值税普通发票上注明设备价款 11.7 万元。已知 2015 年企业发生亏损 20 万元。2016 年度企业税前会计利润 60 万元，不存在纳税调整事项，2016 年度该企业实际应缴纳企业所得税（　　）万元

A．10　　B．8.83　　C．15　　D．11.7

10. 在一个纳税年度内，居民企业技术转让所得不超过（　　）的部分，免征企业所得税，超过部分，减半征收企业所得税。

A．100 万元　　B．800 万元

C．500 万元　　D．50 万元

二、多项选择题

1. 纳税人下列行为视同销售确认企业所得税收入的有（　　）。

A．将货物用于对外投资　　B．将商品用于对外捐赠

C．将产品用于职工福利　　D．将产品用于不动产在建工程

2. 企业所得税会计核算应设置的账户有（　　）。

A．递延所得税负负债　　B．所得税费用

C．应交税费——应交所得税　　D．递延所得税资产

3. 我国企业所得税的法定税率档次有（　　）。

A．25%　　B．20%　　C．15%　　D．10%

4. 国家对从事符合条件的环境保护、节能节水项目的所得税收优惠政策有（　　）。

A．自项目取得第一笔生产经营收入所属纳税年度起，第一年至第三年免征

企业所得税

B．第一年至第三年减半征收企业所得税

C．第四年至第六年减半征收企业所得税

D．减按 20%的税率征收企业所得税

5．依据企业所得税税收优惠政策的规定，下列收入中，属于免税收入的有（　　）。

A．企业购买国债的利息收入

B．非营利组织从事营利活动取得的收入

C．企业转让国债的收益

D．非营利组织从事非营利活动取得的收入

6．下列可以当期直接或分期间接在企业所得税前扣除的税金有（　　）。

A．企业所得税

B．购买材料允许抵扣的增值税进项税额

C．营业税

D．车辆购置税

7．下列支出中，符合真实性教育原则的前提下，可以从企业所得税应纳税所得额中直接据实扣除的有（　　）。

A．违约金

B．诉讼法

C．通过省级人民政府机关对受灾地区捐赠

D．实际发生的业务招待费

8．下列在计算企业所得税应纳税所得额时不得扣除的项目有（　　）。

A．向投资者支付的股息、红利等权益性投资收益款项

B．企业为职工子女入托支付给幼儿园的非广告性质的赞助支出

C．企业违反销售协议被采购方索取的罚款

D．企业违反食品卫生法被政府处以的罚款

9．下列项目可以享有加计扣除的有（　　）。

A．企业安置残疾人员所支付的工资

B．企业购置节水专用设备

C．企业开发新技术、新产品、新工艺发生的研究开发费用

D．企业购进节能环保专用设备的投资

10．依据企业所得税的相关规定，下列资产中，可以采用加速折旧方法的有（　　）。

A．常年处于强震动状态的固定资产

B．常年处于高腐蚀状态的固定资产

C．单独估价作为固定资产入账的土地

D．由于技术进步原因产品更新换代较快的固定资产

三、判断题（正确的打“√”，错误的打“×”）

（　　）1．根据企业所得税法的规定，将自产的产品用于加工另一种商品，将自产的商品用于不动产在建工程，将自产的产品用于管理部门，不计入收入缴纳企业所得税。

（　　）2．为经过 6 个月建造才能达到预定可使用状态的存货发生借款的，该存货建造企业发生的合理的借款费用应当资本化，在发生当期不允许扣除。

（　　）3．财政拨款和国债利息收入都属于不征税收入，不计入应纳税所得额缴纳企业所得税。

（　　）4．企业境外分支机构发生亏损，不可以用境内总机关的所得弥补。

（　　）5．除税收法律、行政法规另有规定外，居民企业以企业登记注册地为企业所得税的纳税地点。

（　　）6．非金融企业向非金融企业借款的利息支出，可据实扣除。

（　　）7．非居民企业和小型微利企业一样减按 10%的税率征收企业所得税。

（　　）8．资产、负债的账面价值与其计税基础不同产生可抵扣暂时性差异的，在估计未来期间能够取得足够的应纳税所得额用以利用该可抵扣暂时性差异时，应当以很可能取得用来抵扣可抵扣暂时性差异的应纳税所得额为限，确认相关的递延所得税资产。

（　　）9．企业所得税分月或分季预缴年终汇算清缴的，年终汇算清缴是在年度终了后 4 个月内。

（　　）10．在中国境内未设立机构、场所的，或者虽设立机构、场所但取得的所得与其所设机构、场所没有实际联系的非居民企业，以扣缴义务人所在地为纳税地点。

四、计算题

1．2016 年某居民企业主要业务收入 5 000 万元，营业外收入 80 万元，与收入配比的成本为 4 100 万元，全年发生管理费用、销售费用和财务费用共计 700 万元，营业外支出 60 万元（其中符合规定的公益性捐赠支出 50 万元），2015 年度经核定结转的亏损额 30 万元。该企业当年无其他纳税调整事项，计算该企业 2016 年度应缴纳的企业所得税。

2．某境内居民企业 2016 年取得境内所得 100 万元人民币，另外取得来自甲国投资所得折合人民币 20 万元，特许权使用费所得折合人民币 5 万元。甲国政府对其投资所得征税税率为 30%，对特许权使用费征税折合人民币 1 万元。计算该企业 2016 年在我国汇总缴纳的所得税。

3．2016 年某居民企业实现商品销售收入 2 000 万元，发生现金折扣 100 万元，接受捐赠收入 100 万元，转让无形资产所有权收入 20 万元。该企业当年实际发生业务招待费 30 万元，广告费 240 万元，业务宣传费 80 万元。计算该企业当年度该企业可税前扣除的业务招待费、广告费、业务宣传费合计费用为多少？

4．某软件生产企业为居民企业，2016 年实际发生的合理的工资支出 500 万元，职工福利费支出 90 万元，工会经费 12 万元，职工教育经费 60 万元，其中职工培训费用 40 万元，假定该企业无其他纳税调整事项，2016 年该企业计算应纳税所得额时，应调增应纳税所得额是多少？

5．某居民企业 2016 年有关所得税会计处理的资料如下：（1）本年度税前会计利润 90 万元，所得税税率为 25%；（2）国债利息收入 3 万元，公司债券利息收入 2.25 万元；（3）直接投资其他居民企业分回股利收入 12.75 万元；（4）本年度按会计规定计算折旧 6 万元，折旧费用全部计入当期损益，按税法规定可在应纳税所得额前扣除的折旧费用为 3 万元。计算本年度应缴纳的企业所得税、本期应确认的递延所得税资产或递延所得税负债、当期的所得税费用，并做出相应的会计处理。

6．甲企业为增值税一般纳税人，主要生产 A 牌电视机，2016 年度实现会计利润 800 万元，全年已累计预缴企业所得税税款 200 万元。2017 年年初，该企业财务人员对 2016 年度企业所得税进行汇算清缴，相关财务资料和汇算清缴企业所得税计算情况如下：（1）销售 A 牌电视机取得不含增值税销售收入 6 000 万元，同时收取安装费用 58.5 万元，取得国债利息收入 50 万元，企业债券利息收入 12 万元；（2）发生符合规定的财务费用 150 万元；（3）发生销售费用 1 500 万元，其中广告费 750

万元，业务宣传费 180 万元；（4）发生管理费用 320 万元，其中业务招待费 60 万元；（5）发生营业外支出 90 万元，其中通过当地民政部门向公益事业捐赠 80 万元，因拖欠税款被税务机关加收滞纳金 6 万元。

已知，甲企业的其他财务资料中的内容均符合税法规定，增值税税率为 17%，企业所得税税率为 25%。要求：根据上述资料，分析指出该企业财务人员在汇算清缴企业所得税时存在的不合法之处，简要说明理由（计算结果保留至小数点后两位）。

五、综合分析题

1．某境内企业，2016 年度生产经营情况如下：

（1）取得不含税收入 4 500 万元，其他业务收入 300 万元；（2）发生主营业务成本 1 900 万元，实际缴纳增值税 700 万元，税金及附加 80 万元，其他业务成本 100 万元；（3）销售费用 1 500 万元，其中广告费 800 万元，业务宣传费 20 万元；（4）管理费用 500 万元，其中含业务招待费 50 万元、研究开发新产品费用 40 万元；（5）财务费用 80 万元，其中含向非金融机构（非关联方）借款 1 年的利息支出 50 万元，借款年利率为 10%（银行同期同贷款年利率为 6%）；（6）营业外支出 30 万元，其中含向购货商支付违约金 5 万元，接受工商局罚款 1 万元，通过政府部门向贫困地区捐款 20 万元；（7）投资收益 18 万元，是直接从投资外地非上市的居民企业而分回的利润 17 万元（该居民企业的所得税税率为 15%）和国债利息收入 1 万元；（8）该企业账面会计利润 628 万元。已预缴企业所得税 157 万元。

要求：计算该企业 2016 年度应纳税所得额，2016 年度应补缴的企业所得税，并做出相应的会计分录（计量单位为万元）。

2．某境内居民企业 2016 年发生下列业务：

（1）销售产品收入 2 000 万元；（2）接受捐赠材料一批，取得赠出方开具的增值税专用发票，注明价款 10 万元，增值税 1.7 万元；企业找一运输公司将该批材料运回企业，支付运杂费 0.3 万元；（3）转让一项商标所有权，取得营业外收入 60 万元；（4）出租财产取得其他业务收入 10 万元；（5）取得国债利息 2 万元；直接投资境内另一居民企业，分得红利 50 万元；（6）全年销售成本 1 000 万元；税金及附加 100 万元；（7）全年销售费用 500 万元，含广告费 400 万元；全年管理费用 205 万元，含业务招待费 80 万元；全年财务费用 45 万元；（8）全年营业外支出 40 万元（含通过政府部门对灾区捐款 20 万元，直接对私立小学捐款 10 万元，违反政府规定被工商局罚款 2 万元）。其他资料——①企业当年发生新技术研究开发费，单独归集记账发生额 80 万元，尚未计入期间费用和损益；②企业当年购置并实际使用节能节水设备一台，取得并认证了增值税专用发票，注明价款 90 万元，增值税 15.3 万元，已按照规定入账并计提了折旧。

要求：根据上述资料，计算回答下列问题。

（1）该企业的会计利润总额是多少？

（2）该企业对收入的纳税调整额是多少？

（3）该企业对广告费用的纳税调整额是多少？

（4）该企业对业务招待费的纳税调整额是多少？

（5）该企业对营业外支出的纳税调整额是多少？

（6）该企业应纳税所得额是多少？

（7）该企业应纳所得税额是多少？

（8）进行所得税的有关会计处理。

项目七

个人所得税涉税实务

学习目标

知识目标：了解个人所得税的纳税人和征税对象；掌握个人所得税的计税依据、应纳税额的计算，以及个人所得税的纳税申报和税款缴纳；熟悉个人所得税涉税业务的会计处理。

技能目标：个人所得税有关会计处理，个人所得税纳税申报办法。

素质目标：培养学生树立纳税光荣、人人有责的意识。

重难点：判断应征收的个人所得税适用税率，学会个人所得税应纳税额的计算，能进行个人所得税的涉税会计业务处理。

案例导入

2014 年 3 月，甲在 A 银行购入国库券 5 万元。2017 年 3 月，该期国库券到期还本付息，甲除收回本金外，取得利息 7 500 元。问：甲需要交个人所得税吗？

【案例解析】 甲取得的国债利息，免纳个人所得税。因此，甲不需要交个人所得税。

任务一　个人所得税概述

个人所得税是以自然人取得的各类应税所得为征税对象而征收的一种所得税。

一、纳税义务人

个人所得税的纳税义务人包括中国公民、个体工商业户、个人独资企业、合伙企业投资者，以及在中国有所得的外籍人员（包括无国籍人员，下同）和港澳台同胞。个人所得税的纳税人根据住所和居住时间有两个标准，分为居民纳税人和非居民纳税人，分别承担不同的纳税义务。个人所得税纳税义务人具体内容如表 7-1 所示。

表 7-1　个人所得税纳税义务人

纳税义务人	判 定 标 准	征税对象范围
居民纳税人 （负无限纳税义务）	（1）在中国境内有住所的个人 （2）在中国境内无住所，而在中国境内居住满一年的个人	境内所得 境外所得
非居民纳税人 （负有限纳税义务）	（1）在中国境内无住所且不居住的个人 （2）在中国境内无住所且居住不满一年的个人	境内所得

重要提示

（1）个人所得税纳税人为自然人，不仅包括个人还包括具有自然人性质的企业，我国个人独资企业和合伙企业投资者应依法缴纳个人所得税

（2）居住满一年是指在一个纳税年度（即公历 1 月 1 日起至 12 月 31 日止，下同）内，在中国境内居住满 365 日。

二、征税对象

个人所得税的征税对象是个人取得的各项应税所得。具体包括以下 11 项内容。

（一）工资、薪金所得

工资、薪金所得，是指个人因任职或者受雇而取得的工资、薪金、奖金、年终

加薪、劳动分红、津贴、补贴及任职或者受雇有关的其他所得。

提醒你：

右侧项目不予征税	（1）独生子女补贴
	（2）执行公务员工资制度未纳入基本工资总额的补贴、津贴差额和家属成员的副食品补贴
	（3）托儿补助费
	（4）差旅费津贴、误餐补助

重要提示

公司职工取得的用于购买企业国有股权的劳动分红，按“工资、薪金所得”项目计征个人所得税；出租汽车经营单位对出租车驾驶员采取单车承包或承租方式运营，出租车驾驶员从事客货营运取得的收入，按工资、薪金所得项目征税。

（二）个体工商户的生产、经营所得

自 2015 年 1 月 1 日起，实行查账征收的个体工商户应当按照《个体工商户个人所得税计税办法》的规定，计算并申报缴纳个人所得税。

个体工商户包括：

（1）依法取得个体工商户营业执照，从事生产经营的个体工商户；

（2）经政府有关部门批准，从事办学、医疗、咨询等有偿服务活动的个人；

（3）其他从事个体生产、经营的个人。

（4）个体工商户以业主为个人所得税纳税义务人。

（三）对企事业单位的承包经营、承租经营所得

对企事业单位的承包经营、承租经营所得，是指个人承包经营或承租经营及转包、转租取得的所得。

（四）劳务报酬所得

劳务报酬所得，是指个人独立从事非雇佣的各种劳务取得的所得。

重要提示

在商品营销活动中，企业和单位对其营销业绩突出的非雇员以培训班、研讨会、工作考察等名义组织旅游活动，通过免收差旅费、旅游费对个人实行的营销业绩奖励（包括实物、有价证券等），应根据所发生费用的全额作为该营销人员当期的劳务收入，按照“劳务报酬所得”项目征收个人所得税，并由提供上述费用的企业和单位代扣代缴。

（五）稿酬所得

稿酬所得，是指个人作品以图书、报刊形式出版、发表取得的所得。

（六）特许权使用费所得

特许权使用费所得，是指个人提供专利权、商标权、著作权、非专利技术，以及其他特许权的使用权取得的所得。

（七）利息、股息、红利所得

利息、股息、红利所得，是指个人拥有债权、股权而取得的利息、股息、红利所得。

重要提示

国债和地方政府债券利息、国家发行的金融债券利息、储蓄存款利息免税。

（八）财产租赁所得

财产租赁所得，是指个人出租建筑物、土地使用权、机器设备、车船及其他财产取得的所得。个人取得的财产转租收入，属于“财产租赁所得”的征税范围，由财产转租人缴纳个人所得税。

（九）财产转让所得

财产转让所得，是指个人转让有价证券、股权、建筑物、土地使用权、机器设备、车船及其他财产取得的所得。目前对股票转让所得暂不征收个人所得税。

（十）偶然所得

偶然所得，是指个人得奖、中奖、中彩及其他偶然性质所得。

重要提示

结合减免税政策，即个人取得单张有奖发票奖金所得不超过800元（含800元）的，暂免征收个人所得税；个人取得单张有奖发票奖金所得超过800元的，应全额按照个人所得税法规定的“偶然所得”项目征收个人所得税。

（十一）其他所得：经国务院财政部门确定征税的所得

知识链接

下列所得，均为来源于中国境内所得

（1）因任职、受雇、履约等而在中国境内提供劳务取得的所得；

（2）将财产出租给承租人在中国境内使用而取得的所得；

（3）转让中国境内的建筑物、土地使用权等财产或者在中国境内转让其他财产取得的所得；

（4）许可各种特许权在中国境内使用而取得的所得；

（5）从中国境内的公司、企业及其他经济组织或者个人处取得的利息、股息、红利所得。

即学即思

下列项目中，属于劳务报酬所得的是（　　）。

A. 个人书画展卖画取得的报酬

B. 提供著作的版权而取得的报酬

C. 将国外的作品翻译出版取得的报酬

D. 高校教师受出版社委托进行审稿取得的报酬

答案：A、D。提供著作的版权而取得的报酬及将国外的作品翻译出版取得的报酬属于稿酬所得。

三、个人所得税税率

个人所得税依照所得项目的不同，分别确定了超额累进税率和比例税率两大类。

（一）工资、薪金所得适用税率

工资、薪金所得适用七级超额累进税率，税率为 3%～45%，如表 7-2 所示。

表 7-2　工资、薪金所得个人所得税税率表

级　数	全月应纳税所得额	税率（%）	速算扣除数（元）
1	不超过 1 500 元的	3	0
2	超过 1 500 元至 4 500 元的部分	10	105
3	超过 4 500 元至 9 000 元的部分	20	555
4	超过 9 000 元至 35 000 元的部分	25	1 005
5	超过 35 000 元至 55 000 元的部分	30	2 755
6	超过 55 000 元至 80 000 元的部分	35	5 505
7	超过 80 000 元的部分	45	13 505

重要提示

表 7-2 所称全月应纳税所得额是指依照税法的规定，以每月收入额减除费用 3 500 元后的余额或者减除附加减除费用后的余额。

（二）个体工商户的生产、经营所得和对企事业单位的承包经营、承租经营所得适用税率

（1）个体工商户的生产、经营所得和对企事业单位的承包经营、承租经营所得适用 5%～35%的五级超额累进税率，如表 7-3 所示。

表 7-3　个体工商户生产、经营所得和对企事业单位承包经营、承租经营所得个人所得税税率表

级　数	全年应纳税所得额	税率（%）	速算扣除数（元）
1	不超过 15 000 元的	5	0
2	超过 15 000 元至 30 000 元的部分	10	750
3	超过 30 000 元至 60 000 元的部分	20	3 750
4	超过 60 000 元至 100 000 元的部分	30	9 750
5	超过 100 000 元的部分	35	14 750

重要提示

表 7-3 所称全年应纳税所得额，对个体工商户的生产、经营所得来讲，是指以每一纳税年度的收入总额，减除成本、费用以及损失后的余额；对企事业单位的承包经营、承租经营所得来讲，是指以每一纳税年度的收入总额，减除必要费用后的余额。

（2）个人独资企业和合伙企业的生产经营所得也适用 5%～35%的五级超额累进税率。

（三）稿酬所得适用税率

稿酬所得适用比例税率，税率为 20%，并按应纳税额减征 30%，故其实际税率为 14%。

（四）劳务报酬所得适用税率

劳务报酬所得适用比例税率，税率为 20%。对劳务报酬所得一次收入畸高的，可以实行加成征收，具体办法由国务院规定。

重要提示

根据《个人所得税法实施条例》规定，“劳务报酬所得一次收入畸高”是指个人

一次取得劳务报酬，其应纳税所得额超过 20 000 元。对应纳税所得额超过 20 000 元至 50 000 元的部分，依照税法规定计算应纳税额后再按照应纳税额加征五成；超过 50 000 元的部分，加征十成。

因此，劳务报酬所得实际上适用 20%、30%、40%的三级超额累进税率，如表 7-4 所示。

表 7-4　劳务报酬所得个人所得税税率表

级　数	每次应纳税所得额	税率（%）
1	不超过 20 000 元的部分	20
2	超过 20 000 元至 50 000 元的部分	30
3	超过 50 000 元的部分	40

重要提示

表 7-4 所称每次应纳税所得额是指每次收入额减除费用 800 元（每次收入额不超过 4 000 元时）或者减除 20%的费用（每次收入额超过 4 000 元时）后的余额。

课后练习

1.（多选题）关于个人所得税，下列表述中正确的有（　　）。

A. 以课税对象为划分标准，个人所得税属于动态财产税

B. 非居民纳税人是指不具有中国国籍但有来源于中国境内所得的个人

C. 居民纳税人从中国境内、境外取得的所得均应依法缴纳个人所得税

D. 劳务报酬所得适用比例税率，对劳务报酬所得一次收入畸高的，可实行加成征收

2.（多选题）下列征收个人所得税的奖项有（　　）。

A. 电台有奖竞猜中奖　　B. 体育奖券中奖　　C. 福利奖券中奖

D. 商场抽奖中奖　　E. 有奖储蓄中奖　　F. 省政府颁发的体育比赛奖

3.（判断题）退休工资也属于工资、薪金所得，也应缴纳个人所得税。（　　）

任务二　个人所得税应纳税额的计算

案例导入

李先生是无锡市一公司职员（中国公民），2016 年 1～6 月收入情况如下：（1）每月取得工资收入 5 500 元；（2）3 月取得特许权使用费所得 50 000 元；（3）4

月取得从上市公司分配的股息、红利所得 20 000 元。

要求：根据上述资料，计算（1）1～6 月工资收入应缴纳的个人所得税；（2）计算特许权使用费应缴纳的个人所得税；（3）计算股息、红利应缴纳的个人所得税。

【案例解析】（1）1～6 月工资应缴纳的个人所得税：

[(5 500–3 500)×10%–105]×6=570（元）

（2）特许权使用费应缴纳个人所得税：

50 000×(1–20%)×20%=8 000（元）

（3）股息、红利应缴纳个人所得税：

20 000×50%×20%=2 000（元）

个人所得税的计税依据是纳税人取得的应纳税所得额。所谓应纳税所得额，是以某项应税收入额减去税法规定的该项费用减除标准之后的余额。由于个人所得税应税所得的项目不同，因此，计算个人所得税的应纳税所得额，需按不同应税所得项目分项计算。

一、工资、薪金所得的计税方法

应纳税额=(每月收入额–3 500 元或 4 800 元)×适用税率–速算扣除数

例题 7-1

无锡市某职工 2016 年 10 月应发工资 5 700 元，缴纳社会统筹的养老保险 1 000 元，失业保险 45 元，单位代扣水电费 100 元。计算其每月应纳个人所得税。

答案：（1）应纳税所得额=(5 700–1 000–45–3 500)=1 155（元）

（2）应纳个人所得税额=1 155×3%=34.65（元）

例题 7-2

某外商投资企业中工作的美国专家（假设为非居民纳税人），2016 年 7 月取得由该企业发放的工资收入 10 400 元人民币。请计算其应纳个人所得税税额。

答案：（1）应纳税所得额=10 400–4 800=5 600（元）

（2）应纳个人所得税税额=5 600×20%–555=565（元）

即学即思

2016 年钱某每月工资收入 2 800 元，年终领取一次性奖金 15 000 元，请计算钱某 12 月应缴纳的个人所得税。如果钱某 2016 年每月工资收入 4 000 元，7 月领取半年奖6 000元，12月领取年终奖15 000元。请分别计算钱某7月和12月应缴纳个人所得税。

答案：（1）若钱某每月工资收入2 800元。

适用税率的确定：[15 000–(3 500–2 800)]÷12=1 191.67（元），适用3%的税率。

12月应缴纳个人所得税=[15 000–(3 500–2 800)]×3%=429（元）

（2）若钱某每月工资收入4 000元。

7月应缴纳个人所得税=(4 000+6 000–3 500)×20%–555=745（元）

12月工资应纳税额=(4 000–3 500)×3%=15（元）

奖金适用税率的确定：15 000÷12=1 250（元），适用税率为3%。

全年一次性奖金应纳税额=15 000×3%=450（元）

12月应缴纳个人所得税=15+450=465（元）

重要提示

（1）对个人取得的全年一次性奖金，单独作为一个月的工资、薪金所得计算纳税。处理方法如下：先将雇员当月内取得的全年一次性奖金，除以12个月，按其商数确定适用税率和速算扣除数。

① 雇员当月工资薪金所得高于或等于税法规定的费用扣除额的，适用公式为：

应纳税额=雇员当月取得的全年一次性奖金×适用税率–速算扣除数

② 雇员当月工资薪金所得低于税法规定的费用扣除额的，适用公式为：

应纳税额=(雇员当月取得的全年一次性奖金–雇员当月工资薪金所得与费用扣除额的差额)×适用税率–速算扣除数

（2）对个人取得的半年度奖金，计入当月工资、薪金所得合并计算纳税。

二、个体工商户的生产、经营所得的计税方法

个体工商户的生产、经营所得，以每一纳税年度的收入总额，减除成本、费用、税金、损失、其他支出及允许弥补的以前年度亏损后的余额，为应纳税所得额。个体工商户应纳税所得额的计算，以权责发生制为原则。

应纳税额=(收入总额–成本、费用及损失)×适用税率–速算扣除数

（一）一般规定

个体工商户从事生产经营及与生产经营有关的活动（以下简称生产经营）取得

的货币形式和非货币形式的各项收入，为收入总额。包括销售货物收入、提供劳务收入、转让财产收入、利息收入、租金收入、接受捐赠收入、其他收入。

（1）成本是指个体工商户在生产经营活动中发生的销售成本、销货成本、业务支出及其他耗费。

（2）费用是指个体工商户在生产经营活动中发生的销售费用、管理费用和财务费用，已经计入成本的有关费用除外。

（3）税金是指个体工商户在生产经营活动中发生的除个人所得税和允许抵扣的增值税以外的各项税金及其附加。

（4）损失是指个体工商户在生产经营活动中发生的固定资产和存货的盘亏、毁损、报废损失，转让财产损失，坏账损失，自然灾害等不可抗力因素造成的损失及其他损失。

个体工商户发生的损失，减除责任人赔偿和保险赔款后的余额，参照财政部、国家税务总局有关企业资产损失税前扣除的规定进行扣除。

重要提示

个体工商户纳税年度发生的亏损，准予向以后年度结转，用以后年度的生产经营所得弥补，但结转年限最长不得超过5年。

（二）具体规定

（1）个体工商户向其从业人员实际支付的合理的工资、薪金支出，允许在税前据实扣除。个体工商户业主的工资薪金支出不得税前扣除。

重要提示

个体工商户业主的费用扣除标准统一确定为42 000元/年，即3 500元/月。

（2）除个体工商户依照国家有关规定为特殊工种从业人员支付的人身安全保险费和财政部、国家税务总局规定可以扣除的其他商业保险费外，个体工商户业主本人或者为从业人员支付的商业保险费，不得扣除。

（3）个体工商户拨缴的工会经费、发生的职工福利费、职工教育经费支出分别在工资薪金总额2%、14%、2.5%的标准内据实扣除。

（4）个体工商户每一纳税年度发生的广告费和业务宣传费用不超过当年销售（营业）收入15%的部分，可据实扣除；超过部分，准予在以后纳税年度结转扣除。

（5）个体工商户按照国务院有关主管部门或者省级人民政府规定的范围和标准

为其业主和从业人员缴纳的基本养老保险费、基本医疗保险费、失业保险费、生育保险费、工伤保险费和住房公积金，准予扣除。

个体工商户为从业人员缴纳的补充养老保险费、补充医疗保险费，分别在不超过从业人员工资总额 5%标准内的部分据实扣除；超过部分，不得扣除。

个体工商户业主本人缴纳的补充养老保险费、补充医疗保险费，以当地（地级市）上年度社会平均工资的 3 倍为计算基数，分别在不超过该计算基数 5%标准内的部分据实扣除；超过部分，不得扣除。

（6）个体工商户每一纳税年度发生的与其生产经营业务直接相关的业务招待费支出，按照发生额的 60%扣除，但最高不得超过当年销售（营业）收入的 5‰。

（7）个体工商户在生产、经营期间借款利息支出，凡有合法证明的，不高于按金融机构同类、同期贷款利率计算的数额部分，准予扣除。

（8）个体工商户将其所得通过中国境内的社会团体、国家机关向教育和其他社会公益事业及遭受严重自然灾害地区、贫困地区的捐赠，捐赠额不超过其应纳税所得额 30%的部分可以据实扣除。纳税人直接给受益人的捐赠不得扣除。

（9）个体工商户和从事生产、经营的个人，取得与生产、经营活动无关的各项应税所得，应分别适用各应税项目的规定计算征收个人所得税。

（10）个体工商户研究开发新产品、新技术、新工艺所发生的开发费用，以及研究开发新产品、新技术而购置单台价值在 10 万元以下的测试仪器和试验性装置的购置费准予直接扣除；单台价值在 10 万元以上（含 10 万元）的测试仪器和试验性装置，按固定资产管理，不得在当期直接扣除。

（11）个体工商户生产经营活动中，应当分别核算生产经营费用和个人、家庭费用。对于生产经营与个人、家庭生活混用难以分清的费用，其 40%视为与生产经营有关费用，准予扣除。

（12）个体工商户下列支出不得扣除：

① 个人所得税税款；

② 税收滞纳金；

③ 罚金、罚款和被没收财物的损失；

④ 不符合扣除规定的捐赠支出；

⑤ 赞助支出；

⑥ 用于个人和家庭的支出；

⑦ 与取得生产经营收入无关的其他支出；

⑧ 国家税务总局规定不准扣除的支出。

例题 7-3

某个体工商户 2016 年度有关经营情况如下：（1）取得经营收入 1 400 000 元。（2）发生经营成本 520 000 元。（3）发生相关经营税费 39 000 元。（4）发生业务招待费用 20 000 元。（5）6 月 10 日购买小货车一辆支出 60 000 元，按 4 年期限折旧（不考虑残值与税法规定一致）。（6）共有雇员 6 人，人均月工资 1 500 元；个体户老板每月领取工资 4 000 元。（7）当年 1 月 1 日向某担保公司借入流动资金 100 000 元，年利率 12%，期限 1 年，同期银行贷款利率为 7.2%。（8）对外投资，分得股息 30 000 元。（9）8 月 10 日，通过当地民政部门对舟曲特大泥石流灾区捐款 100 000 元。要求：根据上述资料，计算该个体户 2016 年应缴纳的个人所得税。

答案：（1）业务招待费按实际发生额的 60%扣除，但最高不得超过销售（营业）收入的 5‰。按实际发生额计算扣除额=20 000×60%=12 000（元）。

按收入计算扣除限额=1 400 000×5‰=7 000（元），按规定扣除 7 000 元。

（2）购买小货车的费用 60 000 元应做固定资产处理。

应扣除的折旧费用=60 000÷4÷12×6=7 500（元）

（3）雇员工资可按实际数扣除，雇主工资不得扣除。

（4）非金融机构的借款利息费用按同期银行的利率计算扣除，超过部分不得扣除。

利息费用扣除限额=100 000×7.2%=7 200（元）

（5）对外投资分回的股息 30 000 元，按股息项目单独计算缴纳个人所得税。

分回股息应纳个人所得税=30 000×20%=6 000（元）

（6）通过当地民政部门对舟曲特大泥石流灾区捐款，允许在当年个人所得税前全额扣除。可按实际捐赠额 100 000 元扣除。

该个体工商户 2016 年应缴纳个人所得税计算如下。

（1）未扣除捐赠的应纳税所得额=1 400 000–520 000–39 000–7 000–7 500

–42 000–(1 500×6×12)–7 200

=669 300（元）

（2）2016 年经营所得应缴纳个人所得税=(669 300–100 000)×35% –14 750

=184 505(元)。

（3）股息应纳个人所得税=6 000（元）

（4）该个体工商户 2016 年应缴纳个人所得税=184 505+6 000=190 505（元）

重要提示

个人经政府有关部门批准并取得执照举办学习班、培训班的，其取得的办班收入，属于“个体工商户的生产、经营所得”应税项目，按其规定计征个人所得税。

三、对企事业单位承包经营、承租经营所得应纳税额的计算

应纳税额=应纳税所得额×适用税率−速算扣除数

或　　应纳税额=(纳税年度收入总额−必要费用)×适用税率−速算扣除数

重要提示

纳税年度收入总额包括承包人个人工资，但不包括上缴的承包费。

例题 7-4

某人于 2016 年 1 月 1 日与某单位签订承包合同经营快捷酒店，承包期 2 年，2016 年实现承包经营利润 85 000 元，按合同规定承包人每年应从承包经营利润中上缴承包费 20 000 元，计算承包人 2016 年应纳个人所得税税额

答案：（1）2016 年应纳税所得额=85 000−20 000−(3 500×12)=23 000（元）

（2）2016 年应纳税额=23 000×10%−750=1 550（元）

四、劳务报酬所得应纳税额的计税方法

劳务报酬所得应纳税额的计算方法如表 7-5 所示。

表 7-5　劳务报酬所得应纳税额的计算

项　　目	内容及公式	关于“次”的说明
每次收入不足 4 000 元的	应纳税额=应纳税所得额×适用税率 =(每次收入额−800)×20%	（1）只有一次性收入的，以取得该项收入为一次。 （2）属于同一事项连续取得收入的，以一个月内取得的收入为一次
每次收入在 4 000 元以上的	应纳税额=应纳税所得额×适用税率 =每次收入额×(1−20%)×20%	
每次收入的应纳税所得额超过 20 000 元的	应纳税额=应纳税所得额×适用税率−速算扣除数 =每次收入额×(1−20%)×适用税率−速算扣除数	

重要提示

从事设计、安装、装潢、制图、化验、测试等劳务，往往是接受客户的委托，按照客户的要求，完成一次劳务后取得收入。因此，是属于只有一次性的收入，应

以每次提供劳务取得的收入为一次。

劳务报酬所得适用的速算扣除数如表 7-6 所示。

表 7-6　劳务报酬所得适用的速算扣除数表

级　数	每次应纳税所得额	税率（%）	速算扣除数（元）
1	不超过 20 000 元的部分	20	0
2	超过 20 000～50 000 元的部分	30	2 000
3	超过 50 000 元的部分	40	7 000

例题 7-5

纳税人刘某一次取得表演收入 40 000 元，计算其应纳个人所得税税额。

答案：应纳税额=每次收入额×(1–20%)×适用税率–速算扣除数

=40 000×(1–20%)×30%–2 000=7 600（元）

重要提示

个人未经政府有关部门批准举办学习班、培训班的，其取得的办班收入属于“劳务报酬所得”应税项目，按其规定计征个人所得税。

五、稿酬所得的计税方法

稿酬所得应纳税额的计算公式如下。

（1）每次收入额≤4 000 元时。

应纳税额=应纳税所得额×适用税率=(每次收入额–800)×20%×(1–30%)

（2）每次收入额>4 000 元时。

应纳税额=应纳税所得额×适用税率=每次收入额×(1–20%)×20%×(1–30%)

例题 7-6

某作家取得一次未扣除个人所得税的稿酬收入 40 000 元，请计算其应缴纳的个人所得税税额。

答案：应纳税额=应纳税所得额×适用税率×(1–30%)

=40 000×(1–20%)×20%×(1–30%)=4 480（元）

六、特许权使用费所得的计税方法

特许权使用费所得应纳税额的计算公式如下。

（1）每次收入额≤4 000 元时。

应纳税额=应纳税所得额×适用税率=(每次收入额−800)×20%

（2）每次收入额>4 000 元时。

应纳税额=应纳税所得额×适用税率=每次收入额×(1−20%)×20%

例题 7-7

刘某转让一项专利技术，取得转让收入 60 000 元，计算应纳个人所得税。

答案：应纳税额=60 000×(1−20%)×20%=9 600（元）

七、利息、股息、红利所得的计税方法

个人取得利息、股息、红利所得，以每次收入额作为应纳税所得额，以支付利息、股息、红利时取得的收入为一次，适用税率 20%。利息、股息、红利所得应纳税额的计算公式为：

应纳税额=应纳税所得额×适用的税率=每次收入额×20%

例题 7-8

甲是 A 公司股东，并于 2016 年 11 月取得该公司分配的股息 5 000 元。计算应纳个人所得税额。

答案：应纳税额=5 000×20%=1 000（元）

该笔税款应由 A 公司代扣代缴。

八、财产租赁所得的计税方法

财产租赁所得应纳税额的计算公式如表 7-7 所示。

表 7-7　财产租赁所得应纳税额的计算

项　　目	内容及公式
每次（月）收入不超过 4 000 元的	应纳税所得额=每次（月）收入额−准予扣除项目−修缮费用−800 应纳税额=应纳税所得额×适用税率
每次（月）收入超过 4 000 元的	应纳税所得额=［每次（月）收入额−准予扣除项目−修缮费用］×(1−20%) 应纳税额=应纳税所得额×适用税率

重要提示

（1）财产租赁所得一般以个人每次取得的收入，定额或定率减除规定费用后的余额作为应纳税所得额。

（2）准予扣除的项目是指出租财产过程中缴纳的税费，包括能够提供有效、准确凭证，证明由纳税人负担的该出租财产实际开支的修缮费用。

（3）允许扣除的修缮费用，以每次 800 元为限。一次扣除不完的，准予在下一次继续扣除，直到扣完为止。

（4）税法规定的费用扣除标准（800 元或 20%）

（5）财产租赁所得适用 20%的比例税率。但对个人按市场价格出租的居民住房取得的所得，减按 10%的税率征收个人所得税。

例题 7-9

刘某于 2016 年 1 月将其自有的面积为 150 平方米的 4 间房屋出租给张某居住。刘某每月取得租金收入 2 500 元，全年租金收入 30 000 元。计算刘某全年租金收入应缴纳的个人所得税。

答案：财产租赁收入以每月取得的收入为一次，按市场价出租给个人居住适用 10%的税率，因此刘某每月及全年应纳税额为：

每月应纳税额=(2 500−800)×10%=170（元）

全年应纳税额=170×12=2 040（元）

即学即思

居住在市区的中国居民李某为一中外合资企业的职员，2016 年 4 月 1 日至 6 月 30 日，前往 B 国参加培训，出国期间将其国内自己的小汽车出租给他人使用，每月取得租金 5 000 元。另外，小汽车出租每月应交相关税费 275 元。计算李某小汽车租金收入应缴纳的个人所得税。

答案：租金收入应缴纳的个人所得税=(5 000−275)×(1−20%)×20%×3

=2 268（元）

九、财产转让所得的计税方法

财产转让所得应纳税额的计算公式为：

应纳税额=应纳税所得额×适用税率=(收入总额−财产原值−合理费用)×20%

例题 7-10

居住在无锡市区的中国居民李某，11 月以每份 218 元的价格转让 2012 年的企业债券 500 份，发生相关税费 870 元，债券申购价每份 200 元，申购时支付相关税费 350 元。要求：计算李某转让有价证券所得应纳个人所得税。

答案：（1）应纳税所得额=(218−200)×500−870−350 =7 780（元）

（2）应纳税额=7 780×20%=1 556（元）

即学即思

我国公民张先生为国内某企业高级技术人员，3 月转让购买的三居室精装修房屋一套，售价 240 万元，转让过程中支付的相关税费为 13.8 万元。该套房屋的购进价为 110 万元，购房过程中支付的相关税费为 3 万元。所有税费支出均取得合法凭证。要求：计算转让房屋所得应缴纳的个人所得税。

答案：（1）应纳税所得额=240−110−13.8−3=113.2（万元）

（2）应纳税额=113.2×20%=22.64（万元）

十、偶然所得的计税方法

偶然所得应纳税额的计算公式为：

应纳税额=应纳税所得额×税率=每次收入额×20%

例题 7-11

陈某在参加商场的有奖销售过程中，中奖所得共计价值 20 000 元。陈某领奖时告知商场，从中奖收入中拿出 4 000 元通过教育部门向某希望小学捐赠。请按照规定计算商场代扣代缴个人所得税后陈某实际可得的中奖金额。

答案：（1）根据税法有关规定，陈某的捐赠额可以全部从应纳税所得额中扣除（因为 4 000÷20 000=20%，小于捐赠扣除比例 30%）。

（2）应纳税所得额=偶然所得−捐赠额=20 000−4 000=16 000（元）

（3）应纳税额（即商场代扣税款）=应纳税所得额×适用税率

=16 000×20%=3 200（元）

（4）陈某实际可得金额=20 000−40 000−3 200=12 800（元）

重要提示

根据《个人所得税法》及其《实施条例》的规定，个人将其所得对教育事业和其他公益事业捐赠的部分，按照国务院有关规定从应纳税所得中扣除。个人将其所得对教育事业和其他公益事业的捐赠，是指个人将其所得通过中国境内的社会团体、国家机关向教育和其他公益事业及遭受严重自然灾害地区、贫困地区的捐赠。捐赠额未超过纳税人申报的应纳税所得额 30%的部分，可从其应纳税所得额中扣除。

课后练习

中国公民张某是某市一公司职员，2016 年 1～6 月收入情况如下：（1）每月取得工资收入 5 600 元；（2）3 月在报刊上发表文章取得稿酬所得 3 800 元；（3）4 月取得劳务报酬 5 000 元；（4）4 月在参加商场的有奖销售过程中，中奖 7 500 元；（5）6 月将一处房产销售，取得收入 200 000 元，该房去年购入价格 120 000 元，销售过程中缴纳相关税费 20 000 元。要求计算张某 1～6 月应缴纳的个人所得税。

任务三　个人所得税的会计处理

一、代扣代缴个人所得税的会计处理

工资、薪金所得应纳的所得税，由支付工资、薪金所得的单位代扣代缴。扣缴义务人代扣代缴个人所得税，在“应交税费”科目下设置“代扣代缴个人所得税”明细科目核算。代扣个人所得税时，借记“应付职工薪酬”科目，贷记“应交税费——代扣代缴个人所得税”科目；实际缴纳个人所得税时，借记“应交税费——代扣代缴个人所得税”科目，贷记“银行存款”科目。

例题 7-12

某公司 2016 年 6 月应付工资总额为 700 000 元，其中生产工人工资 450 000 元，车间管理人员工资 100 000 元，公司管理人员工资 150 000 元；按税法规定代扣代缴个人所得税 60 000 元。问该公司如何进行会计处理？

答案：（1）分配工资费用时。

借：生产成本	450 000	
制造费用	100 000	
管理费用	150 000	
贷：应付职工薪酬		700 000

（2）支付工资并代扣个人所得税时。

借：应付职工薪酬	700 000	
贷：银行存款		640 000
应交税费——代扣代缴个人所得税		60 000

（3）缴纳个人所得税时。

借：应交税费——代扣代缴个人所得税　　60 000

　　贷：银行存款　　60 000

二、个体工商户、个人独资企业、合伙企业所得税的会计处理

个体工商户、个人独资企业、合伙企业所得税，通过留存利润和“应交税费——应交个人所得税”科目核算。

例题 7-13

某个体企业经过主管税务机关核定，2016年按月预缴个人所得税5 000元，年末计算出全年应缴纳个人所得税72 000元。问该公司如何进行会计处理？

答案：（1）每月预缴个人所得税时。

借：应交税费——应交个人所得税　　5 000

　　贷：银行存款　　5 000

（2）年终汇算应缴纳个人所得税时。

借：所得税费用　　72 000

　　贷：应交税费——应交个人所得税　　72 000

（3）补缴个人所得税时。

借：应交税费——应交个人所得税　　12 000

　　贷：银行存款　　12 000

课后练习

九州公司2016年12月应支付职工工资总额为10.6万元，根据有关规定，结算应交个人所得税3 200元。该企业代扣代缴个人所得税，应做如下账务处理。

（1）发放工资，结转代扣代缴的个人所得税时。

借：应付职工薪酬　　3 200

　　贷：应交税费——应交个人所得税　　3 200

（2）以银行存款缴纳个人所得税时。

借：应交税费——应交个人所得税　　3 200

　　贷：银行存款　　3 200

任务四　个人所得税的纳税申报

一、纳税申报的一般规定

（一）自行申报纳税

自行申报纳税，是由纳税人自行在税法规定的纳税期内，向税务机关申报取得的应税所得项目和数额，如实填写个人所得税申报表，并按照税法规定计算应纳税额，据此缴纳个人所得税的一种方法。

1. 自行申报纳税的纳税义务人

（1）自2006年1月1日起，年所得12万元以上的。

（2）从中国境内两处或两处以上取得工资、薪金所得的。

（3）从中国境外取得所得的。

（4）取得应税所得，没有扣缴义务人的。

（5）国务院规定的其他情形。

2. 自行申报纳税的申报期限

（1）年所得12万元以上的纳税人，在纳税年度终了后3个月内向主管税务机关办理纳税申报。

（2）个体工商户、个人独资企业、合伙企业投资者取得的生产、经营所得应纳的税款，分月预缴的，纳税人在每月终了后15日内办理纳税申报；分季预缴的，纳税人在每个季度终了后15日内办理纳税申报。纳税年度终了后，纳税人在3个月内进行汇算清缴。

（3）纳税人年终一次性取得对企事业单位的承包经营、承租经营所得的，自取得所得之日起30日内办理纳税申报；在1个纳税年度内分次取得承包经营、承租经营所得的，在每次取得所得后的次月15日内申报预缴，纳税年度终了后3个月内汇算清缴。

（4）从中国境外取得所得的纳税人，在纳税年度终了后30日内向中国境内主管税务机关办理纳税申报。

（5）除以上规定的情形外，纳税人取得其他各项所得须申报纳税的，在取得所得的次月15日内向主管税务机关办理纳税申报。

（二）代扣代缴纳税

代扣代缴，是按照税法规定负有扣缴税款义务的单位或个人，在向个人支付应纳税所得时，应计算应纳税额，从其所得中扣除并缴入国库，同时向税务机关报送扣缴个人所得税报告表。个人所得税扣缴申报知识如表 7-8 所示。

表 7-8　个人所得税扣缴申报知识

扣缴申报知识	具体内容
扣缴义务人	凡支付个人应纳税所得的企业（公司）、事业单位、机关、社会团体、军队、驻华机构、个体户等单位或个人，为个人所得税的扣缴义务人
代扣代缴范围	扣缴义务人向个人支付下列所得，应代扣代缴个人所得税： （1）工资、薪金所得；（2）对企事业单位的承包经营、承租经营所得；（3）劳务报酬所得；（4）稿酬所得；（5）特许权适用费所得；（7）财产租赁所得；（8）财产转让所得；（9）偶然所得；（10）其他所得
代扣代缴期限	扣缴义务人每月所扣的税款，应当在 15 日内缴入国库，并向主管税务机关报送扣缴个人所得税报告表

二、个人所得税纳税申报实务操作

无锡市泰康公司销售总监王强 2016 年度个人所得超过 12 万元，基本收入情况如下：

（1）每月应发工资 9 500 元，三险一金合计扣款 1 600 元，另外年终取得奖金 48 000 元。

（2）出租房屋给红心公司，每月取得租金收入 4 000 元，每月缴纳营业税 200 元。

（3）承包经营某超市，全年实现利润 187 000 元，上缴承包费用 36 000 元。王强承包超市全年已预缴个人所得税 21 600 元。

（4）完成某公司营销策划方案，取得报酬 5 000 元。

（5）发表文章，从杂志社取得稿酬 1 000 元。

（6）转让专利权给红心公司，取得收入 15 000 元。

（7）转让设备一套，取得收入 9 000 元，该设备原价 8 000 元，支付转让费用 100 元。

（8）参加公司抽奖活动，中二等奖 2 000 元。

（9）年终取得公司分红 32 000 元，取得国债利息收入 1 800 元，取得企业债券利息收入 2 600 元。

计算王强应交的个人所得税并填写纳税申报表。其中，房屋租赁和专利权所取得的收入由红心公司代收代缴。

实务操作解答：

（1）工资应纳税所得额=(9 500−1 600)×12+48 000=142 800（元）

应纳所得税额=[(9 500−1 600−3 500)×10%−105]×12+48 000×10%−105

=8 715（元）

（2）财产租赁应纳所得税额=(4 000−200−800)×20%×12=7 200（元）

（3）承包经营应纳所得税=(187 000−36 000−3 500×12)×35%−14 750

=23 400（元）

（4）劳务报酬应纳所得税=5 000×(1−20%)×20%=800（元）

（5）稿酬应纳所得税=(1 000−800)×20%×(1−30%)=28（元）

（6）转让专利权应纳所得税=15 000×(1−20%)×20%=2 400（元）

（7）转让设备应纳所得税=（9 000−8 000−100）×20%=180（元）

（8）偶然所得应纳所得税=2 000×20%=400（元）

（9）利息、股息、红利所得应纳所得税=(32 000+2 600)×20%=6 920（元）

年所得 12 万元以上纳税人年度自行申报纳税申报表的填制如表 7-9 所示。

表 7-9 个人所得税纳税申报表

（适用于年所得 12 万元以上的纳税人申报）

所得年份：2016 年　　填表日期：2017 年 3 月 30 日　　金额单位：人民币元（列至角分）

<table>
<tr><td>纳税人姓名</td><td>王强</td><td>国籍（地区）</td><td>中国</td><td>身份证照类型</td><td colspan="2">居民身份证</td><td>身份证照号码</td><td colspan="4">320203××××××××0065</td></tr>
<tr><td>任职、受雇单位</td><td>无锡市泰康公司</td><td>任职受雇单位税务代码</td><td>320300761002457</td><td>任职受雇单位所属行业</td><td colspan="2">制造业</td><td>职务</td><td colspan="2">销售总监</td><td>职业</td><td></td></tr>
<tr><td>在华天数</td><td></td><td>境内有效联系地址</td><td colspan="4">无锡市健康路 80 号</td><td>境内有效联系地址邮编</td><td colspan="2">214000</td><td>联系电话</td><td>0510-88996655</td></tr>
<tr><td>此行由取得经营所得的纳税人填写</td><td>经营单位纳税人识别号</td><td colspan="2"></td><td>经营单位纳税人名称</td><td colspan="2"></td><td colspan="5">抵扣税额</td></tr>
<tr><td rowspan="2">所得项目</td><td colspan="3">年所得额</td><td rowspan="2">应纳税所得额</td><td rowspan="2">应纳税额</td><td rowspan="2">已缴（扣）税额</td><td rowspan="2">抵扣税额</td><td rowspan="2">减免税额</td><td rowspan="2">应补税额</td><td rowspan="2">应退税额</td><td rowspan="2">备注</td></tr>
<tr><td>境内</td><td>境外</td><td>合计</td></tr>
<tr><td>1．工资、薪金所得</td><td>142 800</td><td></td><td>142 800</td><td>100 800</td><td>8 715</td><td>8 715</td><td></td><td></td><td>0</td><td></td><td></td></tr>
<tr><td>2．个体工商户的生产、经营所得</td><td></td><td></td><td></td><td></td><td></td><td></td><td></td><td></td><td></td><td></td><td></td></tr>
<tr><td>3．对企事业单位的承包经营、承租经营所得</td><td>144 000</td><td></td><td>144 000</td><td>109 000</td><td>23 400</td><td>21 600</td><td></td><td></td><td>1 800</td><td></td><td></td></tr>
</table>

续表

4．劳务报酬所得	5 000		5 000	4 000	800	800			0		
5．稿酬所得	1 000		1 000	200	28	28			0		
6．特许权使用费所得	15 000		15 000	12 000	2 400	2 400			0		
7．利息、股息、红利所得	34 600		34 600	34 600	6 920	6 920			0		
8．财产租赁所得	48 000		48 000	36 000	7 200	7 200			0		
9．财产转让所得	900		900	900	180	180			0		
其中：股票转让所得											
个人房屋转让所得											
10．偶然所得	2 000		2 000	2 000	400	400			0		
11．其他所得											
合计	393 300		393 300	299 500	50 043	48 243			1 800		
我声明，此纳税申报表是根据《中华人民共和国个人所得税法》的规定填报的，我确信它是真实的、可靠的、完整的。纳税人（签字）：											
代理人（签章）：							联系电话：				

税务机关受理人（签字）：　　　　税务机关受理时间：　　年　月　日　　受理申报税务机关名称（盖章）：

代扣代缴个人所得税申报表如表7-10所示。

表7-10　扣缴个人所得税报告表

扣缴义务人编码　扣缴义务人名称（公章）：红心公司　金额单位：元（列至角）　填表日期：2016年9月6日

序号	纳税人姓名	身份证照类型	身份证照号码	国籍	所得项目	所得时间	收入额	免税收入额	允许扣除的税费	费用扣除标准	准予扣除的捐赠额	应纳税所得额	税率%	速算扣除数	应扣税额	已扣税额	备注
1	2	3	4	5	6	7	8	9	10	11	12	13	14	15	16	17	18
合　计							19 000		200	3 800		15 000			3 000	3 000	
1	王强	身份证	320203××××0065	中国	财产租赁	2013.8	4 000		200	800		3 000	20		600	600	
2	王强	身份证	320203××××0065	中国	特许权使用费	2013.8	15 000			3 000		12 000	20		2 400	2 400	
扣缴义务人声明	我声明：此扣缴报告表是根据国家税收法律、法规的规定填报的，我确定它是真实的、可靠的、完整的。 声明人签字：																

会计主管签字：　　负责人签字：　　扣缴单位（或法定代表人）（签章）：

受理人（签章）：　　　　受理日期：　年　月　日　受理税务机关（章）：

能 力 训 练

一、单项选择题

1. 在中国境内有住所，并在中国境内的外商投资企业、外国企业工作取得工资、薪金的个人，缴纳个人所得税时允许扣除的费用标准是（　　）。

A．每月 4 800 元　　B．每月减除收入的 20%

C．每月 3 500 元　　D．没有任何扣除

2. 财产转让所得应以转让所得收入减除财产原值和（　　）后的余额，作为个人所得税的应纳税所得额。

A．800 元　　B．转让收入的 10%～30%

C．财产原值的 10%～30%　　D．合理费用

3. 王某2016年取得特许权使用费两次，一次收入为3 000元，另一次收入为4 500元。王某两次特许权使用费所得应纳的个人所得税税额为（　　）元。

A．1 160　　B．1 200　　C．1 340　　D．1 500

4. 企事业单位的承包．承租经营所得必要费用的扣除是指（　　）。

A．生产、经费成本

B．收入总额的 20%

C．按月扣除 3 500 元

D．从收入总额中扣除 800 元或定率扣除 20%

5. 某国有企业宣告破产，分配给某职工的一次性安置费为 60 000 元，当地上年企业职工平均工资为 6 600 元，则该职工应当缴纳的个人所得税为（　　）。

A．免征个人所得税　　B．11 745 元

C．8 865 元　　D．6 275 元

6. 个体工商业户的生产经营所得应纳税额的缴纳方法是（　　）。

A．代扣代缴

B．按月纳税

C．按年纳税

D．按年计算，分月预缴，年终汇算清缴，多退少补

7. 个人所得税扣缴义务人每月所扣的税款，自行申报纳税人每月应纳的税款都应当在（　　）内缴入国库。

A. 次月 30 日内　　B. 次月 20 日内

C. 次月 7 日内　　D. 次月 10 日内

8. 下列个人收入中按月征收个人所得税的是（　　）。

A. 偶然所得　B. 工资薪金　C. 财产转让　D. 稿酬

9. 某院校教授为某单位从事技术改造，所得到的报酬应按（　　）项目缴纳个人所得税。

A. 劳务报酬　B. 工资、薪金所得　C. 偶然所得　D. 奖金

10. 工资、薪金所得应纳的税款按月计征，由扣缴义务人或者纳税义务人在次月的（　　）内缴入国库。

A. 5 日　B. 7 日　C. 10 日　D. 15 日

11. 劳务报酬所得一次收入畸高，是指个人一次取得劳务报酬，其应纳税所得额超过（　　）。

A. 10 000 元　B. 20 000 元　C. 40 000 元　D. 50 000 元

12.《个人所得税法》规定，附加减除费用标准为（　　）元。

A. 1 300　B. 4 000　C. 800　D. 2 000

二、多项选择题

1. 我国个人所得税采用了（　　）。

A. 比例税率　　B. 超额累进税率

C. 定额税率　　D. 全额累进税率

2. 下列属于应缴个人所得税偶然所得的是（　　）。

A. 参加有奖竞赛的奖金

B. 拾到的现钞

C. 购买电视机抽奖得到的微波炉

D. 股票市价上涨时转让股票的净收益

3. 个人所得税的居民纳税人是指（　　）。

A. 在中国境内有住所的个人

B. 在中国境内无住所又不居住的个人

C. 在中国境内无住所且居住不满一年的个人

D．在中国境内无住所但居住满一年的个人

4．个人所得税中，下列说法正确的有（　　）。

A．劳务报酬所得按月征收

B．劳务报酬所得按次征收

C．如果在同一活动中，个人兼有不同的劳务报酬得，则应合并各项所得统一纳税

D．凡属于同一项目连续性收入的，以一个月内取得的收入为一次，据以确定应纳税所得额

5．我国现行个人所得税的申报纳税方式有（　　）。

A．本人直接申报纳税　　B．委托他人代为申报纳税

C．邮寄申报纳税　　D．电话申报纳税

6．下列说法中，符合个人所得税法规定的有（　　）。

A．特许权使用费所得以每项收入扣除20%费用后的余额作为应纳税所得额

B．利息、股息、红利所得以每次收入额作为应纳税所得额

C．财产转让所得以每次转让财产取得的收入额减除财产原值和合理费用后的余额作为应纳税所得额

D．偶然所得以每次收入额减除必要费用后的余额作为应纳税所得额

7．对个人取得的下列利息，应当计征个人所得税的有（　　）。

A．购买财政部发行的重点建设债券取得的利息

B．将款项借给单位取得的利息.

C．参与集资取得的利息

D．购买国库券取得的利息

8．按照个人所得税法的规定，下列说法中正确的有（　　）。

A．劳务报酬所得，以一个月内取得的收入为一次

B．稿酬所得，以每次出版．发表取得的收入为一次

C．财产租赁所得，以一个月内取得的收入为一次

D．偶然所得，以每次取得该项收入为一次

9．纳税人取得的下列（　　）所得，应按我国税法规定缴纳个人所得税。

A．某中国公民境内有住所，在境外取得的外币存款利息

B．某中国公司被派往香港工作取得工资、薪金所得

C．某外国作家将其作品在中国出版取得的所得

D．外籍个人从外方投资企业取得的股息、红利所得

10．个人所得税自行申报的纳税义务人有（　　）。

A．从两处或两处以上取得工薪所得的

B．取得应税所得，没有扣缴义务人的

C．多笔所得属于一次劳务报酬所得、稿酬所得、特许权使用费所得、财产租赁所得的

D．取得应纳税所得，扣缴义务人未按规定扣缴税款的

三、判断题（正确的打“√”，错误的打“×”）

（　　）1．在中国境内无住所，或者居住不满一年的个人属于非居民纳税人。

（　　）2．个人取得的储蓄存款利息、国债和国家发行的金融债券利息免征个人所得税。

（　　）3．个人取得不同项目劳务报酬所得的，应当合并为一次所得计算缴纳个人所得税。

（　　）4．个人购买社会福利奖券中奖的收入，免征个人所得税。

（　　）5．个人直接向灾区的捐赠，未超过纳税人申报的应纳税所得 30%以内的部分，可从其应纳税所得额中扣除。

（　　）6．对中国科学院院士和中国工程院院士津贴免征个人所得税。

（　　）7．个人获得的省级人民政府颁发的科学、教育、科技、文化、卫生、体育、环境保护等方面的奖金免征个人所得税。

（　　）8．在中国境内无住所，但是在一个纳税年度中在中国境内连续或累计居住不超过 90 日的个人，其来源于中国境内的所得，由境外雇主支付并且不由该雇主在中国境内的机构、场所负担的部分，免予缴纳个人所得税。

（　　）9．个人转让自用达 5 年以上的家庭生活用房取得的所得，免征个人所得税。

（　　）10．同一作品先在报刊上连载，然后再出版，两次稿酬所得可视为一次合并申报缴纳个人所得税。

四、计算题

1．某个体户 2016 年取得生产经营收入 43 000 元，经税务机关核定准予扣除的成本、费用、税金及损失为 21 000 元，计算该个体户 2016 年应纳的个人所得税。

2．某中国公民张强 2016 年开始承包一单位食堂，承包期为 2 年，按合同规定，

张强每年向该单位缴纳承包费 50 000 元。2016 年该食堂取得经营利润 108 000 元，请计算张强 2016 年应纳的个人所得税。

3．工程师李某、刘某共同为某项工程进行设计，工程完工取得报酬 9 500 元，其中李某分得 6 000 元，刘某分得 3 500 元，请计算李某、刘某各自应纳的个人所得税。

4．马小云于 2016 年 7 月转让给本市某企业一辆汽车，获得收入 40 000 元，当初购车时花了 28 000 元，在转让过程中，共支付费用 480 元，请计算马小云转让汽车收入应纳的个人所得税。

5．高级工程师刘某为大华公司进行一项工程设计，按照合同规定，公司应支付刘某的劳务报酬为 54 000 元，与其报酬相关的个人所得税由公司代付。请计算公司应代付的个人所得税税额。

6．某工厂职工张某 12 月取得当月工资 4 000 元，同时取得年终奖 52 000 元。根据以上资料回答下列问题：

（1）请计算张某 12 月工资、薪金的应纳税额。

（2）请计算张某年终奖金的应纳税额。

7．中国专家刘洋，在 2016 年 2 月被派往中国境内的外商投资企业工作，当月该外商投资企业支付其工资 5 000 元，另外，刘洋还收到其派遣单位发给的工资 3 600 元，请计算刘洋 2016 年 2 月应纳的个人所得税。

8．某演员参加一商业演出，取得演出收入 46 000 元，该演员从收入中拿出 20 000 元通过教育部门向希望小学捐赠，请计算该演员应纳的个人所得税。

9．某出版社出版张某编著的图书，合同规定采用基本稿酬加印数稿酬的支付方式。2016 年 5 月该图书出版发行，出版社向张某支付基本稿酬加印数稿酬合计 12 000 元。11 月出版社加印该书，支付印数稿酬 2 000 元。根据上述资料回答下列问题：

（1）出版社在向张某支付基本稿酬时，其实际应缴纳的税额。

（2）出版社加印后再付稿酬，其应缴纳的税额。

（3）出版社应扣张某的个人所得税税额。

10．中国公民王某为一外商投资企业的高级职员，某年度其收入情况如下：（1）单位每月支付工资、薪金 16 900 元；（2）取得股票转让收益 100 000 元；（3）从 A 国取得特许权使用费收入折合人民币 18 000 元，并提供了来源国纳税凭证，纳税折合人民币 1 800 元；（4）购物中奖获得奖金 20 000 元；（5）受托为某单位做工程设计，历时 3 个月，共取得工程设计费 40 000 元。要求：计算王某全年应缴纳的个人所得税税额。

项目八

其他税涉税实务

学习目标

知识目标：了解几大类税制基本要素的规定；掌握各税种应纳税额计算和会计处理方法及纳税申报工作。

技能目标：能够运用税法的基本知识、会计的基本技能和相关规定进行纳税申报。

素质目标：通过学习税收知识、树立观念、培养习惯，正确理解社会主义税收“取之于民，用之于民”的本质，树立依法纳税光荣，偷逃税款可耻的税收荣辱观。

重难点：城市维护建设税等其他相关税种的有关计算、会计处理及纳税申报工作。

任务一　资源税制

案例导入

资源税改革。

《财政部、国家税务总局关于全面推进资源税改革的通知》(财税[2016]53 号)规定，自 2016 年 7 月 1 日起全面实施资源税改革。这次改革，扩大资源税征收范围，开展水资源税改革试点工作，对《资源税税目税率幅度表》中列举名称的 21 种资源品目和未列举名称的其他金属矿实行从价计征，计税依据由原矿销售量调整为原矿、精矿(或原矿加工品)、氯化钠初级产品或金锭的销售额。对经营分散、多为现金交易且难以控管的黏土、砂石，按照便利征管原则，仍实行从量定额计征。对《资源税税目税率幅度表》中未列举名称的其他非金属矿产品，按照从价计征为主、从量计征为辅的原则，由省级人民政府确定计征方式。在实施资源税从价计征改革的同时，将全部资源品目矿产资源补偿费费率降为零，停止征收价格调节基金，取缔地方针对矿产资源违规设立的各种收费基金项目。

一、资源税

资源税是以各种应税自然资源为课税对象、为了调节资源级差收入并体现国有资源有偿使用而征收的一种税。

(一)纳税义务人

资源税的纳税义务人是指在中华人民共和国境内开采应税资源的矿产品或者生产盐的单位和个人。

单位是指国有企业、集体企业、私营企业、股份制企业、其他企业和行政单位、事业单位、军事单位、社会团体及其他单位；个人是指个体经营者和其他个人；其他单位和其他个人包括外商投资企业、外国企业及外籍人员。

中外合作开采石油、天然气，按照现行规定只征收矿区使用费，暂不征收资源税。因此，中外合作开采石油、天然气的企业不是资源税的纳税义务人。

(二)税目、单位税额

1. 税目

资源税税目包括 7 大类，具体包括原油、天然气、煤炭、其他非金属矿原矿、黑色金属矿原矿、有色金属矿原矿和盐。

重要提示

纳税人在开采主矿产品的过程中伴采的其他应税矿产品，凡未单独规定适用税额的，一律按主矿产品或视同主矿产品税目征收资源税。

未列举名称的其他非金属矿原矿和其他有色金属矿原矿，由省、自治区、直辖市人民政府决定征收或暂缓征收资源税，并报财政部和国家税务总局备案。

2. 税率

资源税采取从价定率或者从量定额的办法计征，分别以应税产品的销售额乘以纳税人具体适用的比例税率或者以应税产品的销售数量乘以纳税人具体适用的定额税率计算，实施“级差调节”的原则。资源税税目和税率表如 8-1 所示。

表 8-1 资源税税目、税率表

税目		征税对象	税率幅度
金属矿	铁矿	精矿	1%～6%
	金矿	金锭	1%～4%
	铜矿	精矿	2%～8%
	铝土矿	原矿	3%～9%
	铅锌矿	精矿	2%～6%
	镍矿	精矿	2%～6%
	锡矿	精矿	2%～6%
	未列举名称的其他金属矿产品	原矿或精矿	税率不超过 20%
非金属矿	石墨	精矿	3%～10%
	硅藻土	精矿	1%～6%
	高岭土	原矿	1%～6%
	萤石	精矿	1%～6%
	石灰石	原矿	1%～6%
	硫铁矿	精矿	1%～6%
	磷矿	原矿	3%～8%
	氯化钾	精矿	3%～8%
	硫酸钾	精矿	6%～12%
	井矿盐	氯化钠初级产品	1%～6%
	湖盐	氯化钠初级产品	1%～6%
	提取地下卤水晒制的盐	氯化钠初级产品	3%～15%
	煤层（成）气	原矿	1%～2%
	黏土、砂石	原矿	每吨或立方米 0.1～5 元

续表

税目		征税对象	税率幅度
	未列举名称的其他非金属矿产品	原矿或精矿	从量税率每吨或立方米不超过 30 元；从价税率不超过 20%
海盐		氯化钠初级产品	1%～5%
备注：① 铝土矿包括耐火级矾土、研磨级矾土等高铝黏土。② 氯化钠初级产品是指井矿盐、湖盐原盐、提取地下卤水晒制的盐和海盐原盐，包括固体和液体形态的初级产品。③ 海盐是指海水晒制的盐，不包括提取地下卤水晒制的盐			

重要提示

纳税人开采或者生产不同税目应税产品的，应当分别核算不同税目应税产品的销售额或者销售数量；未分别核算或者不能准确提供不同税目应税产品的销售额或者销售数量的，从高适用税率。

即学即思

下列各项中，属于资源税纳税义务的人有（　　）。

A. 进口盐的外贸企业　　B. 开采原煤的私营企业

C. 生产盐的外商投资企业　　D. 中外合作开采石油的企业

答案：B、C。资源税的纳税义务人是指在中华人民共和国境内开采应税资源的矿产品或者生产盐的单位和个人。

（三）计税依据和应纳税额的计算

1. 计税依据

（1）从价定率征收的计税依据——销售额。

销售额为纳税人销售应税产品（煤炭、原油、天然气）向购买方收取的全部价款和价外费用（如违约金、优质费等），但不包括收取的增值税销项税额。

（2）从量定额征收的计税依据——销售数量。

销售数量包括纳税人开采或者生产应税产品的实际销售数量和视同销售的自用数量。

2. 应纳税额的计算

资源税应纳税额的计算公式如表 8-2 所示。

重要提示

（1）以初级矿产品作为课税数量。

（2）与增值税之间的关系：应税矿产品也要交增值税，按价格交；大部分矿产品按数量交资源税（只对初级矿产品）。

两税区别：①征税范围不同；②环节不同；③和价格的关系不同；④计税方法不同。

表8-2 应纳税额的计算

计税方法	计算公式	适用范围
从量定额征收	应纳税额=课税数量×单位税额	其他非金属矿原矿、黑色金属矿原矿、有色金属矿原矿、盐
从价定率征收	应纳税额=（不含增值税）销售额×税率	煤炭、原油、天然气

例题8-1

某油田2016年9月销售原油20 000吨，开具增值税专用发票取得销售额10 000万元、增值税税额1 700万元，按《资源税税目税额明细表》的规定，其适用的税率为8%。计算该油田9月应纳资源税税额。

答案：应纳税额=（不含增值税）销售额×税率=100 00×6%=600（万元）

（四）资源税的会计处理

1. 账户设置

应设置“应交税费——应交资源税”账户，贷方核算本期应缴纳的资源税税额，借方核算实际缴纳数额或按规定允许抵扣的数额，期末贷方余额表示企业应交未而交的资源税税额。

2. 会计处理

企业按规定计算出销售应税产品应交的资源税。

借：税金及附加

　　贷：应交税费——应交资源税

企业计算出自产自用的应税产品应交的资源税。

借：生产成本、制造费用等

　　贷：应交税费——应交资源税

例题8-2

某企业将自产的煤炭1 000吨用于产品生产，计税价格100 000元，税率2%。根据该项经济业务，企业应如何进行账务处理？

答案：自产自用煤炭应交的资源税=100 000×2%=2 000（元）

借：生产成本　　　　　　　　　　　　　　　　　　　　2 000

　　贷：应交税费——应交资源税　　　　　　　　　　　　　　2 000

（五）纳税申报

1. 纳税时间

（1）纳税人销售应税产品，其纳税义务发生时间如下。

① 纳税人采取分期收款结算方式的，其纳税义务发生时间为销售合同规定的收款日期的当天。

② 纳税人采取预收货款结算方式的，其纳税义务发生时间为发出应税产品的当天。

③ 纳税人采取其他结算方式的，其纳税义务发生时间为收讫销售款或者取得索取销售款凭据的当天。

（2）纳税人自产自用应税产品的纳税义务发生时间为移送使用应税产品的当天。

（3）扣缴义务人代扣代缴税款的纳税义务发生时间为支付首笔货款或者开具应支付货款凭据的当天。

2. 纳税期限

（1）纳税期限是纳税人发生纳税义务后缴纳税款的期限。

资源税的纳税期限为 1 日、3 日、5 日、10 日、15 日或者 1 个月，纳税人的纳税期限由主管税务机关根据实际情况具体核定。不能按固定期限计算纳税的，可以按次计算纳税。

（2）纳税人以 1 个月为一期纳税的，自期满之日起 10 日内申报纳税；以 1 日、3 日、5 日、10 日或者 15 日为一期纳税的，自期满之日起 5 日内预缴税款，于次月 1 日起 10 日内申报纳税并结清上月税款。

重要提示

资源税在应税产品的销售或自用环节计算缴纳。以自采原矿加工精矿产品的，在原矿移送使用时不缴纳资源税，在精矿销售或自用时缴纳资源税。

3. 纳税地点

（1）凡是缴纳资源税的纳税人，都应当向应税产品的开采或者生产所在地主管税务机关缴纳税款。

（2）如果纳税人在本省、自治区、直辖市范围内开采或者生产应税产品，其纳税地点需要调整的，由所在地省、自治区、直辖市税务机关决定。

（3）如果纳税人应纳的资源税属于跨省开采，其下属生产单位与核算单位不在同一省、自治区、直辖市的，对其开采的矿产品一律在开采地纳税，其应纳税款由独立核算、自负盈亏的单位，按照开采地的实际销售量（或者自用量）及适用的单位税额计算划拨。

（4）扣缴义务人代扣代缴的资源税，也应当向收购地主管税务机关缴纳。

4. 关于原油、天然气资源税优惠政策

（1）对依法在建筑物下、铁路下、水体下通过充填开采方式采出的矿产资源，资源税减征 50%。

重要提示

充填开采是指随着回采工作面的推进，向采空区或离层带等空间充填废石、尾矿、废渣、建筑废料，以及专用充填合格材料等采出矿产品的开采方法。

（2）对实际开采年限在 15 年以上的衰竭期矿山开采的矿产资源，资源税减征 30%。

重要提示

衰竭期矿山是指剩余可采储量下降到原设计可采储量的 20%（含）以下或剩余服务年限不超过 5 年的矿山，以开采企业下属的单个矿山为单位确定。

（3）对鼓励利用的低品位矿、废石、尾矿、废渣、废水、废气等提取的矿产品，由省级人民政府根据实际情况确定是否给予减税或免税。

（4）关于共伴生矿产的征免税的处理

为促进共伴生矿的综合利用，纳税人开采销售共伴生矿产，共伴生矿产与主矿产品销售额分开核算的，对共伴生矿产暂不计征资源税；没有分开核算的，共伴生矿产按主矿产品的税目和适用税率计征资源税。财政部、国家税务总局另有规定的，从其规定。

重要提示

纳税人在 2016 年 7 月 1 日前开采原矿或以自采原矿加工精矿，在 2016 年 7 月 1 日后销售的，按规定缴纳资源税；2016 年 7 月 1 日前签订的销售应税产品的合同，在 2016 年 7 月 1 日后收讫销售款或者取得索取销售款凭据的，按规定缴纳资源税；在 2016 年 7 月 1 日后销售的精矿（或金锭），其所用原矿（或金精矿）如已按从量定额的计征方式缴纳了资源税，并与应税精矿（或金锭）分别核算的，不再缴纳资源税；对在 2016 年 7 月 1 日前已按原矿销量缴纳过资源税的尾矿、废渣、废水、废石、废气等实行再利用，从中提取的矿产品，不再缴纳资源税。

5. 纳税申报

填写“资源税纳税申报表”，如表 8-3 所示。

表 8-3　资源税纳税申报表

根据国家税收法律、法规及资源税有关规定制定本表。纳税人不论有无销售额，均应按照税务机关核定的纳税期限填写本表，并向当地税务机关申报。税款所属时间：自　　年　月　日至　　年　月　日

填表日期：　　年　月　日　　　　　　　　　　金额单位：元至角分

<table>
<tr><td colspan="4">纳税人识别号</td><td colspan="7"></td></tr>
<tr><td>纳税人名称</td><td colspan="3">（公章）</td><td colspan="2">法定代表人姓名</td><td></td><td>注册地址</td><td></td><td>生产经营地址</td><td></td></tr>
<tr><td>开户银行及账号</td><td colspan="3"></td><td colspan="2">登记注册类型</td><td colspan="2"></td><td>电话号码</td><td colspan="2"></td></tr>
<tr><td>税目</td><td>子目</td><td>折算率或换算比</td><td>计量单位</td><td>计税销售量</td><td>计税销售额</td><td>适用税率</td><td>本期应纳税额</td><td>本期减免税额</td><td>本期已缴税额</td><td>本期应补（退）税额</td></tr>
<tr><td>1</td><td>2</td><td>3</td><td>4</td><td>5</td><td>6</td><td>7</td><td>8①=6×7；
8②=5×7</td><td>9</td><td>10</td><td>11=8−9−10</td></tr>
<tr><td></td><td></td><td></td><td></td><td></td><td></td><td></td><td></td><td></td><td></td><td></td></tr>
<tr><td></td><td></td><td></td><td></td><td></td><td></td><td></td><td></td><td></td><td></td><td></td></tr>
<tr><td></td><td></td><td></td><td></td><td></td><td></td><td></td><td></td><td></td><td></td><td></td></tr>
<tr><td></td><td></td><td></td><td></td><td></td><td></td><td></td><td></td><td></td><td></td><td></td></tr>
<tr><td>合　计</td><td>—</td><td>—</td><td>—</td><td></td><td></td><td>—</td><td></td><td></td><td></td><td></td></tr>
<tr><td>授权声明</td><td colspan="6">如果你已委托代理人申报，请填写下列资料：
为代理一切税务事宜，现授权　　　　（地址）
为本纳税人的代理申报人，任何与本申报表有关的往来文件，都可寄予此人。
授权人签字：</td><td>申报人声明</td><td colspan="3">本纳税申报表是根据国家税收法律、法规及相关规定填写的，我确定它是真实的、可靠的、完整的。
声明人签字：</td></tr>
</table>

主管税务机关：　　　　　　　　接收人：　　　　　　　　接收日期：　　年　月　日

本表一式两份，一份纳税人留存，一份税务机关留存。

二、城镇土地使用税

案例导入

企业办的学校、医院、托儿所、幼儿园自用的土地，以及企业厂区（包括生产、办公及生活区）以内的绿化用地是否都要缴纳城镇土地使用税？

【案例解析】 税法规定，企业办的学校、医院、托儿所、幼儿园自用的土地，比照由国家财政部门拨付事业经费的单位自用的土地，免征城镇土地使用税；对企

业厂区（包括生产、办公及生活区）以内的绿化用地，应按规定缴纳城镇土地使用税，厂区以外的公共绿化用地和向社会开放的公园用地，暂免征收城镇土地使用税。

城镇土地使用税是以国有土地为征税对象，对拥有土地使用权的单位和个人征收的一种税。

（一）纳税义务人与征税范围

1. 纳税义务人

城镇土地使用税的纳税义务人包括内资企业、外商投资企业和外国企业在华机构、事业单位、社会团体、国家机关、军队及其他单位，个体工商户及个人也是纳税人。

2. 征税范围

城镇土地使用税的征税范围是城市、县城、建制镇和工矿区内属于国家所有和集体所有的土地，不包括农村集体所有的土地。

重要提示

公园、名胜古迹内的索道公司经营用地，应按规定缴纳城镇土地使用税。

（二）税率、计税依据和应纳税额的计算

1. 税率

城镇土地使用税的税率采用有幅度的定额税率，是该土地所在地段的税率，如表8-4所示。

表8-4　城镇土地使用税税率

级　别	人口（人）	每平方米税额（元）
大城市	50万以上	1.5～30
中等城市	20～50万	1.2～24
小城市	20万以下	0.9～18
县城、建制镇、工矿区		0.6～12

重要提示

（1）城镇土地使用税单位税额有较大差别。最高与最低税额之间相差50倍，同一地区最高与最低税额之间相差20倍。

（2）经济落后地区，税额可适当降低，但降低额不得超过税率表中规定的最低税额的30%。经济发达地区的适用税额可适当提高，但需报财政部批准。

2. 计税依据——实际占用的土地面积

（1）以测定面积为计税依据，适用于由省、自治区、直辖市人民政府确定的单位组织测定土地面积的纳税人。

（2）以证书确认的土地面积为计税依据，适用于尚未组织测量土地面积，但持有政府部门核发的土地使用证书的纳税人。

（3）以申报的土地面积为计税依据，适用于尚未核发土地使用证书的纳税人。

3. 应纳税额的计算

城镇土地使用税的应纳税额可以通过纳税人实际占用的土地面积乘以该土地所在地段的适用税额求得。其计算公式为：

全年应纳税额=实际占用应税土地面积（平方米）×适用税额

例题 8-3

设在某城市的一家企业使用土地面积为 10 000 平方米，经税务机关核定，该土地为应税土地，每平方米年税额为 4 元。计算全年应纳的城镇土地使用税税额。

答案：全年应纳城镇土地使用税税额=10 000×4=40 000（元）

（三）会计处理

城镇土地使用税是国家为了合理利用城镇土地，调节土地级差收入，提高土地使用效益，加强土地管理而开征的一种税。

以纳税人实际占用的土地面积为计税依据，期末按规定计算当期应纳城镇土地使用税时。

借：管理费用

　　贷：应交税费——应交城镇土地使用税

申报缴纳土地使用税时。

借：应交税费——应交城镇土地使用税

　　贷：银行存款

（四）征收管理

1. 纳税期限

城镇土地使用税实行按年计算、分期缴纳的征收方法，具体纳税期限由省、自治区、直辖市人民政府确定。

2. 纳税义务发生时间

（1）纳税人购置新建商品房，自房屋交付使用之次月起，缴纳城镇土地使用税。

（2）纳税人购置存量房，自办理房屋权属转移、变更登记手续，房地产权属记机关签发房屋权属证书之次月起，缴纳城镇土地使用税。

（3）纳税人出租、出借房产，自交付出租、出借房产之次月起，缴纳城镇土使用税。

（4）以出让或转让方式有偿取得土地使用权的，应由受让方从合同约定交和地时间的次月起缴纳城镇土地使用税；合同未约定交付时间的，由受让方从合同签订的次月起缴纳城镇土地使用税。

（5）纳税人新征用的耕地，自批准征用之日起满 1 年时开始缴纳城镇土地使用税。

（6）纳税人新征用的非耕地，自批准征用次月起缴纳城镇土地使用税。

3. 纳税地点和征收机构

城镇土地使用税在土地所在地缴纳。

纳税人使用的土地不属于同一省、自治区、直辖市管辖的，由纳税人分别向土地所在地的税务机关缴纳城镇土地使用税；在同一省、自治区、直辖市管辖范围内，纳税人跨地区使用的土地，其纳税地点由各省、自治区、直辖市地方税务局确定。

4. 纳税申报

城镇土地使用税的纳税人应按照条例的有关规定及时办理纳税申报，并如实填写“城镇土地使用税纳税申报表”（见表 8-5）。

表 8-5　城镇土地使用税纳税申报表

填表日期：　年　月　日

<table>
<tr><td colspan="11">纳税人识别号：</td><td colspan="4">金额单位：元（列至角分）</td></tr>
<tr><td colspan="10">纳税人名称</td><td colspan="5">税款所属时期</td></tr>
<tr><td colspan="15">房产坐落地点</td></tr>
<tr><td rowspan="2">坐落地点</td><td rowspan="2">上期占地面积</td><td rowspan="2">本期增减</td><td rowspan="2">本期实际占地面积</td><td rowspan="2">法定免税面积</td><td rowspan="2">应税面积</td><td colspan="2">土地等级</td><td colspan="2">适用税额</td><td rowspan="2">全年应缴税额</td><td rowspan="2">缴纳次数</td><td colspan="3">本期</td></tr>
<tr><td>I</td><td>II</td><td>I</td><td>II</td><td>每次应纳税额</td><td>已纳税额</td><td>应补（退）税额</td></tr>
<tr><td>1</td><td>2</td><td>3</td><td>4=2+3</td><td>5</td><td>6=4−5</td><td>7</td><td>8</td><td>9</td><td>10</td><td>11=6×9 或 10</td><td>12</td><td>13=11÷12</td><td>14</td><td>15=11−14</td></tr>
<tr><td></td><td></td><td></td><td></td><td></td><td></td><td></td><td></td><td></td><td></td><td></td><td></td><td></td><td></td><td></td></tr>
<tr><td></td><td></td><td></td><td></td><td></td><td></td><td></td><td></td><td></td><td></td><td></td><td></td><td></td><td></td><td></td></tr>
<tr><td></td><td></td><td></td><td></td><td></td><td></td><td></td><td></td><td></td><td></td><td></td><td></td><td></td><td></td><td></td></tr>
<tr><td>合计</td><td></td><td></td><td></td><td></td><td></td><td></td><td></td><td></td><td></td><td></td><td></td><td></td><td></td><td></td></tr>
</table>

续表

<table>
<tr><td colspan="2">如纳税人填报，由纳税人填写以下各栏</td><td colspan="4">如委托代理人填报，由代理人填写以下各栏</td><td>备注</td></tr>
<tr><td rowspan="3">会计主管
（签章）</td><td rowspan="3">纳税人
（公章）</td><td>代理人名称</td><td></td><td colspan="2" rowspan="2">代理人
（公章）</td><td rowspan="2"></td></tr>
<tr><td>代理人地址</td><td></td></tr>
<tr><td>经办人姓名</td><td></td><td>电话</td><td></td><td></td></tr>
<tr><td colspan="7">以下由税务机关填写</td></tr>
<tr><td colspan="2">收到申报表日期</td><td colspan="2"></td><td>接收人</td><td colspan="2"></td></tr>
</table>

三、耕地占用税

案例导入

为了规范和加强耕地占用税管理，提高耕地占用税管理水平，根据《中华人民共和国税收征收管理法》及其实施细则、《中华人民共和国耕地占用税暂行条例》及其实施细则及相关法律、法规，国家税务总局2016年1月15日发布了《耕地占用税管理规程（试行）》的公告，并规定公告自发布之日起开始执行。

耕地占用税是对占用耕地建房或从事其他非农业建设的单位和个人，就其实际占用的耕地面积征收的一种税，它属于对特定土地资源占用课税。

（一）纳税义务人与征税范围

1. 纳税义务人

耕地占用税的纳税义务人，是占用耕地建房或从事非农业建设的单位和个人。

2. 征税范围

耕地占用税的征税范围包括建房或从事其他非农业建设而占用的国家所有和集体所有的耕地。属于耕地占用税征税范围的土地（以下简称应税土地）包括：①耕地；②园地；③林地、牧草地、农田水利用地、养殖水面及渔业水域滩涂等其他农用地；④草地、苇田。

重要提示

（1）耕地是指种植农业作物的土地。（2）占用鱼塘及其他农用土地建房或从事其他非农业建设，也视同占用耕地，必须依法征收耕地占用税。（3）在占用之前3年内属于上述范围的耕地或农用土地，也视为耕地。

（二）税率、计税依据、应纳税额的计算

1. 税率

耕地占用税实行地区差别定额税率：每平方米5～50元。经济特区、经济技术

开发区和经济发达、人均耕地特别少的地区，适用税额可以适当提高，但最多不得超过上述规定税额的 50%。税率规定如下：

（1）人均耕地不超过 1 亩的地区（以县级行政区域为单位，下同），每平方米为 10～50 元。

（2）人均耕地超过 1 亩但不超过 2 亩的地区，每平方米为 8～40 元。

（3）人均耕地超过 2 亩但不超过 3 亩的地区，每平方米 6～30 元。

（4）人均耕地超过 3 亩以上的地区，每平方米 5～25 元。

各省、自治区、直辖市耕地占用税平均税额如表 8-6 所示。

表 8-6　各省、自治区、直辖市耕地占用税平均税额　　单位：元

地　区	每平方米平均税额
上海	45
北京	40
天津	35
江苏、浙江、福建、广东	30
辽宁、湖北、湖南	25
河北、安徽、江西、山东、河南、重庆、四川	22.5
广西、海南、贵州、云南、陕西	20
山西、吉林、黑龙江	17.5
内蒙古、西藏、甘肃、青海、宁夏、新疆	12.5

例题 8-4

经济特区、经济技术开发区和经济发达、人均耕地特别少的地区，耕地占用税的适用税额可以适当提高，但提高幅度最多不得超过规定税额的一定比例。这一比例是（　　）。

A. 20%　　B. 30%　　C. 50%　　D. 100%

答案：C。

2. 计税依据

耕地占用税以纳税人占用耕地的面积为计税依据，以每平方米土地为计量单位。

3. 应纳税额计算

耕地占用税以纳税人实际占用的耕地面积为计税依据，以每平方米土地为计税单位，按适用的定额税率计税。其计算公式为：

应纳税额=应税土地面积×适用定额税率

例题 8-5

假设某市一家企业新占用 19 800 平方米耕地用于工业建设，所占耕地适用的定额税率为 20 元/平方米。计算该企业应纳的耕地占用税。

答案：应纳税额=19 800×20=396 000（元）

（三）会计处理

耕地占用税是国家为了利用土地资源，加强土地管理，保护家用耕地而征收的一种税。耕地占用税以实际占用的耕地面积计税，按照规定税额一次征收。企业交纳的耕地占用税，不需要通过“应交税费”科目核算。企业按规定计算交纳耕地占用税时，借记“在建工程”科目，贷记“银行存款”科目。

（四）征收管理

（1）耕地占用税由地方税务机关负责征收。

（2）获准占用耕地的单位或者个人应当在收到土地管理部门的通知之日起 30 日内缴纳耕地占用税。

（3）其他。

① 纳税人临时占用耕地，应当依照规定缴纳耕地占用税。纳税人在批准临时占用耕地的期限内恢复所占用耕地原状的，全额退还已经缴纳的耕地占用税。

② 占用林地、牧草地、农田水利用地、养殖水面及渔业水域滩涂等其他农用地建房或者从事非农业建设的，比照条例的规定征收耕地占用税。

③ 因为建设直接为农业生产服务的生产设施而占用前款规定的农用地的，不征收耕地占用税。

四、土地增值税

案例导入

“个人因工作调动或改善居住条件而转让原自用住房，经向税务机关申报审核，凡居住满 3 年或 3 年以上的，免征土地增值税。”这句话对吗?

【案例解析】 错。个人因工作调动或改善居住条件而转让原自用住房，经向税务机关申报核准，凡居住满 5 年或 5 年以上的，免予征收土地增值税；居住满 3 年未满 5 年的，减半征收土地增值税。

（一）土地增值税概述

土地增值税是对转让国有土地使用权、地上建筑物及其他附着物的单位和个人，就其转让房地产取得的增值性收入征收的一种税。

我国现行土地增值税的特点是：以转让房地产取得的增值额为征税对象；实行超率累进税率；按次征收。

1. 纳税人

土地增值税的纳税人为转让国有土地使用权、地上建筑物及其附着物并取得收入的单位和个人。包括各类企业单位、事业单位、个体工商业户及其他单位和个人。外商投资企业、外国企业、外国驻华机构、外国公民、华侨，以及港澳台同胞等，只要在我国境内转让房地产并取得收入，就是土地增值税的纳税人。

重要提示

土地增值税的纳税人一般分为两大类，一类是从事房地产开发的纳税人，即通常所说的房地产开发公司；另一类是其他的纳税人。

2. 征税对象

土地增值税的征税对象是转让国有土地使用权、地上的建筑物及其附着物所取得的增值额。增值额为纳税人转让房地产的收入减除规定的扣除项目金额后的余额。

3. 征税范围

土地增值税的征税范围包括转让国有土地使用权；地上的建筑物及其附着物连同国有土地使用权一并转让。

4. 税率

土地增值税采用四级超率累进税率，如表 8-7 所示。

表 8-7 土地增值税四级超率累进税率表

级 数	增值额与扣除项目金额的比例	税率（%）	速算扣除数
1	未超过 50%的部分	30%	0
2	超过 50%～100%的部分	40%	5
3	超过 100%～200%的部分	50%	15
4	超过 200%的部分	60%	35

重要提示

上述所列四级超率累进税率，每级"增值额未超过扣除项目金额"的比例，均包括本比例数。

5. 计税依据

土地增值税的计税依据为纳税人转让房地产所取得的土地增值额，即转让房地产所取得的收入减除规定的扣除项目金额后的余额。其确定方法有余额计算法和价格评估法两种。

（1）余额计算法：是以转让房地产所取得的全部收入减除规定的扣除项目金额后的余额为计税依据，适用于新建房地产转让。

（2）价格评估法：是以转让房地产或扣除项目的评估价格为计税依据，适用于存量房地产转让。

（二）土地增值税应纳税额的计算

土地增值税按照纳税人转让房地产所取得的增值额和规定的税率计算征收。

土地增值额=房地产转让收入–扣除项目金额

1. 房地产转让收入

纳税人转让房地产取得的收入，包括转让房地产的全部有关的经济收益。从收入的形式来看，包括货币收入、实物收入和其他收入。

重要提示

“营改增”后，纳税人转让房地产的土地增值税应税收入不含增值税。

为方便纳税人，简化土地增值税预征税款计算，房地产开发企业采取预收款方式销售自行开发的房地产项目的，可按照以下方法计算土地增值税预征的计征依据：

土地增值税预征的计征依据=预收款–应预缴增值税税款

2. 扣除项目

（1）对于新建房地产转让，可扣除以下项目。

① 取得土地使用权所支付的金额，包括纳税人为取得土地使用权所支付的地价款和纳税人在取得土地使用权时按国家统一规定交纳的有关费用。

② 房地产开发成本。指纳税人在房地产开发项目中实际发生的成本，包括土地征用及拆迁补偿费、前期工程费、建筑安装工程费、基础设施费、公共配套设施费、开发间接费用。

③ 房地产开发费用。指与房地产开发项目有关的销售费用、管理费用和财务费用。

④ 与转让房地产有关的税金。指在转让房地产时缴纳印花税、城市维护建设税，

教育费附加也可视同税金扣除。但房地产开发企业缴纳的印花税列入管理费用，所以房地产开发企业缴纳的印花税不再单独扣除。

重要提示

“营改增”后，计算土地增值税增值额的扣除项目中“与转让房地产有关的税金”不包括增值税。房地产开发企业实际缴纳的城市维护建设税（以下简称城建税）、教育费附加，凡能够按清算项目准确计算的，允许据实扣除。凡不能按清算项目准确计算的，则按该清算项目预缴增值税时实际缴纳的城建税、教育费附加扣除。

⑤ 财政部规定的其他扣除项目。

对从事房地产开发的纳税人，可按取得土地使用权所支付的金额与房地产开发成本之和加计 20%来扣除：

加计扣除费用=(取得土地使用权支付的金额+房地产开发成本)×20%

（2）对于存量房地产转让，可以按以下扣除。

① 房屋及建筑物的评估价格。纳税人有下列情况之一的，需要对房地产进行评估，并以评估价格确定转让房地产收入，扣除项目的金额。

一是出售旧房及建筑物的；二是隐瞒、虚报房地产成产价格的；三是提供扣除项目金额不实的；四是转让房地产的成交价格低于房地产评估价格，又无正当理由的。

评估价格=重置成本价×成新度折扣率

② 取得土地使用权所支付的地价款和按国家统一规定交纳的有关费用。

③ 转让环节缴纳的税金。

重要提示

“营改增”后，纳税人转让旧房及建筑物，凡不能取得评估价格，但能提供购房发票的，按照《中华人民共和国土地增值税暂行条例》第六条第一、三项规定的扣除项目的金额以下列方法计算：

（一）提供的购房凭据为“营改增”前取得的营业税发票的，按照发票所载金额（不扣减营业税）并从购买年度起至转让年度止每年加计 5%计算。

（二）提供的购房凭据为“营改增”后取得的增值税普通发票的，按照发票所载价税合计金额从购买年度起至转让年度止每年加计 5%计算。

（三）提供的购房发票为“营改增”后取得的增值税专用发票的，按照发票所载不含增值税金额加上不允许抵扣的增值税进项税额之和，并从购买年度起至转让年度止每年加计 5%计算。

3. 关于“营改增”前后土地增值税清算的计算问题

房地产开发企业在“营改增”后进行房地产开发项目土地增值税清算时，按以下方法确定相关金额：

（1）土地增值税应税收入=“营改增”前转让房地产取得的收入+“营改增”后转让房地产取得的不含增值税收入

（2）与转让房地产有关的税金=“营改增”前实际缴纳的营业税、城建税、教育费附加+“营改增”后允许扣除的城建税、教育费附加

4. 应纳税额的计算

土地增值税应纳税额的计算公式，如表 8-8 所示。

表 8-8　土地增值税应纳税额的计算

级　次	计算公式
增值额未超过扣除项目金额 50%的部分	应纳税额=土地增值额×30%
增值额超过扣除项目金额 50%未超过 100%	应纳税额=土地增值额×40%–扣除项目金额×5%
增值额超过扣除项目金额 100%未超过 200%	应纳税额=土地增值额×50%–扣除项目金额×15%
增值额超过扣除项目金额 200%	应纳税额=土地增值额×60%–扣除项目金额×35%

最后将每一级的应纳税额相加，得到的总数就是纳税人应缴纳的土地增值税。

例题 8-6

某房地产开发公司出售一幢写字楼，收入总额为 10 000 万元。开发该写字楼有关支出为：支付地价款及各种费用 1 000 万元；房地产开发成本 3 000 万元；财务费用中的利息支出为 500 万元（可按转让项目计算分摊并提供金融机构证明），但其中有 50 万元属加罚的利息；转让环节缴纳的有关税费共计为 555 万元；该单位所在地政府规定的其他房地产开发费用计算扣除比例为 5%。试计算该房地产开发公司应纳的土地增值税。

答案：（1）取得土地使用权支付的地价款及有关费用为 1 000 万元。

（2）房地产开发成本为 3 000 万元。

（3）房地产开发费用=500–50+(1 000+3 000)×5%=650（万元）。

（4）允许扣除的税费为 555 万元。

（5）从事房地产开发的纳税人加计扣除 20%。

允许扣除额=（1 000+3 000）×20%=800（万元）。

（6）允许扣除的项目金额合计=1 000+3 000+650+555+800=6 005（万元）。

（7）增值额=10 000–6 005=3 995（万元）。

（8）增值率=3 995÷6 005×100%=66.53%。

（9）应纳税额=3 395×40%–6 005×5%=1 297.75（万元）。

（三）土地增值税的会计处理

1. 账户设置

应设置“应交税费——应交土地增值税”明细账户。贷方核算本期应缴纳的土地增值税税额，借方核算实际缴纳数额，贷方余额表示企业应交未交的土地增值税税额。

2. 会计处理

（1）主营房地产业务的企业。

计算应交土地增值税时。

借：税金及附加

　　贷：应交税费——应交土地增值税

实际缴纳时。

借：应交税费——应交土地增值税

　　贷：银行存款

（2）兼营房地产业务的企业。

计提应纳土地增值税税额时。

借：其他业务支出

　　贷：应交税费——应交土地增值税

实际缴纳时。

借：应交税费——应交土地增值税

　　贷：银行存款

（3）非房地产开发企业，转让国有土地使用权连同地上建筑物及其附着物时应纳土地增值税。

计提应纳的土地增值税时。

借：固定资产清理

贷：应交税费——应交土地增值税

实际缴纳时。

借：应交税费——应交土地增值税

贷：银行存款

（四）土地增值税的纳税申报

1. 纳税期限及地点

纳税人应在转让房地产合同签订后的 7 日内，到房地产所在地主管税务机关办理纳税申报，并提供房屋及建筑物产权、土地使用权证书，土地转让、房产买卖合同，房地产评估报告，与转让房地产有关的税金的完税证明，其他与转让房地产有关的资料。

2. 土地增值税的纳税申报

为加强土地增值税规范化管理，国家税务总局 2016 年 7 月发布关于修订土地增值税纳税申报表的通知，修订土地增值税纳税申报表，增加“土地增值税项目登记表”（见表 8-9）及相关 7 张纳税申报表。非从事房地产开发纳税人的“土地增值税纳税申报表”（见表 8-10）。

表 8-9　土地增值税项目登记表

（从事房地产开发的纳税人适用）

纳税人识别号：　　　　　纳税人名称：　　　　　填表日期：　年　月　日

金额单位：元（列至角分）　　　　　面积单位：　平方米

项目名称		项目地址		业　别	
经济性质		主管部门			
开户银行		银行账号			
地　址		邮政编码		电　话	
土地使用权受让（行政划拨）合同号			受让（行政划拨）时间		
建设项目起讫时间		总预算成本		单位预算成本	
项目详细坐落地点					
开发土地总面积		开发建筑总面积		房地产转让合同名称	
转让次序	转让土地面积（按次填写）	转让建筑面积（按次填写）		转让合同签订日期（按次填写）	
第 1 次					
第 2 次					

续表

……					
备注					
以下由纳税人填写：					
纳税人声明	此纳税申报表是根据《中华人民共和国土地增值税暂行条例》及其实施细则和国家有关税收规定填报的，是真实的、可靠的、完整的。				
纳税人签章		代理人签章		代理人身份证号	
以下由税务机关填写：					
受理人		受理日期	年　月　日	受理税务机关签章	

填表说明：

1．本表适用于从事房地产开发与建设的纳税人，在立项后及每次转让时填报。

2．凡从事新建房及配套设施开发的纳税人，均应在规定的期限内，据实向主管税务机关填报本表所列内容。

3．本表栏目的内容如果没有，可以空置不填。

4．纳税人在填报土地增值税项目登记表时，应同时向主管税务机关提交土地使用权受让合同、房地产转让合同等有关资料。

5．本表一式三份，送主管税务机关审核盖章后，两份由地方税务机关留存，一份退纳税人。

表 8-10　土地增值税纳税申报表

（非从事房地产开发的纳税人适用）

税款所属时间：　年　月　日至　　年　月　日　　　　填表日期：　年　月　日

金额单位：元（列至角分）　　　　　　　　　　　　　面积单位：平方米

纳税人识别号							
纳税人名称		项目名称		项目地址			
所属行业		登记注册类型		纳税人地址		邮政编码	
开户银行		银行账号		主管部门		电　话	

项　目			行次	金　额
一、转让房地产收入总额　1=2+3+4			1	
其中	货币收入		2	
	实物收入		3	
	其他收入		4	
二、扣除项目金额合计 （1）5=6+7+10+15 （2）5=11+12+14+15			5	
（1）提供评估价格	1．取得土地使用权所支付的金额		6	
	2．旧房及建筑物的评估价格 7=8×9		7	
	其中	旧房及建筑物的重置成本价	8	
		成新度折扣率	9	
	3．评估费用		10	

续表

（2）提供购房发票	1．购房发票金额	11	
	2．发票加计扣除金额 12=11×5%×13	12	
	其中：房产实际持有年数	13	
	3．购房契税	14	
	4．与转让房地产有关的税金等 15=16+17+18+19	15	
其中	营业税	16	
	城市维护建设税	17	
	印花税	18	
	教育费附加	19	
三、增值额 20=1–5		20	
四、增值额与扣除项目金额之比（%）21=20÷5		21	
五、适用税率（%）		22	
六、速算扣除系数（%）		23	
七、应缴土地增值税税额 24=20×22–5×23		24	
八、减免税额（减免性质代码：______________）		25	
九、已缴土地增值税税额		26	
十、应补（退）土地增值税税额　27=24–25–26		27	

以下由纳税人填写：					
纳税人声明	此纳税申报表是根据《中华人民共和国土地增值税暂行条例》及其实施细则和国家有关税收规定填报的，是真实的、可靠的、完整的。				
纳税人签章		代理人签章		代理人身份证号	
以下由税务机关填写：					
受理人		受理日期	年　月　日	受理税务机关签章	

本表一式两份，一份纳税人留存，一份税务机关留存。

课后练习

1．（单选题）下列各项中，应当征收土地增值税的是（　　）。

A．公司与公司之间互换房产　　B．房地产开发公司为客户代建房产

C．兼并企业从被兼并企业取得房产 D．双方合作建房后按比例分配自用房产

2．（单选题）甲企业为一般生产企业，下列有关甲企业的行为中，需要缴纳土地增值税的是（　　）。

A．甲企业向某银行借款 100 万元，以其自有的厂房作为抵押，厂房尚在抵押期间

B．甲企业将自有的一幢办公楼作价入股，投资给某商业企业

C．甲企业出地，某商业企业出资金，双方合作建造办公楼，建成分配后用于自

已使用

D. 甲企业用闲置的办公楼与乙企业交换厂房

3.（多选题）下列关于耕地占用税的表述中，正确的有（　　）。

A. 耕地占用税由财政局负责征收

B. 农村居民占用耕地新建住宅，按照当地适用税额减半征收耕地占用税

C. 建设直接为农业生产服务的生产设施占用林地的，不征收耕地占用税

D. 获准占用耕地的单位或个人，应在获准占用耕地之日起30日内缴纳耕地占用税

4. 2016年某企业土地使用证标明实际占地60 000平方米，厂区内厂医院占地800平方米，托儿所占地500平方米，将100平方米无偿提供给公安局派出所使用，厂区内还有600平方米绿地，向厂内外开放。该厂所在地区城镇土地使用税年税额为2元/平方米。计算该厂应缴纳的城镇土地使用税。

任务二　财产税类

一、房产税

案例导入

无锡市政府机关有办公用房一幢，房产价值2 000万元。2016年将其中的五分之一对外出租，取得租金收入200万元。已知无锡市统一规定计算房产余值时的扣除比例是30%，问市政府机关当年应纳的房产税为多少？

【案例解析】 因为政府机关办公用房属于免缴房产税的，所以只对出租部分计算缴纳房产税，应纳房产税税额=200万元×12%=24万元。

（一）房产税概述

房产税是以房产为征税对象，依据房产计税价值或房产租金收入向房产所有人或经营管理人等征收的一种税。房产税相关知识如表8-11所示。

表8-11　房产税相关知识

项　目	内　容
纳税义务人	一般规定：在我国城市、县城、建制镇和工矿区内拥有房屋产权的单位和个人。 特殊规定： （1）产权属国家所有的，由经营管理单位纳税；产权属集体和个人所有的，由集体单位和个人纳税。

续表

项　目	内　容	
纳税义务人	（2）产权出典的，由承典人纳税。 （3）产权所有人、承典人不在房屋所在地的，由房产代管人或者使用人纳税。 （4）产权未确定及租典纠纷未解决的，由房产代管人或者使用人纳税。 （5）无租使用其他房产的，由房产使用人纳税。 （6）外商投资企业、外国企业和组织及外籍个人，依照《中华人民共和国房产税暂行条例》缴纳房产税	
征税对象	有屋面和围护结构（有墙或两边有柱），能够遮风避雨，可供人们在其中生产、学习、工作、生活的房屋。 与房屋不可分割的各种附属设施或不单独计价的配套设施，也属于房屋，应一并征收房产税；但独立于房屋之外的建筑物（如水塔、围墙等）不属于房屋，不征房产税	
征税范围	城市、县城、建制镇和工矿区的房屋	
计税依据	从价计征	按房产原值一次减除10%～30%后的余值计征的，税率为1.2%
	从租计征	按房产出租的租金收入计征的，税率为12% 从2001年1月1日起，对个人按市场价格出租的居民住房，用于居住的，可暂减按4%的税率征收房产税

重要提示

房产税的征税范围不包括农村，这主要是为了减轻农民的负担。因为农村的房屋，除农副业生产用房外，大部分是农民居住用房。对农村房屋不纳入房产税征税范围，有利于农业发展，繁荣农村经济，有利于社会稳定。

（二）房产税应纳税额的计算

1. 计税依据

房产税的计税依据是房产的计税价值或房产的租金收入。按照房产计税价值征税的，称为从价计征；按照房产租金收入计征的，称为从租计征。

（1）从价计征。

从价计征的房产税，是以房产余值为计税依据。根据《房产税暂行条例》的规定。房产税依照房产原值一次减除 10%～30%后的余值计算缴纳。各地扣除比例由当地省、自治区、直辖市人民政府确定。

① 房产原值是指纳税人按照会计制度规定，在账簿“固定资产”科目中记载的房屋原价，包括与房屋不可分割的各种附属设备或一般不单独计算价值的配套设施。

② 纳税人对原有房屋进行改建、扩建的，要相应增加房屋的原值。对于更换房屋附属设备和配套设施的，在将其价值计入房产原值时，可扣减原来相应设备和设

施的价值；对附属设备和配套设施中易损坏、需要经常更换的零配件，更新后不再计入房产原值。

（2）从租计征。

《房产税暂行条例》规定，房产出租的，以房产租金收入为房产税的计税依据，包括货币收入和实物收入。“营改增”后房产出租的，计征房产税的租金收入不含增值税。

2. 应纳税额的计算

房产税的计算公式如表 8-12 所示。

表 8-12　房产税的计算公式

计 税 依 据	应纳税额计算
从价计征	应纳税额=应税房产原值×(1–扣除比例)×1.2%
从租计征	应纳税额=租金收入×12%（或 4%）

例题 8-7

某生产企业 2016 年 1 月 1 日的房产原值为 4 000 万元，2 月 1 日将其中原值为 2 000 万元的房屋出租，月租金 10 万元，当地政府规定的减除比例为 20%。适用税率为 1.2%。问该企业 1 月和 2 月应纳多少房产税？

答案：（1）1 月应纳房产税=4 000×(1–20%)×1.2%÷12=3.2（万元）

（2）2 月应纳房产税= [(4 000–2 000)×(1–20%)×1.2%+10×12×12%]÷12
=2.8（万元）

（三）房产税的会计处理

纳税人期末按规定计算当期应纳房产税时，借记“管理费用”科目，贷记“应交税费——应交房产税”科目；申报缴纳房产税时，借记“应交税费——应交房产税”科目，贷记“银行存款”科目。

根据例题 8-7 的资料，会计处理如下。

（1）1 月预提房产税。

借：管理费用　　32 000

　　贷：应交税费——应交房产税　　32 000

（2）2 月预提房产税。

借：管理费用　　28 000

　　贷：应交税费——应交房产税　　28 000

（3）3 月预提分录同 2 月一样。

（4）上缴第一季度房产税。

借：应交税费——应交房产税　　　　88 000

　　贷：银行存款　　　　88 000

（四）房产税的纳税申报

房产税实行按年计算、分期缴纳的征收办法。纳税期限一般规定按季或按半年征收一次。具体纳税期限由省、自治区、直辖市人民政府规定。房产税纳税申报表如表 8-13 所示。

表 8-13　房产税纳税申报表

填表日期：　　年　　月　　日

纳税人识别号

纳税人名称							税款所属时期										
房产坐落地点							建筑面积（平方米）					房屋结构					
上期申报房产原值	本期增减	本期实际房产原值	其中			扣除率%	以房产余值计征房产税			以租金收入计征房产税			全年应纳税额	缴纳次数	本期		应补（退）税额
			从价计税的房产原值	从租计税的房产原值	税法规定的免税房产原值		房产余值	适用税率1.2%	应纳税额	租金收入	适用税率12%	应纳税额			应纳税额	已纳税额	
1	2	3=1+2	4=3–5–6	5=3–4–6	6	7	8=4–4×7	9	10=8×9	11		13=11×12	14=10+13	15	16=14÷15	17	18=16–17
合计																	
如纳税人填报，由纳税人填写以下各栏					如委托代理人填报，由代理人填写以下各栏												
会计主管			纳税人		代理人名称												
（签章）			（公章）		代理人地址												
					经办人姓名												
以下由税务机关填写																	
收到申报表日期																	

说明：1．本表适用于中国境内房产税纳税人填报。2．房产原值是指纳税人按照会计制度规定，在账簿“固定资产”科目中记载的房屋原价。3．计税房产余值房产原值×(1–税法规定的扣除率)。4．本表一式三联，第一联纳税人保存；第二联由主管税务机关留存；第三联税务机关做税收会计原始凭证。

二、车船税

案例导入

三轮车、火车、摩托车和养殖渔船是否都属于车船税征税范围？

【案例解析】 车船税的征收范围为车辆和船舶，不包括火车、飞机；养殖渔船属于免税范围。

车船税是指在中华人民共和国境内的车辆、船舶的所有人或者管理人应缴纳的一种税。

（一）纳税义务人与征税范围

1. 车船税的纳税义务人

在中华人民共和国境内，车辆、船舶（以下简称车船）的所有人或者管理人。

外商投资企业和外国企业及外籍人员适用车船税的规定。

2. 征税范围

（1）依法应当在车船管理部门登记的机动车辆和船舶。

（2）依法不需要在车船管理部门登记、在单位内部场所行驶或者作业的机动车辆和船舶。

（二）税目与税率

车船税实行定额税率。确定税额总的原则是：非机动车船的税负轻于机动车船；人力车的税负轻于畜力车；小吨位船舶的税负轻于大船舶。车船税税目、税额如表8-14所示。

表8-14　车船税税目、税额表

类别	项目	单位	税额（元）	备注
乘用车按发动机气缸容量(排气量分档)	1.0升（含）以下的	每辆	60～360	核定载客人数9人（含）以下
	1.0升以上至1.6升（含）的		360～660	
	1.6升以上至2.0升（含）的		660～960	
	2.0升以上至2.5升（含）的		960～1 620	
	2.5升以上至3.0升（含）的		1 620～2 460	
	3.0升以上至4.0升（含）的		2 460～3 600	
	4.0升以上的		3 600～5 400	
商用车	客车	每辆	480～1 440	核定载客人数9人（包括电车）
	货车	整备质量每吨	16～120	1. 包括半挂牵引车、挂车、客货两用汽车、三轮汽车和低速载货汽车等。 2. 挂车按照货车税额的50%计算

续表

其他车辆	专用作业车	整备质量每吨	16～120	不包括拖拉机
	轮式专用机械车	整备质量每吨	16～120	
摩托车		每辆	36～180	
船舶	机动船舶	净吨位每吨	3～6	拖船、非机动驳船分别按照机动船舶税额的 50%计算；游艇的税额另行规定
	游艇	艇身长度每米	600～2 000	

重要提示

税额关注要点：

（1）拖船按照发动机功率每 2 马力折合净吨位 1 吨计算征收车船税。

（2）游艇艇身长度是指游艇的总长。

（3）车辆整备质量尾数不超过 0.5 吨的，按照 0.5 吨计算；超过 0.5 吨的，按照 1 吨计算。整备质量不超过 1 吨的车辆，按照 1 吨计算。

（4）船舶净吨位尾数不超过 0.5 吨的不予计算，超过 0.5 吨的，按照 1 吨计算。净吨位不超过 1 吨的船舶，按照 1 吨计算。

（5）车船税法所涉及的排气量、整备质量、核定载客人数、净吨位、马力、艇身长度，以车船管理部门核发的车船登记证书或者行驶证相应项目所载数据为准。

即学即思

下列各项关于车船税计税的依据及税额的表述中，正确的是（　　）。

A. 拖船以每马力折合净吨位 1 吨计算

B. 非机动驳船以船舶税额的 50%计算

C. 车辆整备质量尾数在半吨以下的不予计算

D. 船舶净吨位尾数在半吨以下的按半吨计算

答案：B。拖船按照发动机功率每 2 马力折合净吨位 1 吨计算；车辆整备质量尾数不超过 0.5 吨的，按照 0.5 吨计算；船舶净吨位尾数不超过 0.5 吨的不予计算。

（三）应纳税额的计算与代收代缴

1. 应纳税额的计算

（1）购置的新车船，购置当年的应纳税额自纳税义务发生的当月起按月计算。

计算公式为：

$$应纳税额=(年应纳税额\div 12)\times 应纳税月份数$$

（2）在一个纳税年度内，已完税的车船被盗抢、报废、灭失的，纳税人可以凭有关管理机关出具的证明和完税证明，向纳税所在地的主管税务机关申请退还自被盗抢、报废、灭失月份起至该纳税年度终了期间的税款。

（3）已办理退税的被盗抢车船，失而复得的，纳税人应当从公安机关出具相关证明的当月起计算缴纳车船税。

（4）在一个纳税年度内，纳税人在非车辆登记地由保险机构代收代缴机动车车船税，且能够提供合法有效完税证明的，纳税人不再向车辆登记地的地方税务机关缴纳车辆车船税。

（5）已缴纳车船税的车船在同一纳税年度内办理转让过户的，不另纳税，也不退税。

2. 保险机构代收代缴车船税和滞纳金的计算

（1）特殊情况下车船税应纳税款的计算。

① 购买短期“交强险”的车辆。

$$当年应缴=计税单位\times 年单位税额\times 应纳税月份数\div 12$$

② 已向税务机关缴税的车辆或税务机关已批准减免税的车辆。

$$减税车辆应纳税额=减税前应纳税额\times（1-减税幅度）$$

（2）欠缴车船税的车辆补缴税款的计算。

$$往年补缴=计税单位\times 年单位税额\times(本次缴税年度-前次缴税年度-1)$$

（3）滞纳金计算。

$$每一年度欠税应加收的滞纳金=欠税金额\times 滞纳天数\times 0.5‰$$

（四）车船税的会计处理

1. 账户设置

应设置“应交税费——应交车船税”明细账户。贷方核算本期应缴纳的车船税税额，借方核算实际缴纳数额，贷方余额表示企业应交未交的车船税税额。

2. 会计处理

计提车船税时：借：管理费用

贷：应交税费——应交车船税

实际缴纳时：借：应交税费——应交车船税

贷：银行存款

例题 8-8

某公司拥有小型客车 3 辆，货车 8 辆，每辆载重吨位为 5 吨，当地政府规定小型客车应纳的车船税年税额为 500 元/辆，货车为 80 元/吨，计算该企业年度应纳车船税税额，并进行会计处理。

答案：年度应纳税额=3×500+8×5×80=4 700（元）

（1）计提车船税时：借：管理费用 4 700

贷：应交税费——应交车船税 4 700

（2）实际缴纳时： 借：应交税费——应交车船税 4 700

贷：银行存款 4 700

（五）车船税的纳税申报

1. 纳税期限

（1）车船税纳税义务发生时间为车船管理部门核发的车船登记证书或者行驶证书所记载日期的当月。

（2）纳税人未按照规定到车船管理部门办理应税车船登记手续的，以车船购置发票所载开具时间的当月作为车船税的纳税义务发生时间。对未办理车船登记手续且无法提供车船购置发票的，由主管地方税务机关核定纳税义务发生时间。

2. 纳税地点

（1）车船税的纳税地点为车船的登记地或者车船税扣缴义务人所在地。依法不需要办理登记的车船，车船税的纳税地点为车船的所有人或者管理人所在地。

（2）扣缴义务人代收代缴车船税的，纳税地点为扣缴义务人所在地。

重要提示

车船税由地方税务机关负责征收。纳税地点由省、自治区、直辖市人民政府根据当地实际情况确定。跨省、自治区、直辖市使用的车船，纳税地点为车船的登记地。

3、下列车船免征车船税

（1）捕捞、养殖渔船；

（2）军队、武装警察部队专用的车船；

（3）警用车船；

（4）依照法律规定应当予以免税的外国驻华使领馆、国际组织驻华代表机构及其有关人员的车船。

4. 纳税申报

车船税按年申报，分月计算，一次性缴纳。具体申报纳税期限由省、自治区、直辖市人民政府规定。车船税纳税申报表如表 8-15 所示。

表 8-15　车船税纳税申报表

填表日期：　　年　月　日

税款所属时期：　　年　月　日至　　年　月　日　　　　金额单位：元（列至角分）

<table>
<tr><td>纳税人名称</td><td colspan="3"></td><td colspan="2">企业编码</td><td colspan="3"></td></tr>
<tr><td>地　　址</td><td colspan="3"></td><td colspan="2">邮政编码</td><td colspan="3"></td></tr>
<tr><td>办税员姓名</td><td></td><td>电话</td><td></td><td colspan="2">税务登记证号</td><td colspan="3"></td></tr>
<tr><td rowspan="2">车船类别</td><td rowspan="2">计税标准</td><td rowspan="2">数量</td><td rowspan="2">单位税额</td><td rowspan="2">全年应缴税额</td><td rowspan="2">缴纳次数</td><td colspan="3">本期</td></tr>
<tr><td>应纳税额</td><td>已纳税额</td><td>应补（退）税额</td></tr>
<tr><td>1</td><td>2</td><td>4</td><td>5</td><td>6=4×5</td><td>7</td><td>8=6÷7</td><td>9</td><td>10</td></tr>
<tr><td></td><td></td><td></td><td></td><td></td><td></td><td></td><td></td><td></td></tr>
<tr><td></td><td></td><td></td><td></td><td></td><td></td><td></td><td></td><td></td></tr>
<tr><td>合　　计</td><td></td><td></td><td></td><td></td><td></td><td></td><td></td><td></td></tr>
<tr><td colspan="3">如纳税人填报，由纳税人填写：</td><td colspan="6">如委托代理人填报，由代理人填写以下各栏</td></tr>
<tr><td rowspan="3">会计主管
（签章）</td><td rowspan="3">纳税人
（公章）</td><td colspan="2">代理人名称</td><td colspan="2"></td><td colspan="2" rowspan="2">代理人（公章）</td><td rowspan="3"></td></tr>
<tr><td colspan="2">代理人地址</td><td colspan="2"></td></tr>
<tr><td colspan="2">经办人姓名</td><td colspan="2"></td><td colspan="2">电话</td></tr>
<tr><td colspan="9">以下由税务机关填写</td></tr>
<tr><td colspan="2">收到申报表日期</td><td colspan="3"></td><td>接收人</td><td colspan="3"></td></tr>
</table>

三、契税

案例导入

财政部、国家税务总局、住房城乡建设部三部门联合发布《关于调整房地产交易环节契税、营业税优惠政策的通知》，通知明确规定了最新房产契税政策。新房产契税政策自 2016 年 2 月 22 日起执行。

契税是以在中华人民共和国境内转移土地、房屋权属为征税对象，向产权承受人征收的一种财产税。

（一）征税对象

契税的征税对象是在境内转移土地、房屋权属这种行为。具体包括国有土地使用权出让、土地使用权转让、房屋买卖、房屋赠与、房屋交换及承受国有土地使用权支付的土地出让金。

重要提示

对已缴纳契税的购房单位和个人，在未办理房屋权属变更登记前退房的，退还已纳契税；在办理房屋权属变更登记后退房的，不予退还已纳契税。

（二）纳税义务人、税率和应纳税额的计算

1. 纳税义务人

契税的纳税义务人是境内转移土地、房屋权属承受的单位和个人。单位包括内外资企业、事业单位、国家机关、军事单位和社会团体。个人包括中国公民和外籍人员。

2. 税率

采用 3%～5%的幅度比例税率。具体契税适用税率由省、自治区、直辖市人民政府在税率范围内按照本地区的实际情况确定。

重要提示

财政部、国家税务总局、住房城乡建设部发布《关于调整房地产交易环节契税、营业税优惠政策的通知》:（1）对个人购买家庭唯一住房（家庭成员范围包括购房人、配偶及未成年子女，下同），面积为 90 平方米及以下的，减按 1%的税率征收契税；面积为 90 平方米以上的，减按 1.5%的税率征收契税；（2）对个人购买家庭第二套改善性住房，面积为 90 平方米及以下的，减按 1%的税率征收契税；面积为 90 平方米以上的，减按 2%的税率征收契税。通知自 2016 年 2 月 22 日起执行。

3. 应纳税额的计算

（1）契税应纳税额=计税依据×税率

（2）契税的计税依据是不动产的价格。依不动产的转移方式、定价方法不同，契税计税依据有以下几种情况：

① 国有土地使用权出让、土地使用权出售、房屋买卖，以成交价格为计税依据。

② 土地使用权赠予、房屋赠予，由征收机关参照土地使用权出售、房屋买卖的市场价格核定。

③ 土地使用权交换、房屋交换，以所交换的土地使用权、房屋的价格差额为计税依据。

④ 以划拨方式取得土地使用权，经批准转让房地产时，由房地产转让者补交契税，计税依据为补交的土地使用权出让费用或者土地收益。

⑤ 对于个人无偿赠予不动产行为（法定继承人除外），应对受赠人全额征收契税。

重要提示

"营改增"后计征契税的成交价格不含增值税。

即学即思

居民乙因拖欠居民甲 180 万元款项无力偿还，2014 年 6 月经当地有关部门调解，以房产抵偿该笔债务，居民甲因此取得该房产的产权并支付给居民乙差价款 20 万元。假定当地省政府规定的契税税率为 5%。下列表述中正确的是（　　）。

A. 居民甲应缴纳契税 1 万元　　B. 居民乙应缴纳契税 1 万元

C. 居民甲应缴纳契税 10 万元　　D. 居民乙应缴纳契税 10 万元

答案：C。抵债房屋的价值=180+20=200（万元），所以由甲企业缴纳契税=200×5%=10（万元）。

（三）会计处理

企业和事业单位取得土地使用权、房屋按规定交纳的契税，应计入所取得土地使用权和房屋的成本。

企业取得土地使用权、房屋按规定交纳的契税的会计处理如下。

借：固定资产、无形资产等

　　贷：银行存款

（四）征收管理

（1）纳税义务发生时间：纳税人在签订土地、房屋权属转移合同的当天，或者取得其他具有土地、房屋权属转移合同性质凭证的当天，为纳税义务发生时间。

（2）纳税期限：自纳税义务发生之日起的 10 日内。

（3）纳税地点：契税在土地、房屋所在地的征收机关缴纳，并填制契税纳税申报表（见表 8-16）。

（4）征收管理：纳税人办理纳税事宜后，征收机关应向纳税人开具契税完税凭证（见图 8-1）。纳税人持契税完税凭证和其他规定的文件材料，依法向土地管理部门、房产管理部门办理有关土地、房屋的权属变更登记手续。土地管理部门和房产管理部门应向契税征收机关提供有关资料，并协助契税征收机关依法征收契税。

表 8-16 契税纳税申报表

填表日期：　年　月　日　　　　　　　　　　　　　　　　　　　单位：元、平方米

承受方	名称		识 别 号		
	地址		联系电话		
转让方	名称		识 别 号		
	地址		联系电话		
土地、房屋权属转移	合同签订时间				
	土地、房屋地址				
	权属转移类别				
	权属转移面积	平方米			
	成交价格	元			
适用税率					
计征税额	元				
减免税额	元				
应纳税额	元				
纳税人员签　章		经办人员签章			
（以下部分由征收机关负责填写）					
征收机关收到日期		接收人		审核日期	
审　核记　录					
审核人员签　章		征收机关签　章			

（本表 A4 竖式，一式两联：第一联由纳税人保存；第二联由主管征收机关留存）

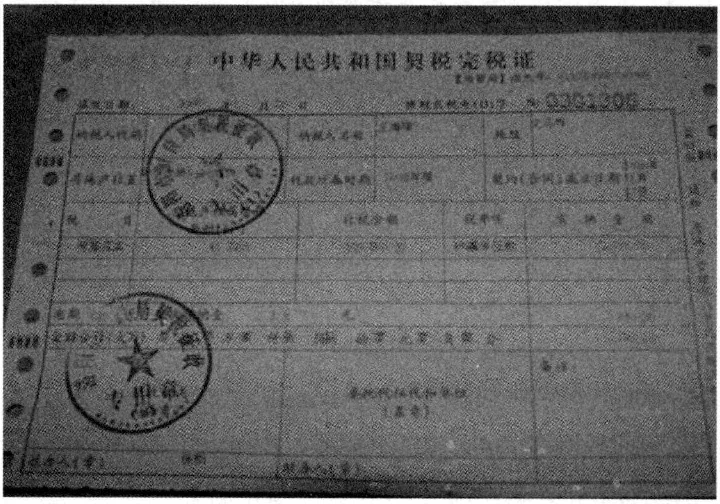
中华人民共和国契税完税证

图 8-1　契税完税凭证

课后练习

1. 某供热企业 2016 年度拥有生产用房原值 3 000 万元，当年取得供热收入 2 000 万元，其中直接向居民供热的收入为 500 万元，房产所在地规定计算房产余值的扣除比例为 20%。要求：计算该企业 2016 年应缴纳的房产税。

2. 某运输公司拥有并使用以下车辆：农业机械部门登记的拖拉机 5 辆，自重吨位为 2 吨；自重 5.7 吨的载货卡车 10 辆；自重吨位为 4.5 吨的汽车挂车 5 辆。中型载客汽车 10 辆，其中包括 2 辆电车。当地政府规定，载货汽车的车辆税额为 60 元/吨，载客汽车的税额是 420 元/年。要求：计算该公司当年应缴纳的车船税。

3. 某企业破产清算时，其房地产评估价值为 4 000 万元，其中以价值 3 000 万元的房地产抵偿债务，将价值 1 000 万元的房地产进行拍卖，拍卖收入 1 200 万元。债权人获得房地产后，与他人进行房屋交换，取得额外补偿 500 万元。要求：计算当事人各方应缴纳的契税。

任务三　行为税类

一、城市维护建设税

案例导入

无锡市东方机械有限公司 2016 年 11 月实际缴纳的增值税为 54 000 元，缴纳的消费税为 40 000 元，计算该企业应缴纳的城市维护建设税和教育费附加。

【案例解析】 城市维护建设税和教育费附加的计税依据，是纳税人实际缴纳的增值税和消费税税额，不包括加收的滞纳金和罚款。

该企业应缴纳的城市维护建设税=(54 000+40 000)×7%=6 580（元）

应缴纳的教育费附加=(54 000+40 000)×3%=2 820（元）

（一）城市维护建设税概述

1. 概念

城市维护建设税（简称城建税），是国家对缴纳增值税、消费税的单位和个人就其实际缴纳的增值税和消费税税额为计税依据而征收的一种税。它属于特定目的税，是国家为加强城市的维护建设，扩大和稳定城市维护建设资金的来源而采取的一项税收措施。由此可以看出，城建税具有以下两个显著特点。

（1）具有附加税性质。它以纳税人实际缴纳的增值税和消费税税额为计税依据，附加于增值税和消费税税额，本身并没有特定的、独立的征税对象。

（2）具有特定目的。城建税税款专门用于城市的公用事业和公共设施的维护建设。

2. 纳税人

城建税的纳税人是缴纳增值税、消费税的单位和个人，包括国有企业、集体企业、私营企业、股份制企业、其他企业和行政事业单位、军事单位、社会团体、其他单位，以及个体工商户及其他个人，但不包括外商投资企业和外国企业。

3. 征税范围

城建税的征税范围较广，具体包括城市、县城、建制镇，以及税法规定征收增值税和消费税的其他地区。

4. 税率

城建税的税率是指纳税人应缴纳的城建税税额与纳税人实际缴纳的增值税和消费税税额之间的比率。城建税按纳税人所在地的不同，设置了三档地区差别比例税率，如表 8-17 所示。

表 8-17　城市维护建设税税率表

纳税人所在地区	适 用 税 率
市区	7%
县城、镇	5%
其他地区	1%

重要提示

城建税的适用税率，应当按纳税人所在地的规定税率执行。但是，对下列两种情况，可按缴纳增值税和消费税所在地的规定税率就地缴纳城建税：

（1）由受托方代扣代缴、代收代缴增值税和消费税的单位和个人。其代扣代缴、代收代缴的城建税按受托方所在地适用税率执行；

（2）流动经营等无固定纳税地点的单位和个人，在经营地缴纳增值税和消费税的，其城建税的缴纳按经营地适用税率执行。

（二）城市维护建设税应纳税额的计算

1. 计税依据

城市维护建设税的计税依据是指纳税人实际缴纳的增值税、消费税税额，不包括加收的滞纳金和罚款。但纳税人在被查补增值税和消费税和被处以罚款时，应同时对其偷漏的城建税进行补税、征收滞纳金和罚款。因减免增值税和消费税而需要退库的，城建税也可以同时退库。但对出口产品退还增值税和消费税，不退还已纳的城建税。

即学即思

下列各项中，符合城建税计税依据规定的有（　　）。

A. 偷逃营业税而被查补的税款　　B. 偷逃消费税而加收的滞纳金

C. 出口货物免抵的增值税税额　　D. 出口产品征收的消费税税额

答案：A、C、D。城建税的计税依据是纳税人实际缴纳的增值税、消费税税额，但不包括加收的滞纳金和罚款。

2. 应纳税额的计算

应纳城建税税额=实际缴纳的增值税、消费税税额之和×适用税率

由于城建税法实行纳税人所在地差别比例税率，所以在计算应纳税额时，应十分注意根据纳税人所在地来确定适用税率。

例题 8-9

某公司设在市区，2016 年 6 月货物销售实际缴纳增值税 100 000 元，缴纳消费税 80 000 元，问该公司应缴纳多少城建税？

答案：应缴纳城建税=(100 000+80 000)×7%=12 600（元）

（三）城市维护建设税的会计处理

企业核算应缴纳的城市维护建设税，设置“应交税费——应交城市维护建设税”科目进行核算。计算应缴纳的城市维护建设税时，由于主营业务实际缴纳的增值税和消费税所计提的城建税，借记“税金及附加”科目，贷记“应交税费——应交城市维护建设税”科目；若是由于其他业务实际缴纳的增值税和消费税所计提的城建税，借记“其他业务成本”和“固定资产清理”等科目。实际缴纳税款时，借记“应交税费——应交城市维护建设税”科目，贷记“银行存款”科目。

根据例题 8-9 的资料，该企业应缴纳的城建税的会计处理如下。

（1）计算应缴纳的城市维护建设税时。

借：税金及附加　　12 600

　贷：应交税费——应交城市维护建设税　　12 600

（2）实际缴纳税款时。

借：应交税费——应交城市维护建设税　　12 600

　　贷：银行存款　　12 600

（四）城市维护建设税的纳税申报

（1）城建税的纳税环节，实际就是纳税人缴纳增值税和消费税的环节。纳税人只要发生增值税和消费税的纳税义务，就要在同样的环节，分别计算缴纳城建税。

（2）纳税地点。纳税人缴纳增值税和消费税的地点，就是该纳税人缴纳城建税的地点。

（3）纳税期限。由于城建税是由纳税人在缴纳增值税和消费税时同时缴纳的，所以其纳税期限分别与增值税和消费税的纳税期限一致。

（4）纳税申报。城建税与增值税和消费税同时申报缴纳，纳税人应按照有关税法的规定，如实填写“城市维护建设税纳税申报表”，如表 8-18 所示。

表 8-18　城市维护建设税纳税申报表

填表日期：　　年　月　日　　　　开户银行：

账　　号：

纳税人识别号 □□□□□□□□□□□□□□□□

金额单位：人民币元（列至角分）

<table>
<tr><td>纳税人名称</td><td colspan="2"></td><td>税款所属时期</td><td colspan="3"></td></tr>
<tr><td>计税依据</td><td>计税金额</td><td>税率</td><td>应纳税额</td><td colspan="2">已纳税额</td><td>应补（退）税额</td></tr>
<tr><td>1</td><td>2</td><td>3</td><td>4=2×3</td><td colspan="2">5</td><td>6=4−5</td></tr>
<tr><td>增值税</td><td></td><td></td><td></td><td colspan="2"></td><td></td></tr>
<tr><td>消费税</td><td></td><td></td><td></td><td colspan="2"></td><td></td></tr>
<tr><td></td><td></td><td></td><td></td><td colspan="2"></td><td></td></tr>
<tr><td>合计</td><td></td><td></td><td></td><td colspan="2"></td><td></td></tr>
<tr><td colspan="3">如纳税人填报，
由纳税人填写以下各栏</td><td colspan="3">如委托代理人填报，
由代理人填写以下各栏</td><td>备注</td></tr>
<tr><td rowspan="3">会计主管
（签章）</td><td rowspan="3">经办人
（签章）</td><td rowspan="3">纳税人
（签章）
年　月　日</td><td>代理人名称</td><td></td><td rowspan="3">代理人
（签章）</td><td rowspan="3"></td></tr>
<tr><td>代理人地址</td><td></td></tr>
<tr><td>经办人</td><td>电话</td></tr>
<tr><td colspan="7">以下由税务机关填写</td></tr>
<tr><td>收到申报表日期</td><td colspan="2"></td><td>接收人</td><td colspan="3"></td></tr>
</table>

二、教育费附加

（一）教育费附加概述

1. 概念

教育费附加是对缴纳增值税、消费税的单位和个人，就其实际缴纳的税额为计算依据征收的一种附加费。它是为加快地方教育事业，扩大地方教育经费的资金而征收的一项专用基金。现行教育费附加的基本征收依据是国务院于 1986 年 4 月 28 日颁布的《征收教育费附加的暂行规定》，于同年 7 月 1 日开始在全国范围内施行的。

2. 纳税人及征收范围

凡是缴纳增值税、消费税的单位和个人都应依照规定缴纳教育费附加。对个体商贩及个人在集市上出售商品，是否按实际缴纳的临时经营营业税等税额征收教育费附加，由各省、自治区、直辖市人民政府决定。

重要提示

自 2010 年 12 月 1 日起，对外商投资企业、外国企业及外籍个人（以下简称外资企业）征收教育费附加。对外资企业 2010 年 12 月 1 日（含）之后发生纳税义务的增值税、消费税征收教育费附加；对外资企业 2010 年 12 月 1 日之前发生纳税义务的“三税”，不征收教育费附加。

3. 计税依据及征收率

教育费附加对缴纳增值税、消费税的单位和个人征收，以其实际缴纳的增值税、消费税为计征依据，分别与增值税、消费税同时缴纳。教育费附加的计征比例为 3%。

（二）教育费附加的计算

应纳教育费附加=实际缴纳的增值税、消费税之和×征收比率

例题 8-10

某市区一企业 2016 年 11 月缴纳增值税 200 000 元、消费税 300 000 元，则该企业应缴纳的教育费附加是多少？

答案：应纳教育费附加=(200 000+300 000)×3%=15 000（元）

（三）教育费附加的会计处理

教育费附加的会计核算，应设置“应交税费——应交教育费附加”科目。计算应缴纳的教育费附加时，由于主营业务实际缴纳的增值税和消费税所计提的教育费附加，借记“税金及附加”科目，贷记“应交税费——应交教育费附加”科目；若是因其他业务实际缴纳的增值税和消费税所计提的教育费附加，借记“其他业务成本”和“固定资产清理”等科目。实际缴纳税款时，借记“应交税费——应交教育费附加”科目，贷记“银行存款”科目。

例题 8-11

根据例题 8-10 的资料，该企业应如何进行账务处理？

答案：(1) 计算应缴纳的教育费附加时。

借：税金及附加　　15 000

　　贷：应交税费——应交教育费附加　　15 000

(2) 实际缴纳税款时。

借：应交税费——应交教育费附加　　15 000

　　贷：银行存款　　15 000

三、印花税

案例导入

根据印花税法律制度的规定，下列各项是否都属于印花税纳税人？

A. 合同的双方当事人　　B. 合同的担保人

C. 合同的证人　　D. 合同的鉴定人

【案例解析】 A。合同的双方当事人是印花税的纳税人，不包括合同的担保人、证人、鉴定人。

（一）印花税概述

1. 概念

印花税是对经济活动和经济交往中书立、使用、领受具有法律效力的凭证的单位和个人征收的一种税。

2. 纳税义务人

在我国境内书立、领受、使用应税凭证的单位和个人，都是印花税的纳税义务人。印花税纳税义务人具体内容如表 8-19 所示。

表 8-19　印花税纳税义务人

项　目	内　容
立合同人	合同的当事人。所谓当事人，是指对凭证有直接权利义务关系的单位和个人，但不包括合同的担保人、证人、鉴定人。当事人的代理人有代理纳税的义务，他与纳税人负有同等的税收法律义务和责任
立据人	产权转移书据的纳税人是立据人
立账簿人	营业账簿的纳税人是立账簿人。所谓立账簿人，是指设立并使用营业账簿的单位和个人
领受人	权利、许可证照的纳税人是领受人。领受人，是指领取或接受并持有该项凭证的单位和个人。例如，某人因其发明创造，经申请依法取得国家专利机关颁发的专利证书，该人即为纳税人
使用人	在国外书立、领受，但在国内使用的应税凭证，其纳税人是使用人

（二）税目和税率

印花税的税目，指印花税法明确规定的应当纳税的项目，它具体划定了印花税的征税范围。一般地说，列入税目的就要征税，未列入税目的就不征税。印花税的税率有两种形式，即比例税率和定额税率，具体内容如表 8-20 所示。

表 8-20　印花税税目、税率表

应税凭证	税　目	税　率	纳税人
一、合同或具有合同性质的凭证	购销合同	按购销金额 0.3‰	订合同人
	加工承揽合同	按加工或承揽收入 0.5‰	
	建设工程勘察设计合同	按收取费用 0.5‰	
	建筑安装工程承包合同	按承包金额 0.3‰	
	财产租赁合同	按租赁金额 1‰	
	货物运输合同	按收取的运输费用 0.5‰	
	仓储保管合同	按仓储收取保管费用 1‰	
	借款合同（包括融资租赁合同）	按借款金额 0.05‰	
	财产保险合同	按收取的保险费用 1‰	
	技术合同	按所载金额 0.3‰	
二、书据	产权转移书据	按所载金额 0.5‰	立据人
	股权转移书据	按当日成交价格 1‰	
三、账簿	营业账簿	记载资金的账簿，按实收资本和资本公积合计的 0.5‰，其他账簿按件 5 元/本	立账簿人
四、证照	权利、许可证照	按件贴花 5 元	领受人

重要提示

财政部、国家税务总局发布财税[2014]78 号文件“关于金融机构与小型、微型企业签订借款合同免征印花税的通知”：为鼓励金融机构对小型、微型企业提供金融支持，进一步促进小型、微型企业发展，自 2014 年 11 月 1 日至 2017 年 12 月 31 日，对金融机构与小型、微型企业签订的借款合同免征印花税。上述小型、微型企业的认定，按照工业和信息化部、国家统计局、国家发展和改革委员会、财政部关于印发《中小企业划型标准规定的通知》（工信部联企业[2011]300 号）的有关规定执行。

（三）印花税应纳税额的计算

1. 计税依据

印花税根据不同税目，分别实行从价计征和从量计征两种方法。实行从价计征的凭证，以凭证所载金额为计税依据；实行从量计征的凭证，以计税数量为计税依据。

2. 印花税应纳税额的计算

印花税应纳税额，根据应税凭证的性质，分别按比例税率或者定额税率计算。

（1）适用比例税率的应税凭证，计税公式为：

应纳税额=计税金额×适用税率

（2）适用定额税率的应税凭证，计税公式为：

应纳税额=凭证数量×单位税额

（3）营业账簿中记载资金的账簿，计税公式为：

应纳税额=(实收资本+资本公积)×0.5‰

例题 8-12

某企业 2016 年 12 月签订产品购销合同一份，金额为 530 000 元，签订借款合同一份，金额为 200 000 元。计算该月印花税应纳税额。

答案：印花税应纳税额=计税金额×适用税率

=530 000×0.000 3+200 000×0.000 05=169（元）

（四）印花税的会计处理

印花税属一次性征收，不需要预提应纳税额，不存在与税务机关结算清算问题。因此，企业缴纳的印花税不需要通过“应交税费”账户核算。当企业按规定购买印花税票时，借记“管理费用”账户，贷记“银行存款”和“现金”账户。

根据例题 8-12 进行会计核算：

借：管理费用　　169

　　贷：银行存款　　169

（五）印花税的纳税申报

1. 纳税方法

（1）自行贴花纳税办法。这种方法适用于应税凭证较少或贴花次数较少的纳税人，首先，纳税人应对照印花税法规定的税目、税率，自行计算应纳税额；其次，纳税人自行向当地税务机关购买印花税票，并在应税凭证上一次贴足印花税票；最后，纳税人应在粘贴印花税票与凭证的交接处，加盖印章注销或画线注销。这就是“三自”纳税办法。

（2）汇贴或汇缴纳税办法。对应纳税额较大（一份凭证应纳税额超过 500 元的）

或贴花次数频繁的，纳税人可向税务机关提出申请，经批准后采取以缴款书代替贴花或者按期汇兑缴纳的方法。

（3）委托代征方法。指通过税务机关的委托，经由发放或者办理应纳税凭证的单位代为征收印花税税款。

纳税人无论采用何种纳税方法，均应对纳税凭证妥善保存。凭证的保存期限，凡国家已有明确规定的，按规定办理；其余凭证均应在履行完毕后保存 1 年。

2. 纳税申报

税务机关对获准汇总缴纳印花税的单位，应发给汇缴许可证。汇总缴纳的期限由当地税务机关确定，但最长不得超过 1 个月。纳税期满后，纳税人应如实填写“印花税纳税申报表”（见表 8-21），向主管税务机关申报纳税。

表 8-21　印花税纳税申报表

填表日期：　　　年　　月　　日

<table>
<tr><td colspan="3">纳税人识别号：</td><td colspan="5"></td><td colspan="3">金额单位：元（列至角分）</td></tr>
<tr><td colspan="3">纳税人名称</td><td colspan="4"></td><td colspan="2">税款所属时期</td><td colspan="2"></td></tr>
<tr><td rowspan="2">应税凭证名称</td><td rowspan="2">件数</td><td rowspan="2">计税金额</td><td rowspan="2">适用税率</td><td rowspan="2">应纳税额</td><td rowspan="2">已纳税额</td><td rowspan="2">应补（退）税额</td><td colspan="4">贴花情况</td></tr>
<tr><td>上期留存</td><td>本期购进</td><td>本期贴花</td><td>本期结存</td></tr>
<tr><td>1</td><td>2</td><td>3</td><td>4</td><td>5=2×4 或 5=3×4</td><td>6</td><td>7=5−6</td><td>8</td><td>9</td><td>10</td><td>11=8+9−10</td></tr>
<tr><td></td><td></td><td></td><td></td><td></td><td></td><td></td><td></td><td></td><td></td><td></td></tr>
<tr><td></td><td></td><td></td><td></td><td></td><td></td><td></td><td></td><td></td><td></td><td></td></tr>
<tr><td></td><td></td><td></td><td></td><td></td><td></td><td></td><td></td><td></td><td></td><td></td></tr>
<tr><td></td><td></td><td></td><td></td><td></td><td></td><td></td><td></td><td></td><td></td><td></td></tr>
<tr><td></td><td></td><td></td><td></td><td></td><td></td><td></td><td></td><td></td><td></td><td></td></tr>
<tr><td></td><td></td><td></td><td></td><td></td><td></td><td></td><td></td><td></td><td></td><td></td></tr>
<tr><td colspan="5">如纳税人填报，由纳税人填写以下各栏</td><td colspan="5">如委托代理人填报，由代理人填写以下各栏</td><td>备注</td></tr>
<tr><td colspan="3" rowspan="3">会计主管（签章）</td><td colspan="2" rowspan="3">纳税人（公章）</td><td colspan="2">代理人名称</td><td></td><td colspan="2" rowspan="2">代理人
（公章）</td><td rowspan="3"></td></tr>
<tr><td colspan="2">代理人地址</td><td></td></tr>
<tr><td colspan="2">经办人姓名</td><td></td><td colspan="2">电话</td></tr>
<tr><td colspan="11">以下由税务机关填写</td></tr>
<tr><td colspan="3">收到申报表日期</td><td colspan="4"></td><td>接收人</td><td colspan="3"></td></tr>
</table>

四、车辆购置税

车辆购置税是以在中国境内购置规定车辆为课税对象，在特定的环节向车辆购置者征收的一种税。

（一）纳税义务人

车辆购置税的纳税义务人是指在我国境内购置应税车辆的单位和个人。

重要提示

购置是指：①购买使用行为（包括购买自用的国产应税车辆和购买自用的进口应税车辆）；②进口使用行为；③受赠使用行为；④自产自用行为；⑤获奖使用行为；⑥拍卖、抵债、走私、罚没等方式取得并使用的行为。

（二）征税对象与征税范围

车辆购置税以列举的车辆作为征税对象，未列举的车辆不纳税，其征税范围包括汽车、摩托车、电车、挂车、农用运输车。

（三）税率与计税依据

1. 税率

统一比例税率 10%。

重要提示

财政部、国家税务总局联合发布通知，自 2017 年 1 月 1 日起至 12 月 31 日止，对购置 1.6 升及以下排量的乘用车减按 7.5%的税率征收车辆购置税。自 2018 年 1 月 1 日起，恢复按 10%的法定税率征收车辆购置税。此前，小排量汽车的购置税为 5%。

2. 计税依据

计税依据是应税车辆的价格。

由于应税车辆购置的来源不同，计税价格的组成也就不一样。车辆购置税的计税依据有以下几种情况，如表 8-22 所示。

表 8-22　车辆购置税计税依据

应税行为	计税依据
购买自用	计税依据为纳税人购买应税车辆而支付给销售方的全部价款和价外费用（不含增值税）
进口自用	以组成计税价格为计税依据 组成计税价格=关税完税价格+关税+消费税 如果进口自用的是应缴消费税的小轿车，这个组价也是进口消费税、增值税的计税依据

续表

应税行为	计税依据
其他自用	自产、受赠、获奖和以其他方式取得并自用。 凡不能或不能准确提供车辆价格的，由主管税务机关依国家税务总局核定的、相应类型的应税车辆的最低计税价格确定
申报价格低于同类型应税车辆的最低计税价格，又无正当理由的	以最低计税价格作为计税依据

（四）车辆购置税应纳税额的计算

车辆购置税应纳税额计算如表 8-23 所示。

表 8-23　应纳税额的计算

应税行为	税额计算
（1）购买自用	应纳税额=支付的不含增值税价款×10%
（2）进口自用	应纳税额=组成计税价格×10%
（3）其他自用	应纳税额=最低计税价格×10%
（4）申报价格低于同类型应税车辆的最低计税价格，又无正当理由的	

例题 8-13

宋某 2016 年 11 月从某汽车有限公司购买一辆小汽车供自己使用，支付了含增值税税款在内的款项 234 000 元，另支付代收临时牌照费 550 元、代收保险费 1 000 元，支付工具件和零配件价款 3 000 元，车辆装饰费 1 300 元。所支付的款项均由该汽车有限公司开具“机动车销售统一发票”和有关票据。请计算宋某应纳的车辆购置税。

答案：（1）计税依据=(234 000+550+1 000+3 000+1 300)÷(1+17%)

=205 000（元）

（2）应纳税额=205 000×10%=20 500（元）

（五）征收管理

1．纳税环节

纳税人应当在向公安机关等车辆管理机构办理车辆登记注册手续前，缴纳车辆购置税，即最终消费环节缴纳。

2．纳税地点

纳税人购置应税车辆，应当向车辆登记注册地的主管税务机关申报纳税；购置不需要办理车辆登记注册手续的应税车辆，应当向纳税人所在地主管税务机关申报纳税。车辆登记注册地是指车辆的上牌落籍地或落户地。

3. 纳税期限

（1）购买自用的应税车辆，自购买之日（即购车发票上注明的销售日期）起60日内申报纳税。

（2）进口自用的应税车辆，应当自进口之日（报关进口的当天）起60日内申报纳税。

（3）自产、受赠、获奖和以其他方式取得并自用的应税车辆，应当自取得之日起60日内申报纳税。

4. 纳税申报

车辆购置税实行一车一申报制度。纳税人在办理纳税申报时应如实填写“车辆购置税纳税申报表”（见表8-24），同时提供车主身份证明、车辆价格证明、车辆合格证明及税务机关要求提供的其他资料的原件和复印件，经车购办审核后，由税务机关保存有关复印件。

表8-24　车辆购置税纳税申报表

填表日期：　　年　月　日

行业代码：　　　　　　　注册类型代码：

纳税人名称：　　　　　　　　　　　　　　　　金额单位：元

<table>
<tr><td>纳税人证件名称</td><td colspan="3"></td><td>证件号码</td><td></td></tr>
<tr><td>联系电话</td><td></td><td>邮政编码</td><td></td><td>地址</td><td></td></tr>
<tr><td colspan="6">车辆基本情况</td></tr>
<tr><td>车辆类别</td><td colspan="5">1. 汽车；2. 摩托车；3. 电车；4. 挂车；5. 农用运输车</td></tr>
<tr><td>生产企业名称</td><td colspan="2"></td><td colspan="2">机动车销售统一发票（或有效凭证）价格</td><td></td></tr>
<tr><td>厂牌型号</td><td colspan="2"></td><td colspan="2">关税完税价格</td><td></td></tr>
<tr><td>发动机号码</td><td colspan="2"></td><td colspan="2">关税</td><td></td></tr>
<tr><td>车辆识别代号（车架号码）</td><td colspan="2"></td><td colspan="2">消费税</td><td></td></tr>
<tr><td>购置日期</td><td colspan="2"></td><td colspan="2">免（减）税条件</td><td></td></tr>
<tr><td>申报计税价格</td><td>计税价格</td><td>税率</td><td colspan="2">免税、减税额</td><td>应纳税额</td></tr>
<tr><td>1</td><td>2</td><td>3</td><td colspan="2">4=2×3</td><td>5=1×3 或 2×3</td></tr>
<tr><td></td><td></td><td>10%</td><td colspan="2"></td><td></td></tr>
<tr><td></td><td></td><td></td><td colspan="2"></td><td></td></tr>
<tr><td colspan="3">申报人声明</td><td colspan="3">授权声明</td></tr>
<tr><td colspan="3">此纳税申报表是根据《中华人民共和国车辆购置税暂行条例》的规定填报的，我相信它是真实的、可靠的、完整的。
声明人签字：</td><td colspan="3">如果你已委托代理人申报，请填写以下资料：
为代理一切税务事宜，现授权（　　），地址（　　）为本纳税人的代理申报人，任何与本申报表有关的往来文件，都可寄予此人。
授权人签字：</td></tr>
</table>

续表

<table>
<tr><td rowspan="5">纳税人签名或盖章</td><td colspan="3">如委托代理人的，代理人应填写以下各栏</td></tr>
<tr><td>代理人名称</td><td></td><td rowspan="4">代理人（章）</td></tr>
<tr><td>地址</td><td></td></tr>
<tr><td>经办人</td><td></td></tr>
<tr><td>电话</td><td></td></tr>
<tr><td colspan="2">接收人：
接收日期：</td><td colspan="2">主管税务机关（章）：</td></tr>
</table>

课后练习

1. 某公司2016年8月开业，领受房屋产权证、工商营业执照、商标注册证、土地使用权证各一份，与其他企业订立加工承揽合同一份，合同载明W公司提供的原材料金额300万元，需支付的加工承揽费为20万元，另订立财产保险合同一份，保险金额1 000万元，保险费12万元。计算该公司2016年应纳的印花税。

2.（多选题）北京某公司在深圳转让某县城的一处房产，购进价52万元，转让价65万元，关于城建税下列说法正确的有（　　）。

A. 城建税在深圳某县缴纳　　B. 城建税在北京缴纳

C. 城建税适用深圳县城的税率　　D. 应缴纳城建税为0.032 5万元

E. 纳税地点由纳税人自己选择

能 力 训 练

一、单项选择题

1. 下列各项中，可以按照当地适用税额减半征收耕地占用税的是（　　）。

A. 供电部门占用耕地新建变电站　　B. 农村居民占用耕地新建住宅

C. 市政部门占用耕地新建自来水厂　　D. 国家机关占用耕地新建办公楼

2. 某船运公司2016年度拥有旧机动船10艘，每艘净吨位1 500吨；拥有拖船2艘，每艘发动机功率500马力。当年8月新购置机动船4艘，每艘净吨位2 000吨。该公司船舶适用的年税额为：净吨位201～2 000吨的，每吨4元。该公司2016年度应缴纳的车船税为（　　）。

A. 61 000元　　B. 71 666.67元

C. 74 333.33元　　D. 75 333.33元

3．纳税人开采应税矿产品销售的，其资源税的征税依据为（　　）。

A．开采数量　B．实际产量　C．销售数量　D．销售额

4．下列各项中，应计算缴纳资源税的是（　　）。

A．开采的大理石　B．进口的原油

C．开采的煤矿瓦斯　D．尾矿的再利用

5．下列各项中，契税计税依据可由征收机关核定的是（　　）。

A．土地使用权出售　B．国有土地使用权出让

C．土地使用权赠与　D．以划拨方式取得土地使用权

6．下列关于契税征管制度的表述中，正确的是（　　）。

A．对承受国有土地使用权所支付的土地出让金应计征契税

B．非法定继承人根据遗嘱承受死者生前的房屋权属免征契税

C．对个人购买普通住房且该住房属于家庭唯一住房的免征契税

D．以自有房产作为股权投资于本人独资经营的企业应按房产的市场价格缴纳契税

7．某公司与政府机关共同使用一栋共有土地使用权的建筑物。该建筑物占用土地面积 2 000 平方米，建筑面积 10 000 平方米（公司与机关的占用比例为 4∶1），该公司所在市城镇土地使用税单位税额为每平方米 5 元。该公司应纳城镇土地使用税（　　）元。

A．0　B．2 000　C．8 000　D．10 000

8．某盐场 2016 年度占地 200 000 平方米，其中办公楼占地 20 000 平方米，盐场内部绿化占地 50 000 平方米，盐场附属幼儿园占地 10 000 平方米，盐滩占地 120 000 平方米。盐场所在地城镇土地使用税单位税额为每平方米 0.7 元。该盐场 2016 年应缴纳的城镇土地使用税为（　　）元。

A．14 000　B．49 000　C．56 000　D．140 000

9．甲企业生产经营用地分布于某市的三个地域，第一块土地的土地使用权属于某免税单位，面积 6 000 平方米；第二块土地的土地使用权属于甲企业，面积 30 000 平方米，其中企业办学校用地 5 000 平方米，医院用地 3 000 平方米；第三块土地的土地使用权属于甲企业与乙企业共同拥有，面积 10 000 平方米，实际使用面积各 50%。假定甲企业所在地城镇土地使用税单位税额为每平方米 8 元，则甲企业全年应缴纳的城镇土地使用税（　　）元。

A．216 000　B．224 000　C．264 000　D．328 000

10．某钢铁公司与机械进出口公司签订购买价值 2 000 万元设备合同，为购买此设备向商业银行签订借款 2 000 万元的借款合同。后因故购销合同作废，改签融资租赁合同，租赁费 1 000 万元。根据上述情况，该公司一共应缴纳印花税（　　）。

A．1 500 元　B．6 500 元　C．7 000 元　D．7 500 元

11．某汽车贸易公司 2016 年 6 月进口 11 辆小轿车，海关审定的关税完税价格为 25 万元/辆，当月销售 8 辆，取得含税销售收入 240 万元；2 辆企业自用，1 辆用于抵偿债务。合同约定的含税价格为 30 万元。该公司应纳车辆购置税（　　）万元（小轿车关税税率 28%，消费税税率为 9%）。

A．7.03　B．5.00　C．7.50　D．10.55

12．某汽车制造厂将自产轿车 10 辆向某汽车租赁公司进行投资，将自产轿车 3 辆转作本企业固定资产，将自产轿车 4 辆奖励给对企业发展有突出贡献的员工。该汽车制造厂应纳车辆购置税的计税依据为（　　）。

A．投资作价　B．轿车售价

C．核定的最低计税价格　D．核定的最高计税价格

13．依据车辆购置税的有关规定，下列车辆中可以享受法定减免的是（　　）。

A．国家机关购买的小汽车

B．留学人员购买的小汽车

C．有突出贡献专家购买的小汽车

D．国际组织驻华机构购买的自用小汽车

二、多项选择题

1．下列各项中，应征资源税的有（　　）。

A．开采的大理石　B．进口的原油

C．开采的煤矿瓦斯　D．生产用于出口的卤水

2．下列各项中，符合车船税有关征收管理规定的有（　　）。

A．新购置使用的车船，纳税地点为车船的登记地

B．车船的所有人或者管理人未缴纳车船税的，使用人应当代为缴纳车船税

C．纳税人在购买机动车交强险时缴纳车船税的，不再向地方税务机关申报纳税

D．已办理退税的被盗抢车船失而复得的，纳税人应当从公安机关出具相关证明的当月起计算缴纳车船税

3．下列项目中，以“辆”为计税依据计算车船税的有（　　）。

A．船舶　　B．摩托车　　C．客车　　D．货车

4．某机关 2016 年 4 月购车一辆，随购车支付的下列款项中，应并入计税依据征收车辆购置税的有（　　）。

A．控购费　　B．增值税税款

C．零部件价款　　D．车辆装饰费

5．下列各项中，属于法定免征城镇土地使用税的有（　　）。

A．盐矿的矿井用地　　B．工业企业仓库用地

C．危险品仓库用地　　D．机场场内道路用地

6．下列车船属于法定免税的有（　　）。

A．专项作业车　　B．警用车船

C．非机动驳船　　D．捕捞、养殖渔船

7．某铜矿 2016 年 9 月销售铜精矿 4 000 吨（选矿比为 1:5），每吨不含税售价 1 500 元，当地铜矿石资源税每吨 1.2 元，应纳资源税和增值税税额为（　　）万元。

A．资源税 1.68　　B．资源税 2.4

C．增值税 78　　D．增值税 102

8．居民甲将其拥有的一处房产出售给居民乙，双方签订房屋权属转移合同并按规定办理了房屋产权过户手续。下列关于契税和印花税的表述中，正确的有（　　）。

A．作为交易的双方，居民甲和居民乙均同时负有印花税和契税的纳税义务

B．契税的计税依据为房屋权属转移合同中确定的房产成交价格

C．契税纳税人应在该房产的所在地交纳契税，印花税的纳税人应在签订合同时就地纳税

D．契税纳税人的纳税义务在房屋权属转移合同的当天发生，印花税纳税人的纳税义务在房屋权属转移合同签订时发生

9．下列关于耕地占用税的表述中，正确的有（　　）。

A．建设直接为农业生产服务的生产设施而占用农用地的，不征收耕地占用税

B．获准占用耕地的单位或者个人，应当在收到土地管理部门的通知之日起 60 日内缴纳耕地占用税

C．免征或者减征耕地占用税后，纳税人改变原占地用途，不再属于免征或者减征耕地占用税情形的，应当按照当地适用税额补缴耕地占用税

D．纳税人临时占用耕地，应当依照规定缴纳耕地占用税，在批准临时占用耕地的期限内恢复原状的，可部分退还已经缴纳的耕地占用税

三、计算题

1．某外贸进出口公司 2016 年 12 月，从国外进口 10 辆宝马公司生产的某型号小轿车。该公司报关进口这批小轿车时，经报关地海关对有关报关资料进行审查，确定关税完税价格为每辆 185 000 元人民币，海关按关税政策对每辆小轿车征收了关税 203 500 元，并按消费税、增值税有关规定分别代征了每辆小轿车的进口消费税 11 655 元和增值税 66 045 元。由于联系业务需要，该公司将一辆小轿车留在本单位使用。根据以上资料，计算该公司应纳的车辆购置税。

2．某客车制造厂将自产的一辆某型号的客车，用于本厂后勤服务，该厂在办理车辆上牌落籍前，出具该车的发票，注明金额 65 000 元，并按此金额向主管税务机关申报纳税。经审核，国家税务总局对该车同类型车辆核定的最低计税价格为 80 000 元。计算该车应纳的车辆购置税。

3．某油田 2016 年 3 月销售原油 20 000 吨，开具增值税专用发票取得销售额 10 000 万元、增值税税额 1 700 万元，按“资源税税目税率表”的规定，其适用的税率为 8%。请计算该油田 3 月应缴纳的资源税。

4．位于县城的某内资原煤生产企业为增值税一般纳税人，2016 年 1 月发生以下业务；

（1）开采原煤 10 000 吨。采取分期收款方式销售原煤 9 000 吨，每吨不含税单价 500 元，购销合同约定，本月应收取 1/3 的价款，但实际只收取不含税价款 120 万元。另支付运费 6 万元、装卸费 2 万元，取得公路内河货运发票。

（2）为职工宿舍供暖，使用本月开采的原煤 200 吨；另将本月开采的原煤 500 吨无偿赠送给某有长期业务往来的客户（假设该煤矿所在地原煤的资源税税额为 5 元/吨）。要求：计算该企业当月应缴纳的资源税。

5．居民甲有两套住房，将一套出售给居民乙，成交价格为 200 000 元；将另一套两室住房与居民丙交换成两处一室住房，并支付给居民丙换房差价款 60 000 元。试计算甲、乙、丙相关行为应缴纳的契税（假定税率为 4%）。

6．某市政府机关有办公用房一幢，房产价值 2 000 万元。2016 年将其中的 1/5 对外出租，取得租金收入 200 万元。已知该市统一规定计算房产余值时的扣除比例是 30%，该市政府机关当年应纳的房产税为多少？

7．某房地产开发公司，2016 年 8 月 20 日以 200 万元获得某块土地的使用权后未做任何开发，即于 10 月 25 日将该块土地的使用权以 300 万元的价格转让出去。转让时缴纳的增值税、城市维护建设税、教育费附加共计 16.5 万元，印花税为 1 500 元。试计算该公司在这笔土地转让交易中应缴纳的土地增值税。

参考文献

[1] 国家税务总局官网税收政策文件.

[2] 计金标. 税收筹划（第 6 版）[M]. 北京：中国人民大学出版社，2016.

[3] 陈晓红. 税收实务[M]. 北京：中国人民大学出版社，2012.

[4] 财政部会计资格评价中心. 中级经济法[M]. 北京：中国财政经济出版社，2016.

[5] 赵贵臻，刘惠君. 纳税基础与实务[M]. 广州：中山大学出版设社，2010.

[6] 黄薏. 纳税申报与会计处理实务[M]. 江苏：苏州大学出版社，2012.

[7] 中国注册会计师学会. 税法[M]. 北京：经济科学出版社. 2015.